Pierre Tiquet
avec la participation de Paul Cherrier

# STURMARTILLERIE DE LA WAFFEN SS

## I. LEIBSTANDARTE
## II. DIVISION DAS REICH

HEIMDAL

Le présent ouvrage a été conçu Georges Bernage,
écrit et illustré par Pierre Tiquet,
réalisé par Paul Cherrier qui a écrit les encadrés et une partie des textes et des légendes.

Pré-presse : Christel Lebret
Mise en page : Guillaume Fiquet

Dépôt légal 4e trimestre 2018

Éditions Heimdal
Damigny
BP 62350
14406 Bayeux Cedex
Tél. : 02.31.51.68.68 – Fax : 02.31.51.68.60
Courriel : adv@editions.heimdal – www.editions-heimdal.fr

# LES *STURMGESCHÜTZE* NOTIONS PRÉALABLES

Le *Sturmgeschütz* (StuG.) est un canon d'assaut armé principalement d'une pièce d'artillerie de 75 mm (et, pour certaines versions, d'un obusier de 105 mm), disposée directement dans la caisse d'un Pz III. Pour les canons d'assaut des *Ausführungen A* à *E*, c'est le même canon court de 75 mm que celui équipant les premiers Panzer IV. Les *Sturmgeschütze* ont initialement été conçus pour appuyer directement l'infanterie lorsqu'elle brise la résistance adverse, installée dans des bâtiments, des bunkers, lors de l'élimination de postes de mitrailleuse ou de mortiers. Leur importance ne fera que grandir au cours des années de guerre, et étant donné l'impossibilité pour le III^e^ Reich de produire suffisamment de chars pour les divisions blindées, de plus en plus de *Sturmgeschütze* sont fabriqués, équipés du fameux, puissant canon de 7,5 cm au long tube (les *Ausführungen F* et *G*, équipés du canon de 7,5 cm-L/43 et 7,5 cm-L/48, ainsi que le *StuG. 40*)[1]. Le canon de 7,5 cm, dans ses différentes versions, a d'excellentes qualités balistiques. Lors du second conflit mondial, plus de 10 500 exemplaires de canons d'assaut (toutes *Ausführungen* confondues) seront produits.

Le faible prix de construction des *Sturmgeschütze* en fait un atout non négligeable, dans le contexte de « guerre totale » qui s'impose au tournant de 1942/43 – un StuG. ne coûte « que » 87 000 Reichsmarks (RM), contre 117 000 RM pour un Panzer IV, 130 000 RM pour un char lourd « Panther » et

Jn *Sturmgeschütze* le la *Leibstandarte* ors de la bataille le Koursk

jusqu'à 300 000 RM pour produire un « Tiger ». De plus, de nombreux équipages de cet engin blindé atteindront des scores impensables, dès 1941/42. Le *Sturmgeschütz* sera tout aussi craint par ses adversaires que les blindés à tourelle. L'on peut s'en douter, il faut disposer d'un équipage très soudé et réactif, pour bénéficier des performances optimales d'un tel engin qui, indiscutablement, présente aussi des faiblesses : l'absence de tourelle nécessite un vif changement de position après avoir ouvert le feu sur l'adversaire pour éviter d'être rapidement repéré et éliminé. En outre – n'oublions qu'il est issu directement du châssis du Panzer III –, le blindage du *Sturmgeschütz* présente des faiblesses en différents points, quoique son blindage frontal soit de 80 mm, c'est-à-dire le même que sur un Panzer IV. Son plus grand atout réside dans sa faible hauteur, car il n'atteint même pas 2,20 mètres, là où un Panzer IV mesure 2,70 mètres, et les « Tiger » ou « Panther » jusqu'à trois mètres de haut ! Par conséquent, il ne représente pas une cible aisée pour un canon. En outre, le chef de pièce bénéficie de lunettes binoculaires (de type S.F.14Z) lui procurant un remarquable moyen d'observation. Le *Sturmgeschütz* sera également muni des dites « *Ostketten* » – les « chenilles de l'Est » –, chenilles aux patins élargis qui lui permettent de se mouvoir plus facilement dans la neige ou dans la boue, et plus généralement en terrain difficile, auxquels l'armée allemande est si impitoyablement confrontée sur le front de l'Est.

Plus de 3 000 engins sont fabriqués rien que durant l'année 1943. Certains palmarès des *StuG.* feront pâlir d'envie y compris les commandants de chars lourds. Le *Sturmgeschütz* est très apprécié parmi la troupe. Initialement conçu pour assister étroitement les fantassins dans leur progression, il se révélera être, au fil des mois, l'une des armes antichars des plus efficaces de l'armée allemande. Lors de l'opération « *Zitadelle* », le groupe de canons d'assaut divisionnaire (*SS-StuG.-Abt. 1 « LSSAH »*) montre clairement ses performances, et sa place ne fera que se renforcer au cours des mois suivants, intervenant fréquemment comme « pompier ». Les Allemands n'ayant pas assez de blindés à opposer aux forces colossales et croissantes des Soviétiques, il devient nécessaire d'employer le *Sturmgeschütz* dans le rôle de chasseur de chars, pour lequel il n'était pas conçu au départ. Le puissant canon de *7,5 cm* au long tube (L/43, puis L/48) des *StuG. III Ausf. F* et *G*, ainsi que leur silhouette très basse, en font un « super-prédateur » de blindés en Russie, tout aussi efficace que le Marder II, pour évoquer un célèbre chasseur de chars allemand. Malgré tout, le *Sturmgeschütz* sait rester polyvalent, et continue à apporter son soutien aux fantassins lorsque cela s'avère nécessaire. Il ne faut pas perdre de vue qu'au départ, les *Sturmgeschütz-Abteilungen* dépendent de l'artillerie, et non pas des troupes blindées. À partir de 1944, les *Sturmgeschütze* seront incorporés dans des régiments de chars, car la production de blindés ne suit pas la demande toujours croissante de chars à tourelle. Les *StuG. III* ou *40* finiront même par équiper des compagnies entières au sein de régiments blindés (*Panzer-Regimenter*). Face à l'évolution rapide de l'armement antichar, les canons d'assaut allemands, comme d'autres engins blindés, seront équipés de jupes latérales (*Schürzen*) pour amoindrir les impacts de projectiles de fusils antichars et, bien entendu, de canons antichars – qui, eux aussi, gagnent en calibre et en efficacité... –.

L'équipage d'un canon d'assaut allemand comprend quatre hommes (un peloton de *Sturmartilleristen*) : le *Geschützführer* (chef de pièce et commandant de l'engin), le *Fahrer* (conducteur), le *Richtkanonier* (tireur-pointeur) ainsi que le *Ladekanonier-Funker* (ayant à la fois fonction d'opérateur radio et de chargeur).

1. Pour des informations davantage détaillées sur les engins et leur production, voir Didier Laugier, *Sturmartillerie, tome I*, Heimdal, Bayeux, 2011.

Mai 1940

# GENÈSE DE LA *LEIBSTANDARTE*

Le **26 avril 1940** est mise sur pied la *SS-Panzer-Sturm-Batterie « Leibstandarte »* (batterie d'assaut blindée de la *Leibstandarte*) à la caserne de Lichterfelde, située dans un quartier berlinois, aux côtés de l'*Artillerie-Ersatz-Regiment* de la LSSAH, régiment d'artillerie de dépôt de la division. À l'image de la Wehrmacht, la toute jeune troupe militaire des Waffen-SS se dote, elle aussi, de *Sturmgeschütze*.

Comme d'autres troupes du *Heer*, la *Leibstandarte* est entraînée au camp de Jüterbog, au sud-ouest de Berlin. Le **10 mai 1940**, les premiers *Sturmgeschütze* sont en dotation dans la *Leibstandarte*, et constituent alors une batterie de six *StuG. III Ausf. A*, premier modèle de canon d'assaut allemand construit en série. C'est Georg Schönberger qui en prend le commandement.

Entrée de la caserne de Berlin-Lichterfelde, le vivier originel de la *Leibstandarte SS « Adolf Hitler »* depuis avril 1933.

Panneau indicateur portant l'indication de la *Leibstandarte*, sur la Lichterfelder Straße.

1940. Trois membres de la batterie de canons d'assaut de G. Schönberger (alors constituante du *schweres V. Bataillon*), ici devant un SdKfz.253 de l'unité du train destiné à ravitailler les *StuG.* en munitions. Remarquez que deux d'entre eux portent le béret des troupes blindées de début de guerre, coiffure qui disparaîtra très bientôt. Celui visible à gauche pourrait être Amselgruber.

Le *SS-Obersturmführer* Wilhelm Beck, un *Sturmartillerist* de la première heure de la *LAH*, portant le blouson croisé noir de tankiste, après avoir quitté les *StuG.* de la *Leibstandarte* au milieu de la guerre.

Durant cette naissance des canons d'assaut de la *Leibstandarte* en mai 1940, le *SS-Oberscharführer* et *Führeranwärter* (aspirant des Waffen-SS) Wilhelm Beck, né le 22 décembre 1919, est incorporé dans cette toute nouvelle batterie de *Sturmgeschütze*. L'instruction et le dressage des équipages n'étant pas terminés à temps, la batterie de canons d'assaut de la LAH ne prend pas part à la campagne fulgurante du nord-ouest de l'Europe de mai et juin 1940 (le *Westfeldzug*). N'étant encore qu'un régiment, la « *Leibstandarte* » est élevée au rang de brigade le 19 août 1940, et l'unique batterie de *StuG.* est intégrée au *(schweres) V. Bataillon* (5e bataillon lourd) en tant que sa *4. Kompanie*. Le 1er septembre 1940, Beck est promu au rang d'officier (*SS-Untersturmführer der Reserve*), avec pour fonction de chef de l'échelon de ravitaillement en munitions. Le même mois, il suit une formation à la protection contre les gaz à Celle, au nord-est de Hanovre.

Enfin prête, la brigade *LSSAH* se trouve cantonnée à Metz et ses canons d'assaut participeront, cette fois, aux engagements dans le cadre la campagne des Balkans...

Né le 21 février 1911 à Munich, **Georg Schönberger** devient *SS-Sturmführer* le 20 avril 1934, *SS-Obersturmführer* en 1936 et *SS-Hauptsturmführer* le 27 octobre de la même année. Il participe à la campagne de Pologne, où il reçoit les *EK. 2* et *1*, commandant alors le *Panzerspäh-Zug* — peloton blindé de reconnaissance — de la *Leibstandarte*. C'est avec le grade de *Hstuf.* qu'il prend le commandement de la batterie de canons d'assaut de la *Leibstandarte*, à laquelle est ajoutée une compagnie de *Panzerjäger*, qui est également placée sous ses ordres (ces deux petites unités constituent alors, au printemps 1941, le groupe qui porte son nom : l'*Abteilung « Schönberger »*). Si Georg Schönberger est un commandant intransigeant, il est parallèlement considéré comme « humain » par ses hommes, qu'il n'hésite pas à récompenser. Après l'hiver 1941/42 sur l'*Ostfront* il devient commandant des chars de la *Leibstandarte*. À la fin de 1943 c'est en tant que *SS-Obersturmbannführer* et commandant du *SS-Panzer-Regiment 1 LSSAH* que ce solide Munichois est mortellement blessé le 20 novembre, au cours des affrontements défensifs pour Broussilov (il succombe au poste de secours de Ssolovievka). La croix de chevalier lui est décernée un mois plus tard, à titre posthume.

**Ci-dessus :** Magnifique vue d'un *StuG. III Ausf. A* en 1940 ou 1941 et probablement dans la région de Metz – avant l'envoi de la *LAH* dans les Balkans – avec deux membres de son équipage. Les détails de l'engin sont bien visibles (phares dotés d'un volet pour masquer le faisceau lumineux, etc.).

**Ci-contre, en haut :** Le même *StuG. III Ausf. A*. On remarque la forme de la croix noire bordée de blanc sur le flanc de l'engin, typique du début de guerre, qui a succédé à la croix blanche de la campagne de Pologne.

**Ci-contre, en bas :** Une autre vue de ce canon d'assaut, sa faible hauteur est manifeste.

Trois *SS-Unterscharführer* devant l'engin. Leurs uniformes sont encore vierges de décoration. Le *Sturmartillerist* visible sur le blindé est-il Paul Dienemann ?

Un autre *Unterführer* est venu se joindre aux trois autres devant le canon d'assaut. Le *Sturmartillerist* en retrait, à droite, pourrait être Michael Wittmann...

Le *Hstuf.* Schönberger (debout à gauche) avec deux autres officiers de la *LAH* examinent ce canon d'assaut et interrogent un membre d'équipage.

# Avril 1941

# PREMIERS ENGAGEMENTS

Le baptême du feu des canons d'assaut de la *Leibstandarte* (qui est toujours une brigade) se produit le **6 avril 1941**, lors du « Blitzkrieg » contre la Yougoslavie. C'est aux côtés de la *9. Panzer-Division* (du *Heer*) qu'entre en scène la batterie de *Sturmgeschütze III Ausf. A* de la *LAH*, plus exactement lors de la prise de Skopje, en Macédoine (pays appartenant à cette époque à l'Etat multiethnique de Yougoslavie). La petite unité comporte sept canons d'assaut : l'un sert de véhicule de commandement, et les six restants sont répartis en deux pelotons de chacun trois véhicules. L'avance sur la petite ville montagneuse grecque de Kozani, à une centaine de kilomètres à l'ouest de Thessalonique, se fait en renforçant et en appuyant étroitement la *Kampfgruppe* de Fritz Witt. Aux côtés de l'artillerie de la LSSAH[1], deux *Sturmgeschütze* du *Hstuf.* Schönberger participent à la prise du col de Klidi (**11-13 avril**), contribuant à la reddition de 250 soldats australiens.

Un *StuG. III* de la batterie de canons d'assaut dans les Balkans, au printemps de 1941. On distingue le chef de pièce, avec sa lunette binoculaire.

## Le *Blitzkrieg* dans les Balkans

Le **14 avril**, l'attaque à travers la Grèce se poursuit et le peloton de *StuG. III* du *SS-Obersturmführer* Beck se distingue tout particulièrement sur un terrain qui n'est pourtant pas favorable à ce type d'engins, avec un relief escarpé et « méditerranéen ». Pour son courage et sa pugnacité, le 2 mai 1941, Beck est décoré de l'*Eisernes Kreuz 2. Klasse*, croix de fer de 2e classe.

La campagne de Grèce se termine à la fin d'avril ; un défilé de la LSSAH est même organisé à Athènes le **3 mai**. Suite à ces succès inauguraux, les hommes de la brigade sont retirés des Balkans et envoyés brièvement en Bohême-Moravie, et arrivent à Brünn (Brno) et Wischau le **5 juin**. Objectif : renforcer et étoffer les unités organiques de la LAH, qui devient officiellement une division en **mai 1941**. Dans ce contexte, les

Un *StuG. III* de la *LAH* sur une route grecque bien asphaltée. Cette photo a-t-elle été prise du côté du col de Klidi ?

**Au centre :**
Le *Reichsführer-SS* Heinrich Himmler rendant visite aux *Sturmartilleristen* de la *LAH*, avec leur commandant Schönberger (à droite) et Sepp Dietrich derrière eux, sans doute le 9 mai 1941, lors de la venue de Himmler en Grèce.

**En bas à gauche :**
Grèce, printemps 1941. On reconnaît à gauche de Schönberger le *Hstuf.* Rudolf Lehmann, alors membre de l'état-major de la brigade (nommé *Ia* de la division le 1er juin 1942), qui rédigera après la guerre un ouvrage en plusieurs volumes sur la *Leibstandarte*. Heinrich Knote est également présent.

**En bas à droite :**
Plusieurs *Sturmartilleristen* de la *LAH* en Grèce, qui n'ont pas encore reçu de décorations. On observera la lunette binoculaire sur son trépied.

« Ente » et les StuG. III sont extraits de leur *(schw.) V. Bataillon* et regroupés ensemble pour former un même groupe : l'*Abteilung « Schönberger »*, du nom de son commandant. Son officier adjudant-major est alors l'*Ustuf.* Georg Isecke, elle dispose également d'un médecin le *Hstuf.* Dr. Robert Hördemann et d'un ingénieur, l'*Ostuf.* Alfred Gilles[2]. Elle rassemble deux principales composantes : la 1re batterie, équipée de StuG. III, est commandée par le *SS-Hauptsturmführer* Emil Wiesemann (la *1. (StuG.) Batterie*)[3], qui compte plusieurs officiers retrouvés par la suite (Rettlinger, Beck et Müller), et la 2e compagnie, avec ses blindés chasseurs de chars surnommés « Ente », l'est par son homologue le *Hstuf.* Karl-Heinz Prinz (la *2. (4,7 cm-Pak)-Kp.*). Il s'agit, pour cette compagnie de « Ente », de châssis de *Panzer-Kampf-Wagen I* dont la tourelle est remplacée par un canon antichar tchèque de prise de 47 mm. Notons qu'en cette mi-1941, la *Leibstandarte* ne dispose pas encore d'une formation de chars organique, pas même un bataillon.

## Opération *Barbarossa* l'attaque de l'Union soviétique

Après ce rapide remaniement de la fin du printemps 1941, l'unité de canons d'assaut est transportée vers l'Est, pour participer aux débuts de la colossale opération « Barbarossa ». Au sein du *III. Armee-Korps (motorisiert)*, la division est placée dans le giron de la *Panzergruppe 1* de la *Heeresgruppe Süd* (1er groupement blindé du groupe d'armées « sud »). La LSSAH combat d'abord en Galicie au tournant de juin et de juillet 1941, et est dirigée vers Olyka (à une centaine de kilomètres au sud-est de Kovel) et Romanow. Parallèlement, le **10 juillet**, la *Heeresgruppe Süd* reçoit pour mission de s'emparer de Kiev, du Donbass et des ports de la mer Noire. Le **12 juillet** marque la perte du premier StuG. de la batterie, durant un accrochage près de Henrykowka, au nord-ouest de Kurne.

Conformément aux rôles initiaux du *Sturmgeschütz*, la mission essentielle de l'unité consiste, en ces premières semaines de « Barbarossa », à liquider les nids de mitrailleuses, et les bâtiments où sont retranchés des fantassins, voire des fortifications bétonnées. Au matin de ce **12 juillet 1941**, la *Sturmgeschütz-Batterie* se trouve aux alentours de la ville de Rowno, en Ukraine, à 300 kilomètres à l'ouest de Kiev. De fortes pluies d'été ont complètement détrempé les pistes et autostrades en terre – en Ukraine, bien peu de chaussés sont empierrées ou asphaltées –. Voici la trace que Michael Wittmann, le futur et fameux (pour ne pas dire l'illustre !) *Ritterkreuzträger*, a laissée de ce combat, préfigurant l'emploi à venir des canons d'assaut :

« *Avec les deux autres* Sturmgeschütz III Ausf. A *de notre peloton, je me dirige vers une petite vallée boisée (vers l'est), afin de camoufler nos véhicules pour marquer une pause. Nos engins sont protégés par l'infanterie du* II. Bataillon *de notre "Leibstandarte", que nous accompagnons. Soudain, des coups de feu claquent. La forêt est garnie de canons antichars d'"Ivan" qui nous prennent à partie. En plus, des rafales de mitrailleuses remplissent l'air : les* Landser *bondissent à l'abri, à la recherche de tout couvert offrant une protection contre ces insectes mortels qui, fulgurants, vrombissent si près de nos oreilles. Je garde mon sang-froid et donne l'ordre à mon équipage de monter dans notre blindé. Des obus partent d'une position ennemie, à quelques centaines de mètres de nous seulement, mais nous pourrons rapidement leur répondre. À la suite de ces tirs, c'est cette fois l'infanterie russe qui "entre dans la danse" et monte à l'assaut. Cependant les fantassins du* II. Bataillon, *sous*

« *Von nun an nach Osten !* ». C'est maintenant contre l'immense URSS que la *LAH* doit se battre, avec son unique batterie de *Sturmgeschütze* de l'*Abteilung « Schönberger »*. Ici, la route est apte à une rapide progression de ce *StuG. III Ausf. A*, ce qui est loin d'être le cas partout à l'Est.

Belle photo d'un *StuG.* roulant à pleine vitesse sur une route poussiéreuse de Russie.

*les ordres du* Sturmbannführer *Teddy Wisch, les accueillent comme il se doit. Alors que nous combattons les canons antichars, j'entends parler à la radio d'un changement dans le cours du combat, avec l'apparition de chars soviétiques non loin de nous, sur la cote 65,5 : ces engins mettent en danger les arrières de la LAH. Il n'y a pas un long trajet jusque là-bas, aussi j'ordonne à mon chauffeur de prendre la direction de cette hauteur, tandis que le reste de mon peloton, lui, continuera le combat contre les canons antichars russes. Mon chauffeur, l'*Unterscharführer *Philipp Fritz, manœuvre notre* Sturmgeschütz *vers ladite hauteur. Arrivé à mi-pente, je fais stopper, pour aller en personne avec mes jumelles voir plus précisément ce qui se trame en face... Au loin déjà, j'entends le bruit des moteurs de chars qui approchent. Pour moi, il ne peut s'agir que de tanks d'"Ivan", et non pas des nôtres. Je me dirige derrière un bosquet d'arbustes, qui me procurent un couvert et me permettent d'observer le terrain. N'ayant pas encore une vue suffisante sur ce qui se déroule, je remonte dans mon* StuG. *et me dresse par la trappe, afin de voir de plus haut... Là, j'ai le souffle coupé : dans mes jumelles, je ne constate pas moins de douze chars russes qui approchent rapidement sur nous !!! En outre, six autres se dirigent vers le sud, à moins de 400 mètres. Il est certain que, dans peu de temps, les Russes vont m'apercevoir et chercheront à me régler mon compte. Mon tireur-pointeur, le* Sturmmann *Karl Brüggenkamp, me demande combien de chars russes approchent de nous. Je lui réponds : "18". En un instant, son visage se fige et blêmit. Aussitôt, j'ordonne à mon chauffeur de changer de position, en roulant vers la gauche. J'espère y trouver un meilleur angle d'attaque et une meilleure vision sur le champ de bataille. J'ordonne ensuite au chargeur d'ouvrir la culasse et d'enfourner un obus antichar (*Panzergranate*) dans la chambre de notre petit canon de 75 mm... Va-t-il faire le poids ? Mon* StuG. *atteint enfin le sommet de la cote 65,5, ce qui me procure une vue assez bonne sur les tanks adverses qui nous foncent en plein*

Portrait de Michael Wittmann, *SS-Oberscharführer*, portant son blouson croisé des équipages de canons d'assaut. Il a déjà reçu les *EK. 2* et *1*, et l'insigne des blessés.

Fils d'ouvrier, **Michael Wittmann** voit le jour le 22 avril 1914 à Vogelthal, dans le Haut-Palatinat de Bavière (Oberpfalz). Il intègre le RAD (service national du travail), puis il s'engage le 30 octobre 1934 dans l'*Inf.-Rgt. 19* à Freising, en Haute-Bavière, jusqu'au 30 septembre 1936, d'où il sort pour entrer en tant que *SS-Anwärter* (aspirant SS) au *1. Sturm* de la *92. SS-Standarte* d'Ingolstadt, toujours en Bavière. Quelque temps après, il se porte volontaire pour la *SS-Verfügungstruppe* (qui, en 1940, donnera naissance aux Waffen-SS) et commence son service le 5 avril 1937 dans la *Leibstandarte SS « Adolf Hitler »* à Berlin-Lichterfelde. Il est alors affecté à la *Panzerspäh-Aufklärungs-Abteilung* de cette formation, qui n'est encore qu'un régiment à ce moment-là. Nommé entre-temps *SS-Unterscharführer*, Wittmann participe à la campagne de Pologne en septembre 1939, commandant un blindé de reconnaissance. Ensuite, il est muté comme instructeur (*Ausbilder*) au sein de la 5e compagnie du *SS-Ersatz-Bataillon*. Il quitte peu après cette unité de dépôt pour se retrouver dans la nouvelle *Panzer-Sturm-Batterie* de la « Leibstandarte », embryon de la future *Sturmgeschütz-Abteilung* de la division. À partir du 25 avril 1940, Michael Wittmann sert en tant que chef du 1er peloton, et combat en Grèce dans un canon d'assaut. Il est blessé deux fois au début de la campagne contre l'URSS, il reçoit les *EK. 2* et *1* et, le 21 décembre 1942, il sort de la *SS-Junkerschule* de Bad Tölz en tant que *SS-Untersturmführer*. Quelques semaines après seulement, il fait connaissance avec les Panzer VI « Tiger », dont il se révélera un maitre dans le commandement, un « as » faisant preuve d'un véritable « instinct de chasseur ». Ayant alors détruit 88 blindés ennemis, il reçoit le *Ritterkreuz* le 14 janvier 1944, en tant que commandant de section dans la *13. (schwere) Kompanie* du *SS-Panzer-Regiment 1*. Suivront très bientôt les feuilles de chêne (le 30 janvier), puis les épées le 22 juin, avec fonction de commandant de la 1re compagnie dans la *schwere SS-Panzer-Abteilung 101*, après son coup d'éclat sur Villers-Bocage. Il trouve la mort au sud de Caen le 8 août 1944, et ne cesse encore aujourd'hui de susciter l'admiration, voire la fascination.

Un *StuG. III* avec son canon court (le *L/24 Kurz*, c'est-à-dire de 24 calibres) croise une unité de la division sur une route bien carrossable d'URSS.

*dessus. Lorsque le premier d'entre eux atteint le bas de la colline, j'intime l'ordre au canonnier d'ouvrir le feu. Le premier obus atteint le char de tête entre son châssis et sa tourelle. Il roule encore quelques mètres, puis de grandes flammes se mettent à jaillir. Ses munitions éclatent, l'engin se transforme en une boule de feu sous les explosions, terrassant le colosse d'acier. Mon chauffeur Philipp Fritz déplace un peu notre blindé, pour le diriger vers le deuxième char russe. Mon chargeur, le* Sturmmann *Hermann Kneusgen, introduit rapidement un deuxième obus antichar dans la chambre du 75. Je donne l'ordre, à nouveau, de faire feu : "Feuer!" Cet autre géant vole lui aussi en éclats, sous l'impact de notre deuxième obus. Les Russes réagissent enfin, et commencent à me prendre pour cible. Mon chauffeur dirige alors notre* StuG. *vers un bouquet d'arbres, en vue de nous protéger le plus vite possible, en nous plaçant hors de vue des Soviets, et de dénicher une nouvelle position favorable pour faire de nouvelles victimes, cette fois nach* Westen *– vers l'ouest –. Je sors une fois encore de mon engin pour étudier la situation, à l'abri d'un gros bouquet d'arbustes, pour trouver où et comment neutraliser ces adversaires-là. Depuis cet endroit, je distingue un autre tank russe, pas très loin, qui fait pivoter sa tourelle dangereusement dans ma direction. En courant, je regagne mon* StuG. *aussi vite que possible, mais avant même d'avoir pu y accéder, mon équipage a saisi le danger, l'a visé, et décoché un obus qui, là aussi, s'avère mortel pour notre ennemi : un T-34, un monstre d'acier pourtant redoutable pour nous! Entretemps, une explosion monte de l'endroit où je*

Photographie de groupe, montrant Michael Wittmann (1er à gauche) en compagnie d'autres sous-officiers (*Unterführer*) des *Sturmgeschütze* de la *LSSAH*, avec à leur tête un « *Spieß* ». Le Bavarois Wittmann est encore *SS-Unterscharführer* à cette époque. Cette photo a été prise au plus tard au début de juillet 1941, Wittmann ne portant encore aucune décoration.

*me trouvais juste avant ! J'ordonne un nouveau changement de position, tout en me gardant d'offrir le flanc ou l'arrière de notre engin aux obus adverses. Nous rejoignons une petite forêt située sur le versant sud de la colline. Là, il fallait s'y attendre, je me retrouve sous le feu d'un autre T-34. Mon chauffeur nous éloigne à nouveau de la vue du commandant de ce blindé russe, en roulant vers la droite. À l'abri cette fois, j'observe le terrain afin de cerner celui qui nous chasse. Bientôt, la tourelle du T-34 apparaît, non loin de nous. Réactif, mon chargeur a déjà placé l'obus suivant dans la chambre, prêt à faire feu. Je donne l'ordre de tirer, et un quatrième T-34 s'enflamme ! Je change à nouveau de position, afin que l'ennemi ne puisse jamais nous localiser et n'ait pas le temps d'ajuster son objectif. "Ivan" doit être amer et rageur, il ne peut que déplorer les carcasses flambantes de ses chars, tout en ne parvenant pas à déterminer d'où vient cette menace létale. Grâce aux nombreux bouquets d'arbres et d'arbustes qui permettent de bien dissimuler notre canon d'assaut, je réussis à me rapprocher encore un peu des tanks restants, afin d'être encore plus sûr de faire mouche à chaque tir. Un nouveau blindé russe s'approche à moins de 500 mètres. Mon tireur-pointeur et le chargeur font leur travail comme ils l'ont appris lors des exercices, et le coup atteint le char dans son moteur, qui se met à flamber. Deux autres adversaires s'écartent et cherchent à me prendre par l'arrière. Nous aussi, nous quittons notre position. Plusieurs obus ricochent sur le blindage frontal de notre cible suivante, manifestement trop épais pour nos projectiles. Mon chargeur charge et tire obus après obus de 75 mm avec la même méticulosité, la même dextérité, mais Brüggenkamp, mon tireur-pointeur, a du mal à déceler le point faible de cet adversaire. Aussi choisit-il de viser une chenille et, cette fois, il réussit à immobiliser le T-34, qu'il neutralise complètement avec deux obus supplémentaires. Le reste des chars russes fait demi-tour, pour ne pas finir grillé comme les précédents. Enfin soulagé, je retombe sur mon siège pendant que mon équipage donne libre cours à sa joie. Mais cette euphorie est de courte durée, balayée d'un trait... le dernier tank, que l'on pensait neutralisé, se met à nouveau en branle !!! L'équipage a éteint le feu et cherche à nous éliminer avec son canon, qui peut encore tirer. Un premier obus éclate devant notre engin. Manifestement, l'équipage éprouve des difficultés avec les appareils de visée, car la distance nous séparant est faible. Un nouvel obus lui est envoyé par Brüggenkamp, qui transforme une bonne fois pour toutes ce T-34 en un brasier ardent. Trois corps couverts de flammes s'extraient du cercueil noirâtre, sauf celui du commandant, qui retombe dans la tourelle. Le danger étant maintenant écarté, j'ordonne à*

Photo de groupe de la *SS-StuG.-Batterie « LAH »*, sans doute au printemps 1941. Le *Sturmartillerist* mentionné par une croix n'est autre que Michael Wittmann.

Le *Schütze* Wittmann avant son baptême du feu, portant son blouson croisé gris des équipages de *StuG*.

Un *Sturmgeschütz* en déplacement, longeant une isba. Il n'y a aucun combat imminent, vu que le couvre-bouche est installé à l'extrémité du canon de 75 mm *L/24 Kurz*, et que le chef de pièce (*Geschützführer*) présente son buste bien exposé. Le *Richtkanonier* (tireur-pointeur) a disposé ses écouteurs.

*mon équipage d'aller porter secours à ces deux torches humaines, en éteignant les flammes qui les rongent ; une véritable horreur. Le combat pour la cote 65,5 est terminé. Ce même jour Sepp Dietrich, le commandant de notre LSSAH, nous décore de l'*EK. 2*, mon chauffeur Philipp Fritz et moi-même, pour la destruction de six chars russes.* » (Témoignages de Michael Wittmann fournis à l'auteur par un ancien *Ostuf.*, Wilhelm « Willy » Hiller, d'abord membre de la LAH, avant de passer dans la *20.SS « Estland »*).

Puis, le **15 juillet**, c'est le chef de peloton (*Zug*), le *SS-Untersturmführer* Hugo Müller, qui est grièvement touché et décédera des suites de ses blessures, quatre jours plus tard, à l'âge de 25 ans[4]. La confrontation avec des chars lors des combats des Balkans a été négligeable, ce qui tranche avec la campagne présente, contre l'URSS de Staline...

Le commandant de ce *StuG.* observe le terrain devant lui, à l'aide d'une puissante lunette binoculaire. Pour ce faire, il doit relever légèrement la tête hors de l'engin. Même casqué, gare aux tireurs d'élite...

Erwin Jäckel, chef des véhicules chargés du ravitaillement en munitions, relate ce triste épisode : « *La contre-attaque russe aurait eu de fâcheuses conséquences si nos* Sturmgeschütze *n'avaient pas été sur place, pour procurer leur soutien... Je me souviens encore bien d'une* 2-cm-Flak *utilisée ici contre les troupes soviétiques qui déferlent, une pièce automatique qui fait "un boulot superbe" en éliminant une bonne partie des Soviets qui s'en prennent à nous. Malheureusement, le semi-chenillé sur lequel est montée cette pièce de Flak est atteint par un obus de 76,2 mm, décoché par un canon antichar. Je vois encore les membres du peloton de pièce ramassant le pointeur pour le secourir, atteint aux jambes... l'une d'elles ne pendant plus que par quelques misérables lambeaux de chair, en dessous du genou. Les deux* Sturmgeschütze *ont fait de leur mieux. Le* Rottenführer *Buchheim et moi bondissons sur l'arrière d'un des engins, et nous arrosons les fantassins russes avec les armes dont nous disposons. Pour ma part, je suis armé d'un PPSh 41 russe, un pistolet-mitrailleur de prise dont je vide plusieurs chargeurs ronds. Puis, avec un fusil à répétition muni d'une lunette de précision, je fais "de magnifiques cartons" sur "Ivan", en cherchant notamment à toucher les chefs de groupe, avec succès d'ailleurs. Alors que je continue à tirer, je m'aperçois que mon collègue Buchheim a disparu. Où est-il ? Il gît au bas du* Sturmgeschütz, *appelant à l'aide. Je descends alors à mon tour, et m'empare de lui pour l'emmener à l'abri, un peu plus loin, pendant que nos* StuG. *continuent de tirer. Buchheim revient à lui lentement. Après avoir appliqué une bande sur sa blessure, je le déplace encore une fois, en direction d'une isba où est établi le docteur*

*Hördemann... qui me félicite pour le bandage que j'ai fait. Buchheim sera vite reconduit au pays, pour être remis sur pieds. Quant à moi, je regagne aussitôt mon poste de combat. À ce stade de l'action, nos deux* Sturmgeschütze *ont épuisé toutes leurs munitions et, en tant que chef du ravitaillement, je dois leur apporter ce dont ils ont besoin pour poursuivre le combat sans connaître le manque. Puis, le chef de peloton, l'*Untersturmführer *Müller, qui cherche à ce moment-là à en découdre avec un canon antichar de 76,2 mm bien camouflé, est touché par celui-ci. Je ne suis pas loin de son canon d'assaut lorsqu'il est atteint, aussi me suis-je tout de suite précipité pour aider l'équipage, malgré les balles qui pleuvent de-ci de-là. Je le prends dans mes bras pour l'emmener à l'abri sans traîner, comme je viens de le faire avec Buchheim quelques instants avant, et d'ailleurs là aussi je procure quelques premiers secours à Müller, notamment en le pansant. Malheureusement, ce téméraire chef de* Sturmgeschütz, *originaire des Sudètes, finit par succomber à ses blessures quelques jours après...* »

Vers midi ce 15 juillet, le *IV. Bataillon* de la LAH rejoint les 16e (Klingemeier[5]), 17e (Wandt) et 18e (Kling) compagnies d'infanterie, avec le soutien imperturbable de la batterie de *Sturmgeschütze*, pour prendre en tenaille la localité de Henrykowka : la position conquise est tenue, malgré les pertes de plusieurs officiers, tués ou blessés.

Ce *StuG. III Ausf. A* ou *B* de la *Leibstandarte*, sur le flanc duquel est peinte la croix noire bordée de blanc des premières années de guerre, croise un motocycliste de la division, non loin d'une isba. Cette photographie dépeint parfaitement les affrontements de « Barbarossa » de l'été 1941 ou les combats du printemps de 1942.

Très belle photo d'un *StuG. III Ausf. A* bien camouflé à proximité d'une isba ukrainienne, à l'été 1941.

**À gauche** : Jäckel, du train de combat de la *StuG.-Batterie*, en 1940-1941, portant encore le béret des canons d'assaut, coiffure caractéristique du début de la guerre. **À droite :** Deux portraits de W. Jäckel un peu plus tard, portant deux grades différents.

Avec Müller commence la longue liste des pertes en *Sturmartilleristen* jusqu'à la fin de la guerre. Après avoir franchi le Dniepr, de son côté l'*Ostuf.* Wilhelm Beck recevra la Croix de fer de 1re classe (EK. 1) le 14 septembre 1941.

## Combats au cœur de l'Ukraine

Depuis le **24 juillet 1941**, la division LSSAH soutient le *(mot.) XXXXVIII. Armeekorps* (48e corps d'armée motorisé) sous la direction du *General der Panzertruppe* (général des troupes blindées, équivalent à général de corps d'armée) Werner Kempf. Ce dernier manque de forces pour renforcer et protéger son flanc, ce que les troupes soviétiques ne tardent pas à réaliser. La *11. Panzer-Division* de la Wehrmacht effectuant un repli préventif, c'est la *Leibstandarte* qui est sollicitée en urgence, afin de combler ce vide, ce qui est accompli le lendemain **25 juillet**. Le général Kempf est très redevable à la *LAH* pour cette aide, qui lui « ôte une épine du pied » et écarte le risque de se faire contourner par les Russes. Durant les journées suivantes, la *LSSAH* soutient la *11. Pz-Div.* dans ses attaques, et dans ce cadre l'*Abteilung « Schönberger »* participe à fond à tous ces engagements. Le **30 juillet**, elle combat à Krassnopolka. Le lendemain, le groupe de reconnaissance organique de la *LSSAH*, soutenu par les *Sturmgeschütze* du *Hstuf.* Schönberger, attaquent la localité de Nowo Archangelsk pour, en s'en emparant, refermer le *Kessel* d'Ouman, ville ukrainienne à mi-chemin entre Kiev et Odessa, en fixant un maximum de troupes de l'Armée rouge à l'intérieur. Dans ce village autrement insignifiant de Nowo Archangelsk, de violents combats se déchaînent, car il s'agit pour les Allemands de refermer la seule et dernière issue possible pour les troupes soviétiques encerclées.

L'*Uscha.* Jäckel pansant un camarade de la *LAH* blessé au dos, abrité derrière l'un des canons d'assaut de la division. Notons son couvre-casque bariolé.

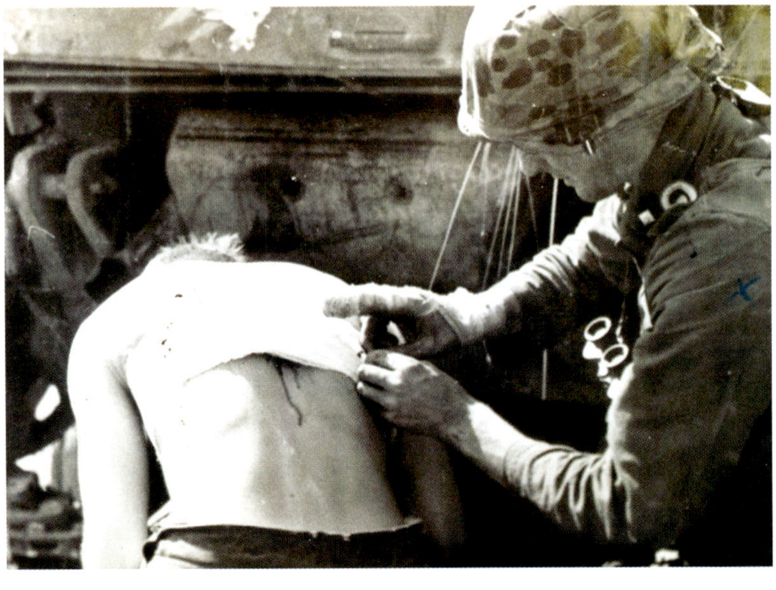

Après deux journées de combats éprouvants, la ville d'Ouman est totalement aux mains des forces de l'Axe. Au cours de ces affrontements servent toujours dans leur *StuG. III*, « tel un fer-de-lance », l'intrépide *SS-Unterscharführer* Wittmann et ses hommes. Wittmann porte à ce moment-là le surnom de « Bussard » (la buse). Son récit de ces événements :

« *Après plusieurs combats, je décide de sortir par la trappe de mon* StuG. III, *afin de mieux apprécier le terrain vers l'avant. Malgré les tirs d'artillerie russe, j'espère y voir un peu mieux qu'à travers mes lunettes binoculaires. Soudain, un obus de ce tir d'artillerie explose tout près de mon engin, des éclats venant percuter le blindage. Je retombe sur mon siège, atteint par quelques éclats. L'équipage réagit immédiatement : mon chauffeur engage sur-le-champ la marche arrière, afin de placer notre engin à couvert. Mon chargeur, aidé du tireur-pointeur, me procure les premiers soins. Heureusement, les dégâts ne sont pas aussi importants que peut le laisser penser la vue de mon visage, complètement ensanglanté. Il ne s'agit là que de blessures légères, ce que je constate avec soulagement, et qui ne m'empêcheront pas de poursuivre le combat avec mon fidèle équipage. Quand même, j'ai eu de la chance, à quelques centimètres près, cela aurait pu être beaucoup plus dangereux, voire irréversible pour moi... Pour ces blessures reçues à la tête et au visage, l'on me décernera un peu plus tard, le 20 août 1941, le* Verwundeten-Abzeichen Schwarz *– insigne des blessés en noir.* »

Un autre cliché pris sur le vif : ce *StuG.* de la *LAH* a été appelé par l'infanterie pour liquider un nid de résistance adverse. Notez les deux orifices de vision pour le conducteur (*Fahrer*), à gauche, dans le blindage frontal supérieur.

Le **1er août**, le chef de peloton, l'*Ustuf.* Hans Stübing, est blessé à son tour. L'unité continue sa progression dans le cadre de « Barbarossa », toujours au sein de la *Heeresgruppe Süd*, et atteint Nowo Potlawka (Novo Potlavka) à la mi-août. Dans ce secteur, jusqu'au **6 août**, des forces de l'Armée rouge cherchent à sortir du *Kessel* d'Ouman par les positions tenues par les Waffen-SS de la LAH. Ensuite, elles seront forcées de déposer les armes (dès les 7 et 8 **août**), plus de 120 000 « *Rotarmisten* » partent alors à pied pour les immenses camps de prisonniers,

En Ukraine, un *StuG. III Ausf. A* dépasse un véhicule radio de la division, sur lequel est peint le premier emblème de la *LAH*, le dit « Dietrich ».

Peut-être en Lorraine avant l'envoi vers les Balkans, Michael Wittmann prend la pause, appuyé sur une « dent de dragon ». A son ceinturon est passé un étui de P.08 ou P.38.

Un rare portait du *SS-Unterscharführer* Michael Wittmann, dont les traits sont encore peu marqués par la guerre.

bien qu'une partie de ces adversaires ait tout de même pu s'extraire à temps du *Kessel*. La *Leibstandarte*, elle, poursuit sa progression en direction de la mer Noire, cap vers le sud-est.

L'objectif suivant du *(mot.) XXXXVIII. AK.* (48e C.A. mot.) est la ville de Nikolajew (Nikolaïev), à l'embouchure du fleuve Boug, à 120 kilomètres au nord-est d'Odessa. Le commandant de la division, le charismatique Joseph « Sepp » Dietrich, donne l'ordre à ses troupes de prendre Bobry, dont on estime qu'elle ne doit pas être fortement défendue, pour ainsi rejoindre la *16. Panzer-Division* et attaquer Nikolaïev. Toutefois, ce plan d'opération n'est pas du goût du corps d'état-major du *(mot.) XXXXVIII. AK.*, ce dernier envisage plutôt la formation d'une ample *Kampfgruppe « Kempf »* qui additionnerait la *Leibstandarte* à deux divisions du *Heer* et un corps d'armée hongrois. Dans cette situation, la division de Sepp Dietrich se retrouverait sur le flanc oriental de ce groupement, en vue de le couvrir si jamais une contre-attaque soviétique se produisait depuis la zone de Kherson, dans l'embouchure du Dniepr. Ce n'est que le **16 août** que Nikolaïev est prise, et que les troupes allemandes poussent vers le port de Kherson, qui revêt une position stratégique. Le **19 août** marque une intensification des combats pour la *Leibstandarte*. Le gros de cette dernière attaque depuis l'ouest alors que, dès auparavant, l'*Aufklärungs-Abteilung* de la *LAH*, sous les ordres du fameux « Panzermeyer » (Kurt Meyer), a pu contourner la ville par le nord afin de surprendre les Russes dans leur dos. Sur le port débutent de nouveaux combats, auxquels prend part le *StuG. III* de Michael Wittmann (encore sous-officier), qui progresse en suivant l'infanterie, maison après maison, et même de mur en mur... Ses souvenirs :

« *Les fantassins russes me donnent du fil à retordre, tandis que je jette un œil sur le port. Dans celui-ci, des navires sont encore en mouvement. Alors que des bateaux de commerce tentent d'évacuer des civils, des canonnières ouvrent le feu sur les soldats allemands. Mon chef de peloton, l'*Untersturmführer *Wilhelm Beck, transmet très rapidement et énergiquement ses ordres. Tous deux, nous ouvrons le feu*

Une photo intéressante, prise à l'été 1941 à l'Est, montrant qu'avec sa silhouette assez basse le *Sturmgeschütz* est aisément camouflable, y compris dans des champs céréaliers. Le canon élevé dans cette position ne semble pas disposé pour un tir direct.

*sur ces canonnières. Un sous-marin soviétique tente lui aussi de quitter le port, tout en arrosant nos troupes. Je parviens à toucher une canonnière et à l'envoyer par le fond, puis je déplace mon tir vers le sous-marin. Malheureusement, malgré les tirs convergents de nos deux* Sturmgeschütze, *aucun ne touche sévèrement le sous-marin, qui parvient à s'échapper. Les combats pour Kherson prennent fin et, enfin, un silence rassurant envahit la ville. Mon chef de peloton et moi, nous sommes heureux d'avoir fait notre devoir. Beck me déclare même que je suis le meilleur chef de canon d'assaut de son peloton !* » (à cette date, Wittmann a déjà dix victoires à son actif)

En cette fin août, le *SS-Obergruppenführer* Sepp Dietrich accorde un peu de repos à ses troupes dans plusieurs localités du secteur de Bobrynez [Bobrynetz, les cantonnements de l'*Abteilung « Schönberger »* se situent, eux, directement dans la ville], à mi-chemin entre Tcherkassy et Nikolaïev, beaucoup sollicitées tout au long de ces premières semaines de campagne contre l'Union soviétique, avant que la marche ne reprenne vers l'est. Au début de septembre, la *Leibstandarte* est extraite du groupement du *General der Panzertruppe* Kempf, et mise à la disposition d'un autre corps d'armée de la *Heeresgruppe Süd* : le *LIV. Armee-Korps* (54e corps d'armée) près de Berislawl, à environ 80 kilomètres à l'est de Kherson, dans une tête de pont établie sur la rive orientale du Dniepr. Michael Wittmann franchit lui aussi le grand fleuve le **10 septembre**. Deux jours auparavant, il a reçu l'*Eisernes Kreuz 1. Klasse*, croix de fer de 1re classe.

Lors des combats suivants, la *Sturmgeschütz-Batterie* renforce l'*Aufklärungs-Abteilung* de la division, ainsi que ses Ier et IIIe bataillons de fantassins[6], se trouvant toujours à la pointe des affrontements. Le commandement allemand accorde une importance toute particulière à la capture de la presqu'île de Crimée, avec son grand port de Sébastopol. La *Leibstandarte* reçoit alors pour mission de s'emparer de l'étroite langue de terrain qui relie la Crimée au continent, et que l'Armée rouge a prévu de défendre d'arrache-pied (dans la zone de Perekop, avec ledit « *Tatarengraben* » – fossé tatar –). Pour accroître la force de frappe de l'*Aufklärungs-Abteilung*, ce sont de nouveau les *StuG.* qui doivent accompagner cette dernière pour la prise de cette zone-clé permettant d'accéder à la Crimée, en ce mois de septembre 1941.

*StuG. III* de la *LAH* à pleine vitesse à l'Est, l'emblème de la division est peint sur le volet du phare de droite. Ici, le chef de bord observe le terrain avec ses jumelles, se trouvant un peu plus exposé qu'avec la lunette binoculaire.

Les hommes de l'atelier de réparation extraient le moteur de ce *StuG. III* hors de la caisse, à l'arrière du front. Le lieu et la date ne sont hélas pas mentionnés.

Ce *StuG.* accompagne des fantassins de la *Leibstandarte* (précisons que la brigade est devenue division en mai 1941), afin d'éliminer à leur profit toute possible menace.

## Les dix anneaux de la victoire

L'*Uscha.* bavarois Michael Wittmann est toujours commandant d'un *Sturmgeschütz III.* Par un matin clair, le **18 septembre**, il observe la grande et large steppe s'étendant dans cette région. Lentement, un grand soleil levant illumine cet endroit idyllique. Concentré sur sa mission, Wittmann sait très bien que ce petit paradis sera bientôt le théâtre d'intenses combats. « Panzermeyer », commandant du groupe de reconnaissance divisionnaire, transmet par radio l'ordre d'avancer. Lors de leur progression, Wittmann et ses hommes observent à une certaine distance une unité de cavalerie russe, qui s'éclipse sans traîner. Peu de temps après, Wittmann et son *Sturmgeschütz* atteignent l'un des premiers objectifs, les faubourgs de la ville de Perekop. C'est un point de passage très important, d'autant qu'une ligne de chemin de fer y passe et qui traverse toute la Crimée, jusqu'à Kertch. Du haut d'une colline, Wittmann observe les lieux. D'une voix assurée, il adjoint ses camarades d'être prudent. Non loin de la ville paissent des moutons. Ceux-ci regardent béatement les *Sturm-Artilleristen.* Tout à coup, une forte explosion conforte les hommes dans leur prudence : leurs cinq sens sont en ébullition, le stress monte. Une autre explosion se produit au milieu du troupeau de moutons ; l'un d'eux vient de sauter sur une mine. D'autres explosent également, montrant que ces ovins sont fichés au cœur d'un champ de mines. L'affolement des pauvres bêtes les fait se déplacer, cette réaction entraîne des explosions successives, elles sautent les unes après les autres sur ces mines. De gros morceaux sanguinolents des animaux volent dans les airs, et retombent sur d'autres mines qu'ils font à nouveau sauter !!! Un spectacle triste, dantesque. Les animaux, pris dans une escalade de panique, entraînent une cascade d'explosions qui n'en finit plus. Wittmann referme la trappe de son *Sturmgeschütz* pour se protéger. « *Nous avons eu beaucoup de chance, cette fois-ci encore* » dira-t-il... et grâce à des moutons. En effet, les hommes du génie russe n'ont jamais pensé que des « moutons soviétiques » allaient ainsi protéger les Allemands d'une destruction certaine, car lorsque les explosions des mines s'arrêtent, ce sont les tirs des *Rotarmisten* qui leur succèdent. Ils avaient bien prévu autre chose pour l'arrivée des « hordes fascistes sur le sol de la mère patrie ». Maintenant, ce sont les obus de l'artillerie de campagne et des canons antichars qui pleuvent.

Avec épouvante, de son côté « Panzermeyer » aperçoit un train blindé russe se mouvoir, qui entre également en action avec tous ses canons. Le puissant colosse blindé sur rails décharge ses obus les uns après les autres sur la malheureuse *Aufklärungs-Abteilung*, bien exposée. Se trouvant sur le côté, un chasseur de char est atteint par un obus adverse et part en fumée et en flammes. Le *Sturmgeschütz* de l'*Uscha.* Wittmann est aussi pris pour cible, les projectiles de gros calibres l'enserrent. En regardant à travers sa lunette binoculaire, il s'aperçoit qu'un autre *Sturmgeschütz* est touché par ces obus. Avec de la chance, l'équipage s'extrait du véhicule et court se mettre à l'abri derrière un autre canon d'assaut. Une pluie de shrapnels provenant des différents obus s'abat sur le terrain. Les *StuG.* encore en état tirent leurs obus de 75 mm sur le train blindé, sans cependant

Pour débarquer ou embarquer les véhicules de la division, un quai (ressemblant à un pont) a été aménagé à la même hauteur que le plateau des wagons, le long d'une voie ferrée. La construction doit être solide, un *Sturmgeschütz III* pesant plus de 22 tonnes.

Photo prise à Taganrog, montrant la taille modeste et la silhouette très basse du *StuG. III*. Ceci compense un inconvénient de taille : il faut déplacer l'engin presque systématiquement après chaque tir, vu que contrairement aux chars à tourelle, il ne possède pas cette dernière, qui peut pivoter latéralement à 360 °.

Lors des combats pour Taganrog, un canon d'assaut s'apprête à croiser un « Ente », manifestement un « collègue » de la *2. Kompanie (4,7cm-Pak)* de l'*Abteilung « Schönberger »*, chasseurs de chars de la division. On notera l'emblème « Dietrich » du premier type de la *LAH*.

Ce *StuG. III* fonce à travers un village d'Union soviétique.

Deux *StuG.* de l'*Abteilung « Schönberger »* en bordure d'une voie ferrée, lors de la progression vers Taganrog.

occasionner de dégâts notables sur celui-ci. Serrant les dents, « Panzermeyer » doit donner l'ordre à ses troupes de rompre le combat, trop inégal, pour sauver le reste de ses hommes et de son matériel. Après une concertation avec le *Generalleutnant* Bruno Bieler, il est décidé que sa *73. Infanterie-Division* s'occuperait de cette tâche, pendant que l'*Aufklärungs-Abteilung* de la LSSAH, renforcée de canons d'assaut de l'*Abteilung « Schönberger »*, se porterait plus à l'est pour continuer de capturer l'accès stratégique à la presqu'île de Crimée. Les jours suivants, les troupes allemandes s'emparent de Melitopol, à 200 kilomètres à l'ouest de Marioupol ; Michael Wittmann et ses *Sturmgeschütze* sont de la partie. Il est déjà l'un des plus fameux chefs de canons d'assaut de la *Leibstandarte*. Dix anneaux sont peints autour du tube de son canon, symbolisant ses *Abschüsse* (blindés ennemis détruits). Et son prestige grandira encore, lorsqu'il sera versé dans le *Panzer-Regiment*, et qu'il recevra une nouvelle monture, le fameux et redoutable Panzer VI « Tiger »...

## Poursuite des opérations à l'Est

Une fois regroupés à la **fin de septembre**, les canons d'assaut de la *LSSAH* sont renvoyés en ligne, vers le Don et la mer d'Azov, toujours en soutien de l'*Aufklärungs-Abteilung*, et également du Ier bataillon d'infanterie de la division. Perekop et la plaine de la mer Noire sont bientôt laissés derrière eux. Lors de cette progression, les *StuG.* détruisent une batterie d'obusiers de

Photo prise lors d'un assaut de la *Leibstandarte*, ses *StuG.* coopérant étroitement avec les fantassins en milieu urbain, peut-être à Taganrog ou à Marioupol, durant la progression vers l'est, le long du littoral de la mer d'Azov.

Dans le port de Taganrog, un fantassin de la *LAH* observe la rive opposée du petit port. Notons qu'il a disposé sur sa musette à pain sa marmite individuelle dépourvue de couvercle. Bientôt, les *StuG.* interviendront pour neutraliser les défenses soviétiques, y compris navales.

*StuG. III Ausf. A* de la *Leibstandarte* dans la ville de Taganrog, dépassant l'épave totalement carbonisée d'un camion.

Au cours des combats de Berdiansk, ce *StuG. III* n'a pu mettre hors de combat ce T-34, malgré un grand nombre d'obus tiré. L'*Uscha.* Bergemann a même tenté de le faire sauter avec une mine antichar, mais il a été stoppé net dans son élan par un membre de l'équipage soviétique, d'un coup de pistolet tiré depuis la tourelle. Le T-34 sera finalement détruit. L'on aperçoit d'ailleurs sur la gauche Bergemann, inanimé, mis à l'écart du blindé par ses camarades.

152 mm russes à Jeliwetowka [Jelizavetivka], au nord-ouest de Marioupol. L'unité participe à la prise de Marioupol, sur la mer d'Azov.

Dans le village de Berdiansk, à quelques dizaines de kilomètres à l'ouest de Marioupol, a lieu une confrontation avec un T-34, qui est restée dans l'historique de la division, et également connue grâce au *SS-KB* Franz Roth, qui a photographié le combat opposant ce tank russe à un *Sturmgeschütz III* encore armé de son canon court de 75 mm. Cet épisode fera l'objet d'un reportage dans le journal « *Das Schwarze Korps* », organe de presse des SS depuis 1935. Cette fois, le chef de *StuG.* qui se distingue n'est pas Wittmann, mais Georg Isecke, futur officier du *SS-Pz-Rgt. 12 « Hitlerjugend »*, qui n'a pu que maudire l'inefficacité de son canon face à ce nouveau tank soviétique, dont l'épaisse carapace d'acier a fait ricocher chacun de ses obus pourtant tirés à une distance de 25 mètres seulement ! Ça n'a été qu'en lui lançant des bouteilles d'essence enflammées (les célèbres cocktails Molotov) qu'ils ont pu régler son compte au T-34, après qu'un vaillant Waffen-SS de la LAH,

Georg Isecke, portant sa casquette d'officier, dans son *StuG. III* juste après l'incendie du T-34. Son blindage est peu vulnérable aux projectiles du canon de 75 mm court. Le montage par la suite des L/43, puis L/48, de même calibre, transformera le canon d'assaut allemand en une arme cette fois absolument redoutable dans le combat antichar !

Automne 1941, un *StuG. III* de la *LAH* traverse une localité russe avec son église orthodoxe encore présente (d'après Charles Trang, elle se situerait sur Rostov-sur-le-Don - voir *Leibstandarte*, volume 1, Heimdal, page 384).

le *SS-Unterscharführer* Bergemann ait essayé de grimper dessus, armé d'une charge explosive. Un membre de l'équipage russe l'a abattu d'un coup de pistolet avant qu'il n'ait atteint son but. Son corps a ensuite été transporté par ses camarades à l'écart du char qu'il avait tenté de détruire. La zone de Brediansk et Marioupol est prise entre le 5 et le **10 octobre**. Notons que Charles Trang a pointé le fait, que « *l'Abteilung "Schönberger" n'est pas citée une seule fois dans le rapport de Sepp Dietrich du 19 octobre, alors qu'elle a fourni un soutien constant et précieux aux unités* ».

Le **19 octobre 1941**, c'est également au tour du chef de la 1re batterie de l'*Abteilung « Schönberger »*, Emil Wiesemann, d'être gravement blessé et évacué. La suite des opérations conduit la LAH et sa batterie de *Sturmgeschütze* jusqu'à Rostov-sur-le-Don, ville portuaire de 100 000 habitants de la mer d'Azov. En cet automne de l'année 1941, la progression de la *LAH* se poursuit vers Krasny Krim et Sultan-Saly, à une dizaine de kilomètres au nord de Rostov, où la batterie de *Sturmgeschütze* réussit à sauver, d'une totale destruction, la *8. (10-cm-Kanonen-)Batterie* du régiment d'artillerie de la division[7]. Rostov-sur-le-Don est prise par cette dernière en novembre, face à une résistance soviétique qui s'est beaucoup durcie en quelques semaines, avec l'arrivée de formations fraîches[8]. Néanmoins, plus question de continuer vers Stalingrad ou de s'élancer vers le Caucase, la pression de l'Armée rouge devient telle, que la *Leibstandarte* doit par précaution se replier vers de meilleures positions (elle reçoit l'ordre d'évacuer Rostov le **27 novembre**), préparées sur le cours d'eau Mius, puis sur le Ssambek à l'est de ce dernier (qui se jette dans la mer d'Azov, juste à l'ouest de Primorskoïe), afin d'y passer l'hiver... une première « *Winterschlacht* » à l'Est qui se révélera on ne peut plus rude.

Le **1er décembre 1941**, les *Sturmgeschütze* de la LAH, chargés de couvrir le repli de la division et soutenus par les blindés de la *14. Panzer-Division*, stoppent net une puissante attaque blindée soviétique sur les positions de la division près de Sambek, entre Taganrog et Rostov, positions qui n'évolueront pratiquement plus durant cette période froide. Encore un fait montrant que, très rapidement, le canon d'assaut fait ses preuves dans le combat antichar.

Cet hiver-là, l'officier Wilhelm Beck prend le commandement de la 1re batterie le **29 décembre 1941**. Avec cette batterie, Beck conduit de nombreux et durs combats sur le front du fleuve Mius [Mious], cours d'eau de 250 kilomètres se jetant dans la mer d'Azov. Son unité détruit un grand nombre de canons antichars soviétiques (pour une grande part, les fameux « ratch-boum » de 76,2 mm) et d'autres pièces d'artillerie, ainsi que des blindés. Pour ses actions, l'*Ustuf.* Beck recevra le 21 février 1942 le *Panzerkampfabzeichen in Silber* (insigne de combat des blindés en argent) et, le 10 juillet 1942, l'ordre bulgare du courage de 4e classe. Le 21 juin 1942, il sera nommé *SS-Obersturmführer der Reserve*. Un peu plus tard, Beck suivra une formation à l'école des troupes blindées (*Panzertruppenschule*) de Wünsdorf, près de Berlin, du 2 novembre au 7 décembre 1942. Ensuite, il retournera dans la *Leibstandarte*, nommé commandant de la *2. Panzer-Kompanie* (2e compagnie de chars) du bataillon blindé de la division. Le 1er novembre 1943, Beck rejoindra le régiment blindé de la toute nouvelle *12. SS-Pz-Div. « Hitlerjugend »*. Il sera tué dans le bombardement du PC de la *Panzergruppe West* à La Caine le 10 juin 1944, en Normandie.

---

1. Voir Thomas Fischer, *Gustav Mertsch et l'artillerie de la Leibstandarte SS « Adolf Hitler »*, Heimdal, Bayeux, 1er trimestre de 2017, page 12.
2. Voir R. Lehmann, *Die Leibstandarte – Juli 1941 bis Januar 1943*, Nation Europa Verlag, Coburg, 1995 (page 366).
3. Elle est aussi retrouvée à cette époque sous l'appellation de *SS-Sturmgeschütz-Batterie « Leibstandarte »*, et parfois sous l'appellation de compagnie de *StuG.*, et non pas de batterie.
4. D'après le dictionnaire de la *Leibstandarte* (C. Trang, T. Fischer), page 226, il serait décédé le 19 juillet 1941.
5. Retrouvé également avec l'orthographe Klingelmeier.
6. À ce moment-là, l'infanterie de la *Leibstandarte* n'est pas encore organisée en régiment(s), mais simplement en bataillons (cinq à l'été 1941).
7. Plus exactement, quatre *StuG. III* commandés par l'*Ustuf.* Georg Isecke.
8. En date du 31 octobre 1941, l'*Abteilung « Schönberger »* compte huit officiers, 24 sous-officiers et 97 hommes de troupe.

Année 1942

# LA *LEIBSTANDARTE* SE DÉVELOPPE

Tandis que la troupe combattante reste à l'Est, toujours empêtrée dans une usante guerre de position d'hiver sur la Sambek, après le **24 janvier 1942**, le *Generalmajor* Walter Buhle, de l'OKW, planifie la création de formations blindées pour étoffer les formations « *Großdeutschland* » (de la Wehrmacht) et *Leibstandarte* (des Waffen-SS), en faisant de cette dernière une division mécanisée. Cette transformation se déroule à l'imposante caserne de Berlin-Lichterfelde[1], un lieu maintenant symbolique pour les hommes de la *LSSAH*, ainsi qu'au camp de Sennelager (village en bordure de la ville westphalienne de Paderborn), sous la direction du *SS-Brigadeführer* Wagner. Outre la création d'un régiment blindé, d'une formation de reconnaissance et d'une autre de chasseurs de char (entre autres développements organiques de la *Leibstandarte*), il y est créé une véritable *Sturmgeschütz-Abteilung*. À partir d'un noyau composé de la seule batterie existante jusqu'à présent (qui jusque là était constituante de l'*Abteilung « Schönberger »*), y sont rajoutées deux nouvelles batteries à Seenelager, le **1er mars**[2]. L'état-major préexistant de la batterie sert, en partie, de noyau pour l'état-major de la nouvelle *Sturmgeschütz-Abteilung*.

Une formation de recomplètement est également créée pour le groupe de batteries, installée sur le terrain de manœuvres de Heidelager,

Le *SS-Obersturmführer* Max Wünsche (sans coiffure) au milieu d'officiers et de sous-officiers de la *SS-StuG.-Abt. LAH*, sans doute au printemps 1942.

tout près de la ville polonaise de Debica : la *SS-StuG.-Ausb.-u.-Ers.-Abt. SS-Tr.Üb.-Platz Debica-Heidelager.*

Revenons dans la zone de la *Heeresgruppe Süd*, à l'Est : le **24 mars 1942**, les *Sturmgeschütze* sont mis en alerte et envoyés vers Troizkoje, mais en reviennent dès le lendemain. Le **26 mars**, par un temps pourri et dans le contexte du dégel, une nouvelle attaque des Russes se produit à 5 h du matin contre l'unité voisine ; les *Sturmgeschütze* y sont envoyés pour rétablir la situation. Au printemps, l'unité commence à être retirée de la zone de la Sambek pour, à la fin de **mai 1942**, gagner les alentours de Marioupol.

En cette première moitié de 1942 se produit le départ du Munichois Schönberger, qui a reçu une nouvelle fonction comme commandant de la *SS-Panzer-Abteilung 1 LAH*, forgée ce printemps, avant d'être bientôt étoffée en un régiment de chars (dont il prendra aussi la tête). Ses *Sturmartilleristen* l'ayant beaucoup apprécié, ils organiseront plus tard (à l'été) une petite fête en France en son honneur, avec tambours et trompettes, un défilé et des remerciements solennels pour le temps qu'ils ont passé sous ses ordres. En **février 1942**, Schönberger est alors remplacé par le *SS-Hauptsturmführer* Max Wünsche[3], une figure également célèbre de la *Leibstandarte* et, plus tard, de la *12. SS-Pz-Div. « HJ »*. Wünsche ne reste pas longtemps à cette fonction, étant envoyé pour trois mois à l'école de guerre à Berlin (peu avant son départ pour cette école, les hommes organiseront également une petite fête à son intention). Durant son absence, c'est Hein von Westernhagen qui assure l'intérim, du 1er juin à la toute fin d'août. À son retour de Berlin, Max Wünsche reprend le commandement des canons d'assaut de la *LSSAH*, quoique brièvement, du 1er septembre au 22 octobre 1942, et il servira ensuite dans les chars de la *LAH* (avec Schönberger comme commandant). Le **22 octobre**, le commandement de la *SS-StuG.-Abt. LSSAH* est de nouveau assuré par Hein von Westernhagen.

À partir du **12 juillet 1942**, le gros de la division, resté en Russie, est envoyé par convois ferroviaires de Stalino à destination de la France occupée, afin de se refaire « une jeunesse », au propre comme au figuré, car de nombreuses recrues dans la fleur de l'âge viennent combler les vides laissés par les pertes au combat. Les

*Volksdeutscher* des Pays baltes, **Heinz « Hein » von Westernhagen** est né à Riga le 29 août 1911, descendant d'une famille de « Junkers » prussiens. Avec sa famille, il quitte la Lettonie pour Hambourg, puis Berlinchen, tout près de Wittstock. Il rejoint la NSDAP en 1930, la SA en 1931, et le *1. Sturm* de la *2. SS-Standarte « Germania »* en 1934. Quatre ans plus tard, il intègre la 1re compagnie du *SS-Regiment « Deutschland »* à Munich. Il connait son baptême du feu lors de la campagne à l'Ouest au printemps 1940, comme commandant de compagnie dans la LSSAH. Dans les Balkans et durant l'opération « Barbarossa », il sert comme membre de l'état-major de la *Kampfgruppe « Witt »*, et ensuite comme *Adjutant* du chef du bureau des opérations de la *Leibstandarte*. Il prend le commandement du groupe de canons d'assaut de la division le 1er juin 1942 en France, qu'il conduit jusqu'à l'été 1943 — excepté du 1er septembre au 22 octobre 1942 —, plus exactement jusqu'à sa grave blessure à la tête (causée par des éclats d'obus) au tout début de l'opération « Zitadelle ». Lors de ce drame, il est sauvé de justesse par un médecin roumain dans un hôpital de Kharkov. Remis sur pied, il prend ensuite le commandement de la *schwere SS-Panzer-Abteilung 101*, y retrouvant Michael Wittmann (remarquons que ce bataillon de chars lourds sera renuméroté « 501 » à l'automne de 1944). Ayant atteint le grade de *SS-Obersturmbannführer*, il tombera lors des affrontements de la *Leibstandarte* le 19 mars 1945 en Hongrie occidentale, où il repose de nos jours. Malgré ses qualités, le *Ritterkreuz* ne lui a pas été décerné.

Jochen Peiper (à gauche) et son camarade le *SS-Sturmbannführer* Hein von Westernhagen (commandant les canons d'assaut de la *Leibstandarte* jusqu'à sa blessure, au début de l'opération « Zitadelle »).

Magnifique portrait du *SS-Sturmmann* Helmut Sallach (1921-1985), jeune *Sturmartillerist* de la *Leibstandarte*. Sur son blouson croisé est cousu le ruban de l'*Ostmedaille*, attribuée aux combattants ayant participé à l'éprouvant engagement à l'Est de l'hiver 1941-1942, souvent baptisé ironiquement « ordre de la viande congelée ». Cet hiver-là, la *LSSAH* a combattu sur les positions défensives de la Ssambek, non loin de la mer d'Azov.

2

Wehrersatzkommando Stuttgart I

Heinrich Herterich

(Eigenhändige Unterschrift des Inhabers — Rufname, Familienname)

3

**I. Angaben zur Person**

| | | |
|---|---|---|
| 1 | Familienname | Herterich |
| 2 | Vornamen (Rufname unterstreichen) | Heinrich |
| 3 | Geburtstag, -monat, -jahr | 22. 9. 1921. |
| 4 | Geburtsort, Verwaltungsbezirk (z. B. Kreis, Reg. Bezirk) | Stuttgart Wttbg. |
| 5 | Staatsangehörigkeit (auch frühere) | Deutsches Reich |
| 6 | Religion | ev. |
| 7 | Familienstand | led. |
| 8 | Beruf (nach Berufsverzeichnis) | erlernter: Mechaniker; ausgeübter: |
| 9 | Eltern | Vater: Heinrich Herterich; Mutter: Pauline Herterich |

noch IV. Aktiver Wehrdienst

**Im Kriege mitgemachte Gefechte, Schlachten, Unternehmungen**

| Tag, Monat, Jahr | Ortsangabe, Truppenteil usw. |
|---|---|
| 27.11.40 bis 5.3.41 | Verwendung in Lothringen |
| 6.3. bis 21.3.41 | Lehrtruppe in Rumänien |
| 22.3.–5.4.41 | Einmarsch in Bulgarien |
| 6.4. | Durchbruch durch Südserbien zur albanischen Grenze |
| 9.4.41 | |
| 10.4.– | |
| 13.4.41 | |
| 14.4.– | |
| 18.4.41 | |
| 19.4.– | |
| 21.4.41 | |
| 26.4.–30.4.41 | Eroberung des Peloponnes |
| 1.5.–17.5.41 | Sicherung von Griechenland |
| 18.5.–31.5.41 | Sicherung von Serbien und Kroatien |
| 27.4.– | Rußlandfeldzug |

28

12

noch IV. Aktiver Wehrdienst

**Zugehörigkeit zu Dienststellen des Heeres**

| von | bis | Dienststelle (Truppenteil usw.) | Stammrollen-Nr. Ranglisten-Nr. |
|---|---|---|---|
| 10.8.40 | 27.11.40 | 1. SS-Kraftfahr-Ers.-Kp. | 241 |
| 28.11.40 | 31.12. | | |
| 1.1.41 | 17.9.41 | Panzer-Sturm-Batterie | 191 |
| 18.9.41 | 1.12.41 | Sturmgeschütz-Battr./L. SS A. | Kr 279 |

Richtigkeit bescheinigt:

SS-Obersturmbannführer

19

13

Wehrdienst oder der Luftwaffe (auch im Kriege)

| von | bis | Dienststelle (Truppenteil usw.) | Stammrollen-Nr. Ranglisten-Nr. |
|---|---|---|---|

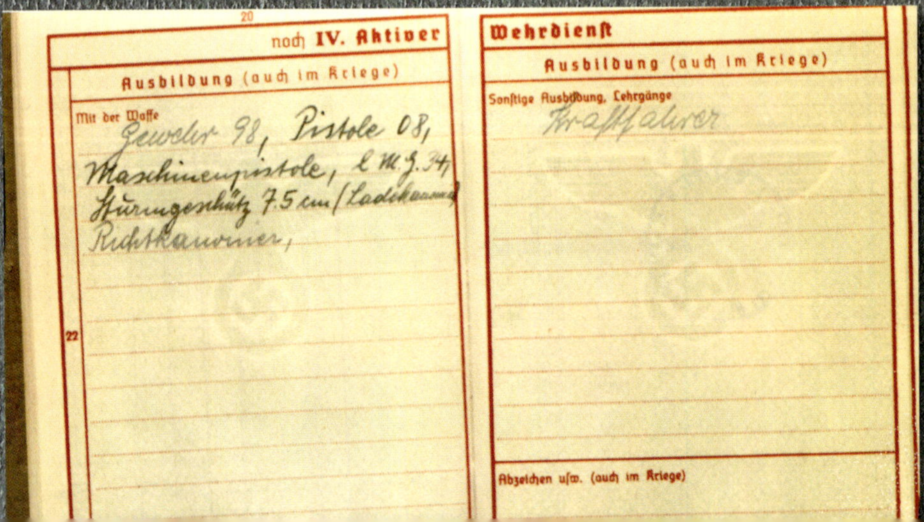
20

noch IV. Aktiver Wehrdienst

**Ausbildung (auch im Kriege)**

Mit der Waffe

Gewehr 98, Pistole 08, Maschinenpistole, l. M.G. 34, Sturmgeschütz 7.5 cm (Ladekanonier, Richtkanonier,

22

Sonstige Ausbildung, Lehrgänge

Kraftfahrer

Abzeichen usw. (auch im Kriege)

*Wehrpass* (équivalent à un passeport militaire) de Heinrich Herterich, un Souabe protestant né en 1921, mécanicien de formation dans le civil. Il se retrouve tout d'abord dans une unité de dépôt, en août 1940 : la *1. SS-Kraftfahr-Ersatz-Kompanie*, et est versé dans la *Panzer-Sturm-Batterie* à la fin novembre. Herterich a reçu une formation de pointeur et de chargeur, et aussi de motocycliste. De la fin de novembre 1940 au 5 mars 1941, il sert en Lorraine, puis est envoyé en Roumanie et en Bulgarie. Il a participé aux engagements de 1941 dans les Balkans (très détaillés p.34), puis sur l'*Ostfront* du 2 juillet au début de décembre 1941, où il est blessé. Notons que Karl Rettlinger a parafé son attribution de l'insigne du combat des blindés en argent, le 29 octobre 1941, à la page 23.

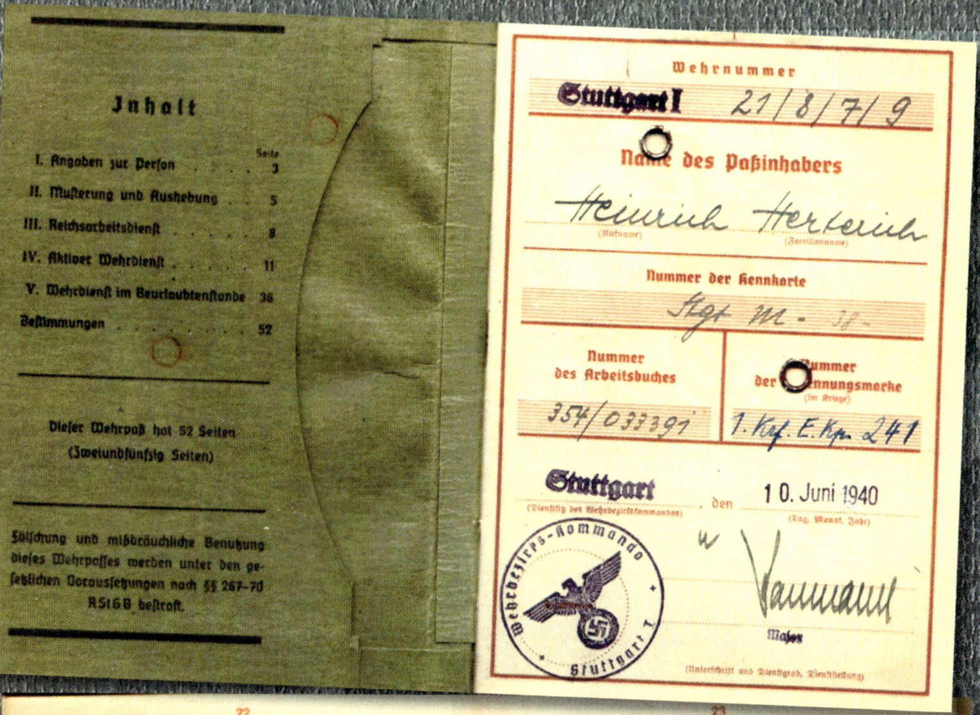

Inhalt



Dieser Wehrpaß hat 52 Seiten (Zweiundfünfzig Seiten)

Fälschung und mißbräuchliche Benutzung dieses Wehrpasses werden unter den gesetzlichen Voraussetzungen nach §§ 267–70 RStGB bestraft.

Wehrnummer

Stuttgart I 21/8/7/9

Name des Paßinhabers

Heinrich Herterich
(Rufname) (Familienname)

Nummer der Kennkarte

Stgt M – 38 –

Nummer des Arbeitsbuches

354/037391

Nummer der Erkennungsmarke (im Kriege)

1. Kaf. E. Kp. 241

Stuttgart (Dienststelle des Wehrbezirkskommandos), den 10. Juni 1940 (Tag, Monat, Jahr)

Wehrbezirkskommando Stuttgart I

Major

(Unterschrift und Dienstgrad, Dienststellung)

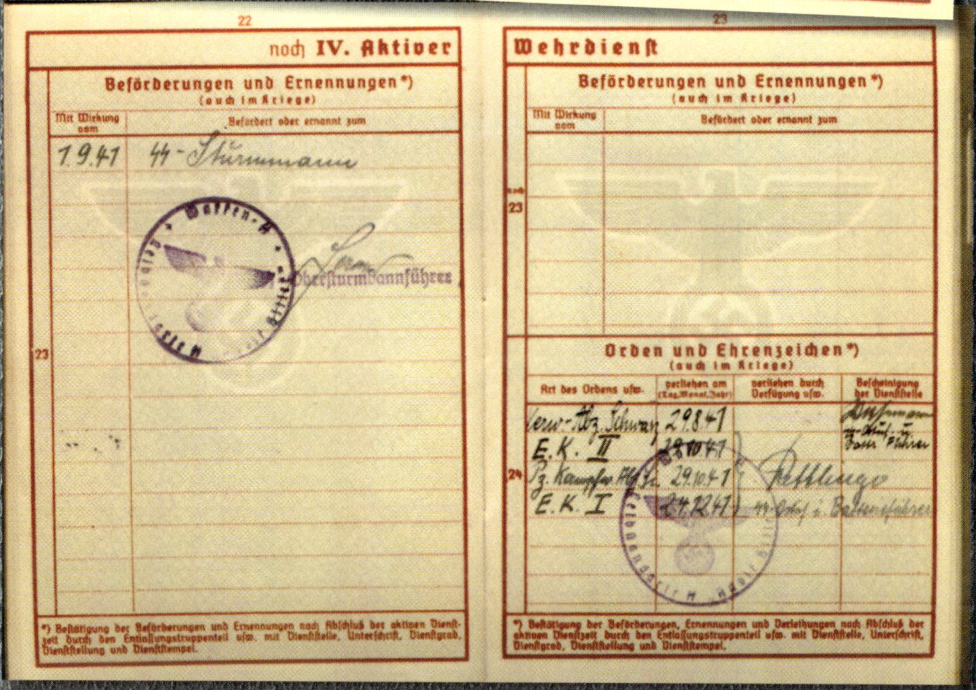

22 — noch IV. Aktiver Wehrdienst — 23

Beförderungen und Ernennungen *) (auch im Kriege)

| Mit Wirkung vom | Befördert oder ernannt zum |
|---|---|
| 1.9.41 | SS-Sturmmann |
| | Obersturmbannführer |

*) Bestätigung der Beförderungen und Ernennungen nach Abschluß des aktiven Dienstzeit durch den Entlassungstruppenteil usw. mit Dienststelle, Unterschrift, Dienstgrad, Dienststellung und Dienststempel.

Orden und Ehrenzeichen *) (auch im Kriege)

| Art des Ordens usw. | verliehen am (Tag, Monat, Jahr) | verliehen durch Verfügung usw. | Bescheinigung der Dienststelle |
|---|---|---|---|
| Verw.-Abz. Schwarz | 29.8.41 | | |
| E.K. II | 28.10.41 | | |
| Pz. Kampfw. Abz. | 29.10.41 | | |
| E.K. I | 24.12.41 | SS-Stuf. u. Batteriechef | |

*) Bestätigung der Beförderungen, Ernennungen und Verleihungen nach Abschluß der aktiven Dienstzeit durch den Entlassungstruppenteil usw. mit Dienststelle, Unterschrift, Dienstgrad, Dienststellung und Dienststempel.

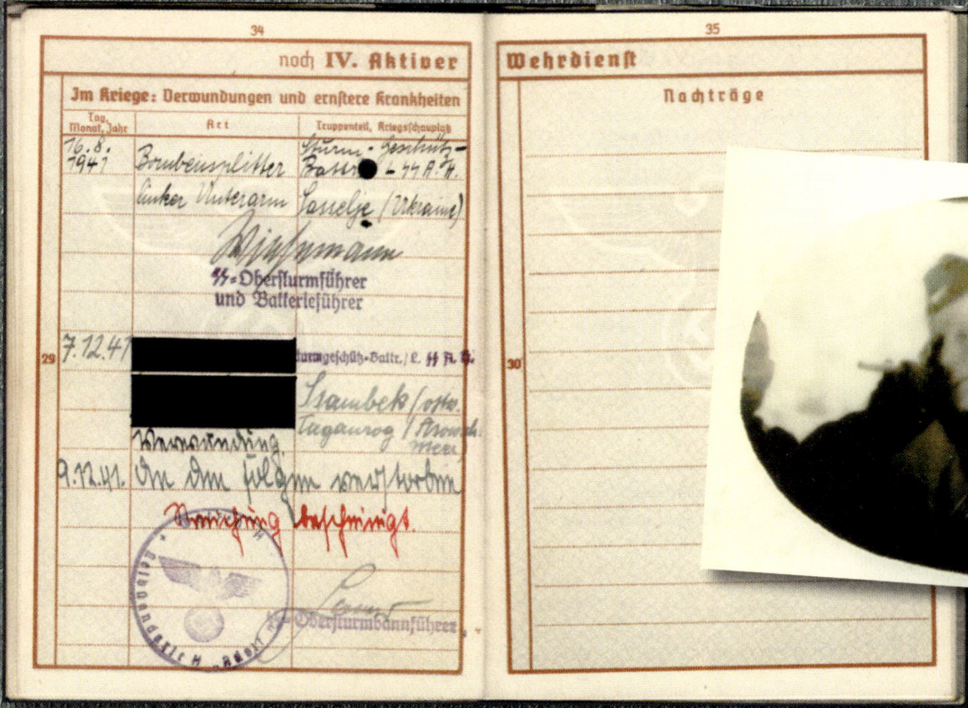

34 — noch IV. Aktiver Wehrdienst — 35

Im Kriege: Verwundungen und erstere Krankheiten

| Tag, Monat, Jahr | Art | Truppenteil, Kriegsschauplatz |
|---|---|---|
| 16.8.1941 | Bombensplitter linker Unterarm | Sturm-Geschütz-Battr. LAH, Saseljie (Ukraine) |
| | SS-Obersturmführer und Batterieführer | |
| 7.12.41 | [illegible] | Sturmgeschütz-Battr. / L. SS A. H. |
| | Verwundung | Stambek / Taganrog |
| 9.12.41 | An den Folgen verstorben | |

Obersturmbannführer

Nachträge

Tir à la carabine lors d'une fête foraine. Heinrich Herterich est visible à gauche.

Front russe, avril 1942. Sepp Dietrich, commandant de division, en conversation avec le *Hstuf.* Wünsche lors d'une remise de décorations (pour plus de renseignements sur cet événement, voir les pages 78-80 dans Charles Trang, *Leibstandarte - Dictionnaire*, Heimdal).

Max Wünsche, alors blessé. Il commande les canons d'assaut de la *LSSAH* durant plusieurs mois en 1942, succédant à Schönberger. Plus tard, en 1944, il conduira les blindés de la division « *Hitlerjugend* ».

canons d'assaut ne sont pas épargnés par cette indispensable *Auffrischung*. La LSSAH est remodelée pour devenir une *SS-Panzer-Grenadier-Division* (ce qui devient officiel en novembre 1942) et conformément au programme du *Brifü.* Wagner, l'*Abteilung « Schönberger »* laisse la place à la *SS-Sturmgeschütz-Abteilung « LSSAH »* (sachant que Schönberger a précédemment quitté les *Sturmgeschütze*). Ce nouveau corps de la division, entièrement constitué de canons d'assaut, est maintenant formé de trois batteries de sept pièces, plus une batterie de commandement, et reçoit aussi du matériel neuf : les *Sturmgeschütze III Ausführung F.* Avec cet *Ausführung F*, le canon d'assaut perd son rôle initial d'appui direct aux fantassins, au profit de celui de chasseur de char ! Effectivement, son 75 mm court laisse place à une pièce de même calibre, mais au long tube : le L/43, inspiré directement de la fameuse *7,5 cm-Pak40*[4]. En mai 1942 a aussi été prise la décision de doter les canons d'assaut de plaques latérales de blindage additionnelles, ou *Schürzen*. Notons que ce sont des personnels de la *SS-Sturmgeschütz-Batterie « Wiking »* qui serviront d'ossature pour la 3e batterie. Les différentes unités du groupe de canons d'assaut reçoivent leur *Feldpostnummer* : les 08 917 A, B, C, D et E.

En ce bel été de 1942, procurant un peu de répit, loin des balles, pour les soldats de la LSSAH, le **29 juillet 1942**, le groupe de canons d'assaut de la division participe, lui aussi, au grand défilé organisé à Paris, sur les Champs-Élysées, avec ses flambant neufs *StuG.III Ausf. F.* À cette occasion, le *Generalfeldmarschall* von Rundstedt, commandant en chef des troupes allemandes à l'Ouest, s'avoue impressionné par la *Leibstandarte*, et félicitera « Sepp Dietrich » pour la tenue et la prestation de sa grande unité. À 16 h, le défilé est terminé et les hommes regagnent leurs quartiers.

Juste après, la division part stationner dans le secteur de Bernay, Orbec et Mantes-la-Jolie. Les *Sturmartilleristen* connaissent le repos en Normandie durant la fin de l'été et tout l'automne de 1942 (certaines compagnies d'infanterie stationnant y compris dans la zone de Potigny-Falaise, au cœur du Calvados), et jusqu'au début de l'hiver. Les *StuG.* et leurs équipages, eux, restent du côté de Bernay[5]. Bientôt, étant donné l'évolution de la situation très défavorable au IIIe Reich dans le secteur de Stalingrad en ce deuxième hiver à l'Est, les hommes de Dietrich vont devoir retrouver l'éprouvante « *Ostfront* »...

---

1. Pour s'en donner une idée plus précise, voir Thomas Fischer, *Sepp Dietrich et sa Leibstandarte*, Heimdal, Bayeux, 2015, aux pages 24-26.
2. La nouvelle structure de la *Leibstandarte*, en date du 21 février 1942, prévoit bien un groupe de canons d'assaut chapeauté par un état-major, une batterie de commandement et trois batteries de *StuG.* Voir C. Trang, *Leibstandarte 1933-1942*, Heimdal, Bayeux, 2007, pages 404-405.
3. Auparavant, Wünsche servait dans la *Leibstandarte* comme *Divisions-Adjutant*, aide de camp de Sepp Dietrich : voir Norbert Számvéber, *Les Panzers de la Hitlerjugend – Normandie 44*, Heimdal, Bayeux, 2011 (page 217).
4. Remarquons que le *StuG. III Ausf. F* équipé du canon L/48, est officiellement appelé *StuG. 40*, ou *StuG. Ausf. F8*. Ensuite apparaîtra le *StuG. 40 Ausf. G*, présentant diverses améliorations, dont l'ajout d'un tourelleau pour le chef de pièce.
5. En date du 1er octobre 1942, d'après R. Lehmann, *Die Leibstandarte – Juli 1941 bis Januar 1943*, Nation Europa Verlag, Coburg, 1995 (page 390).

Photos prises en France lors de l'inspection en 1942 du groupe de *Sturmgeschütze* divisionnaire de la *LAH*. Le *Generalobers* Curt Haase (commandant en chef de la *15. Armee*) se fait présenter les nouveaux engins (au canon de long tube L/43, puis L/48). À gauche du général de la Wehrmacht se tient le Bavarois Karl Rettlinger, commandant la 3e batterie. Sepp Dietrich est visible de dos.

Ci-dessous : Curt Haase écoutant les explications de Sepp Dietrich.

20 avril 1942, anniversaire d'Adolf Hitler (qui prend 53 ans), et également celui de Max Wünsche, mais là n'est probablement pas l'événement fêté. Ses hommes organisent ici une petite cérémonie pour son départ… soit celui de la toute fin mai 1942 pour l'école de guerre de Berlin, soit son départ définitif des canons d'assaut de la *LSSAH*, à la fin d'octobre de la même année. Vu la végétation automnale, ce dernier semble plus probable, la cérémonie se situerait alors en France.

Ici, Wünsche est reconnaissable debout au milieu.

Autre photo permettant d'apercevoir quelques officiers bien décorés de l'unité.

Le *StuG.* de face, décoré pour la fête, sur lequel a été inscrit « *Der Max ist…* » (Max est…), il manque toutefois la suite… peut-être « *weg* » (parti). On notera qu'il ne s'agit pas encore d'un canon d'assaut équipé du canon L/43 ou L/48.

Max Wünsche est gratifié d'une haie d'honneur et du son des trompettes.

Un dernier salut à l'officier, qui quittera l'unité avec un pincement au cœur.

Le canon d'assaut de Max Wünsche porte également l'inscription stylisée « Max » sur le côté.

Le *StuG.* de Max Wünsche durant la cérémonie de départ, en 1942.

Derrière le canon d'assaut de Max Wünsche, les hommes défilent en colonne par trois, sous les yeux de quelques civils.

Au même endroit, Sepp Dietrich décore ses *Sturmartilleristen*, dont deux *SS-Hauptscharführer* portant l'*EK. 1* et le *Panzerkampf-Abzeichen* pour celui de gauche.

Une colonne de canons d'assaut en route pour Paris, quittant la région de Melun. Les « *Jabos* » ne dominent pas encore les airs, comme en 1944 : les déplacements s'accomplissent sans heurts.

À gauche : Magnifique photographie montrant l'avant du *StuG. III Ausf. F* et ses gros boulons, notamment juste au-dessus de la fente de vision du conducteur. Il s'apprête pour le défilé des Champs-Élysées.

En-dessous : Un autre *StuG. III* au même endroit, le même jour.

Les canons d'assaut du nouveau groupe divisionnaire en route pour Paris et le défilé, le 29 juillet 1942. Le « *Stummelrohr* » a laissé la place au canon de 75 mm long.

Défilé de la *Leibstandarte* sur les Champs-Élysées, le 29 juillet 1942. La photo est prise depuis le *StuG.* de Hans Siegel, celui juste devant étant (Siegel m'a-t-il écrit) celui de Karl Rettlinger.

Ce *StuG.* remonte lui aussi les Champs-Élysées. La population parisienne ne s'est pas massée pour suivre l'événement.

Défilé du 29 juillet 1942 devant le *Divisions-Kommandeur* et d'autres officiers généraux du *Heer*, dont Gerd von Rundstedt, ou encore Paul Hausser. Le groupe a perçu ses flambant neufs *StuG. III Ausf. F.*

Ce repos en France est l'occasion de manifestations sportives ; ces *Sturmartilleristen* (certains sont visibles à la double-page suivante, en bas à droite,, dont le *Spieß* Walter) sont des spectateurs captivés !

Les engins sont soigneusement garés, bien alignés. On notera la caisse supplémentaire, en bois, posée à l'arrière.

Les canons d'assaut tout neufs à l'abri sous un hangar, peut-être du côté d'Évreux.

L'équipage de ce *StuG.* de la *Leibstandarte* profite d'un moment paisible en France, à l'été de 1942, avant de devoir rejoindre le front russe au tout début de 1943.

Un jeune *SS-Sturmmann* des canons d'assaut avec un camarade de la division, dans la cour de leur logement réquisitionné, en Région parisienne en 1942.

Le canon d'assaut Nr. 25, sur le garde-boue duquel est peint le nouveau symbole de la *LAH* (l'emblème « Dietrich » bordé de feuilles de chêne). Photo sans doute prise à l'ouest de Paris, à l'été ou à l'automne de 1942. Notez la mitrailleuse de bord, un *MG.34*.

Les *StuG.* dans la cour d'une ferme, probablement dans l'Eure, à l'automne de 1942. Les patins de chenille de rechange servent aussi de blindage additionnel, la croix noire bordée de blanc a d'ailleurs été peinte par dessus.

Magnifique photo des canons d'assaut de la *LAH* lors de leur séjour sur Évreux, à la fin de 1942. On notera le galet posé devant la paroi latérale supérieure de caisse, pièce de rechange et, accessoirement, de blindage supplémentaire. Les détails du frein de bouche du canon sont assez bien discernables.

Au cours de la période de repos en France, à la fin de 1942, ces quatre *Sturmartilleristen* posent à l'entrée de leur ravissant cantonnement « *im reizvollen Château !* », sans doute du côté d'Évreux.

Le même jour, contrôle des papiers pour nos quatre *Sturmartilleristen* qui, manifestement, n'ont pas encore subi le baptême du feu, du moins ne portent-ils aucune décoration... S'agit-il d'une autre entrée du même domaine ?

Magnifique photo de mariage du « *Spieß* » Walter, adjudant de l'une des batteries de la *SS-Sturmgeschütz-Abteilung* de la *LAH*, ayant reçu le *Panzerkampf Abzeichen in Silber*.

Trois *SS-Oberscharführer* posent en studio ; celui du milieu, dénommé Walter, ayant la fonction d'adjudant de compagnie (*SS-Stabscharführer*, ou « *Spieß* » en argot du Landser). Il a glissé le carnet de service dans son blouson croisé, et les « *Kolbenringe* » sont cousus au bas des manches. Il semble bien que l'*Oscha*. à droite, portant un blouson du commerce, ne soit autre qu'Alfred Günther...

Superbe photo de l'*Uscha*. Dienemann, *Sturmartillerist* de la *Leibstandarte*. Comme d'autres membres de la *SS-StuG.-Abt. LAH*, Dienemann combattra par la suite en Normandie dans les chars de la *12. SS « HJ »*, dès le début de juin 1944 (le concernant, dans les rangs de la *2.Kp./SS-Pz-Rgt. 12*).

Année 1943

# FACE AU RESSAISISSEMENT SOVIÉTIQUE

Le **22 janvier 1943**, au moment de rejoindre à nouveau le front de l'Est, la *SS-Sturmgeschütz-Abteilung LSSAH* s'articule comme suit :

Le commandant du groupe est le *SS-Sturmbannführer* Hein von Westernhagen, le chef de la 1re batterie est le *SS-Hauptsturmführer* Heinrich Heimann, la 2e batterie est commandée par le *SS-Obersturmführer* Otto Holst, et enfin la 3e batterie se trouve sous les ordres du *SS-Hauptsturmführer* Karl Rettlinger. Les trois derniers officiers cités seront retrouvés jusqu'en Normandie, dans les canons d'assaut de la division.

## La troisième bataille de Kharkov (février-mars 1943)

La *SS-StuG.-Abt. LSSAH* est déchargée de ses wagons à Tschugujew (Tchagouïev), au sud-ouest de Kharkov. À peine débarqués, les *Sturmgeschütze* montent en ligne. Pour le **2 février**, on lit dans l'ordre de la division N° 1 : « *Groupe de canons d'assaut à disposition de la division dans sa zone de stationnement ; reconnaît des voies de progression et possibilités d'engagement en cas d'une irruption ennemie dans les positions du bataillon du génie* [de la division] *et du* 2. Pz.Gren.Rgt. LSSAH. 1./StuG. Abt. *est à transférer sur Tchagouïev en attendant arrivée du* Pz.Rgt. »[1].

Le **6 février 1943**, le IIIe peloton de la 1re batterie, aux ordres du *SS-Obersturmführer* Ernst Gaschnitz (né le 25 juin 1921), part soutenir la *3.Kp./SS-Pz-Gren.-Rgt. 2 « LSSAH »*, compagnie de fantassins qui attaque Gniliza [Gnilitsa], à l'est de Kharkov. Le canon d'assaut se trouvant à la pointe du peloton est soudain confronté à des tirs antichars russes, provenant de l'avant et des côtés de la route où il progresse. Le *StuG.* de Gaschnitz réplique aussitôt, et détruit quatre canons antichars de 45 mm, cinq

Une colonne de *StuG. III* de la *LAH* avançant dans la steppe, couverte de neige.

Un *StuG.* bien camouflé sur un wagon plat, en partance pour le front de l'Est, à l'hiver 1942-1943. Les patins de chenille de rechange servent de blindage supplémentaire. L'homme n'a pas enfilé son blouson croisé, mais la vareuse du modèle général.

mitrailleuses Maxim (à refroidissement par eau, de modèle 1910), sept fusils antichars et deux véhicules de transport de munitions. Grâce à son action énergique, il a permis de conclure avec succès l'attaque d'infanterie sur Gniliza.

Le jour suivant, 7 **février**, Erwin Jäckel, commandant l'unité de ravitaillement des *Sturmgeschütze*, évoque l'un des combats à Andrejewka [Andreïevka] :

Des *Sturmartilleristen* en agréable compagnie, peut-être en France en 1942. À gauche, Heinrich Heimann et, au milieu, Karl Rettlinger.

« *Le matin suivant* (le 7/02), *un petit avion de reconnaissance Focke Wulf 189 nous survole plusieurs fois. Vers midi, il revient vers nous en provenance de l'est, et nous envoie des ordres dans une petite capsule porte-message. L'objet largué ayant atterri à quelques centaines de mètres devant nos lignes, l'un de nos* StuG. *reçoit l'ordre d'aller le chercher. C'est très vite chose faite, le message qu'il contient annonce qu'une colonne est en marche depuis le nord-est, probablement des nôtres. Nous allons à leur encontre et, effectivement, il s'agit bien de* Landser. *Plus exactement, d'une partie de la* 298. Inf.-Div. *du* Heer... *mais dans quel état est-elle ! Elle revient des méandres du Don, où elle se trouvait imbriquée parmi des divisions italiennes. Les Russes ont bousculé ces pauvres diables sur plusieurs centaines de kilomètres, passant d'un encerclement à un autre, jusqu'à ce que ces malheureux puissent enfin tomber entre les bras de forces allemandes. La joie est grande, ils se jettent dans les bras les uns les autres, tellement effrayés jusque là à l'idée de tomber entre les griffes d'"Ivan". Les troupes de la* 298. Inf.-Div. *sont rapidement renvoyées au front après avoir été reconstituées.* »

Le *Divisions-Gefechtsstand* (quartier-général de la division) donne l'ordre au *SS-Pz-Gren.-Rgt. 2 LAH* de tenir Andrejewka, parce que la *320. Inf.-Div.*, elle aussi durement frappée plus à l'est, se regroupe à Ssawinzy, à une trentaine de kilomètres d'Andrejewka, afin de se dégager pour rejoindre la *Leibstandarte* en passant par Balakleja. Deux compagnies du

Rare photo du *SS-Obersturmführer* Ernst Gaschnitz, qui se distinguera particulièrement lors des combats des *StuG.* à l'Est, en 1943.

*SS-Pz-Gren.-Rgt 2. LAH* et une fraction de la 3e batterie de *Sturmgeschütze* aux ordres du *Hstuf.* Karl Rettlinger doivent élargir leurs positions aux abords d'Andrejewka.

Le **8 février**, la 1re batterie (Heimann) s'illustre en bloquant une importante attaque russe aux côtés des fantassins de la *2.Kp./2* (compagnie sous les ordres du *Hstuf.* Hans Becker), mais elle compte la perte d'un officier, l'*Ustuf.* Hans Fischer, mort à l'âge de 27 ans. Tout d'abord, c'est le *SS-Hauptscharführer* Hans Püllich, chef d'un peloton de la 2e batterie, qui se manifeste à Bereka, en soutenant par ses tirs l'infanterie de la LAH et permet d'endiguer toutes les attaques soviétiques en leur causant des pertes sensibles, et ce sans perdre un seul *Sturmgeschütz*. Il reste en couverture lors du repli des fantassins. Püllich montre ses qualités de chef intègre, droit et réactif, y compris quand il est confronté à des cas de figure des plus critiques.

Toujours le 8 février, à l'aube, l'attaque soviétique se déchaîne sur Gniliza, localité tenue par le Ier bataillon du *SS-Pz-Gren.-Rgt. 2 LSSAH*, commandé par le *SS-Sturmbannführer* Hugo Kraas. L'attaque se termine par un bain de sang pour « Ivan », car les canons d'assaut de la division soutiennent les *Panzergrenadiere*, renforcés par un groupement de *Pioniere* (sapeurs du génie). Vague après vague, et assaut après assaut, l'adversaire tente de briser les positions tenues par la *Leibstandarte*. Lors de cet engagement, la 1re batterie de la *Sturmgeschütz-Abteilung LAH* permet de réduire à néant chaque tentative adverse. Ses tirs de 75 mm sont aussi soutenus par deux *3,7 cm-Flak*, pièces de DCA de 37 mm de la section d'Armberger, appartenant à la *3.Kp./ SS-Flak-Abteilung LSSAH*. Malgré la faiblesse de leur calibre, eux-mêmes parviennent à détruire deux chars russes. Un nombre conséquent de cadavres est relevé devant les positions allemandes. Une fois de plus, les *Sturmgeschütze* ont permis aux fantassins de tenir leurs positions et de rejeter à chaque fois les attaques soviétiques.

Toujours en février 1943, un officier des Waffen-SS mérite d'être évoqué ici. Il s'agit de nouveau du *SS-Obersturmführer* Gaschnitz, qui détruit de nombreux nids de mitrailleuses et de multiples canons antichars. Le **9 février**, une force blindée accompagnée par de l'infanterie – dont les effectifs équivalent à un régiment – attaque le groupement tactique de

Trois membres de l'atelier de réparation de la batterie de canons d'assaut de la *LAH*, en 1940 ou 1941. On reconnait Jäckel à gauche, et Thomas Amselgruber au milieu, futur tankiste de la *schwere SS-Panzer-Abteilung 101*.

« Panzermeyer » sur son flanc gauche. L'*Ostuf.* Gaschnitz intervient de ce côté-là avec son StuG. III Ausf. F, afin de renforcer l'unité de Kurt Meyer. Les intempéries ont rendu le terrain presque impraticable, une épaisse couche de neige recouvrant le terrain. Malgré tout, le canon d'assaut de Gaschnitz parvient jusque sur les positions tenues par Meyer. L'officier, ayant commencé sa carrière dans l'infanterie, sait très bien que, face à une attaque soutenue par des chars, un fantassin n'a pas grande chance de tenir longtemps (d'autant qu'à cette époque, l'armement antichar individuel de destruction rapprochée est encore lacunaire – *Panzerfäuste* et *Panzerschrecke* ne commenceront à être distribués que plusieurs mois plus tard), aussi Gaschnitz doit-il se rendre sur place pour leur prêter main forte. Déjà, deux tanks KV-1 ont pu faire irruption dans les lignes allemandes. Le deuxième est réduit à néant par Gaschnitz, avec quatre obus de rupture (*Panzergranaten*). Puis, à l'aide d'obus explosifs (*Sprenggranaten*), il liquide les fantassins russes. Cette attaque de l'Armée rouge, si inquiétante au départ pour les *deutsche Grenadiere*, est stoppée net. On dénombrera plus de 400 cadavres russes sur le terrain, une véritable boucherie mais qui, sur l'*Ostfront*, n'a rien d'exceptionnel.

Le froid sévit de nouveau à l'Est, les températures sont beaucoup moins clémentes qu'en France. L'on remarque bien les détails de ce *StuG. 40 Ausf. G* : rouleaux porteurs et double-galets du train de roulement, tourelleau, etc.

Le *SS-Unterscharführer* Jäckel en 1941, alors qu'il vient de recevoir l'*EK. 2*, première décoration qu'il porte fièrement.

Le lendemain **10 février**, le groupe de canons d'assaut épaule efficacement la *Kampfgruppe* de Fritz Witt, notamment dans le cadre des affrontements pour la ville d'Alexejewka [Alexeïevka].

Le **12 février**, le *SS-Obersturmführer* Gaschnitz mène un assaut sur Wassischewka [Vassichevka] avec ses 1er et 3e pelotons. Ils détruisent quatre canons antichars, deux fusils antichars et deux mitrailleuses. Le **15 février**, avec des effectifs similaires, Gaschnitz s'attaque à l'aérodrome d'Ossnowa, en anéantissant les forces russes qui s'y trouvent, détruisant au passage quatre

Photo de mariage du *SS-Oberscharführer* Alfred Günther, déjà décoré du *Ritterkreuz*.

Alfred Günther, ici encore *SS-Unterscharführer*, qui sera promu chevalier de la Croix de fer au sein de la *SS-StuG.-Abt. LAH* au début de mars 1943.

canons antichars. Le lendemain, les forces allemandes se replient vers une nouvelle position de résistance, jouxtant le cours de l'Udy. Mais les berges de cette rivière sont fortement encaissées, et donnent du fil à retordre aux Allemands à cause des routes et chemins enneigés, verglacés, une vraie patinoire. Laissons la parole au commandant d'un *Sturmgeschütz*, Jäckel, qui dépeint parfaitement ces moments difficiles :

« *Dans la nuit, nous décrochons à notre tour et, ce faisant, c'est nous qui fermons la marche. Le froid est extrêmement vif. Nous avançons, puis faisons une halte et ainsi de suite, toute la nuit. Devant nous s'étire une route bien rectiligne. D'un côté, une vaste forêt, de l'autre une plaine plate. À 200 mètres, un cours d'eau gelé, l'Udy. Sur la rive opposée du fleuve court une ligne de chemin de fer. Le bruit de détonations, assourdi par le temps froid, se fait entendre. Soudain, devant nous sur la route, un groupe de soldats gesticule. J'arrête mon* Sturmgeschütz *et les questionne : "Was ist los ?" – Que se passe-t-il ? –. Le tracteur d'un canon de 100 mm a été remorqué, car en panne, laissant la pièce toute seule. Un véhicule de dépannage se trouve sur place, mais il se révèle incapable de dépêtrer l'obusier. L'équipe de pièce nous demande de les prendre en remorque. Après un petit moment pour réussir à tirer la pièce (et l'amener jusque derrière mon canon d'assaut), l'attelage va montrer s'il fait ses preuves. La route lisse et glissante, pour le moment, ne pose pas encore de problème, nous avons tout de même derrière nous une pièce de 100 mm ! Mais*

Alfred Günther, ici *SS-Hauptscharführer*, portant fièrement le *Ritterkreuz* au cou, aussi surnommé « *Halskreuz* ». Il s'est particulièrement illustré lors des combats pour la reprise de Kharkov au début de 1943.

*maintenant, nous approchons de la rivière Udy, et une route descend jusqu'au pont permettant de la franchir et, après le pont, elle remonte plutôt "méchamment". Nous approchons du point de passage, en première vitesse et doucement. Le canon se braque et entraîne la chenille droite de mon véhicule dans la neige, dans le fossé bordant la chaussée. Mon chauffeur tente de faire redresser le* Sturmgeschütz *sur la route, hélas sans y parvenir. Malencontreusement, derrière nous, toute la pièce de 100 mm part dans le fossé. Mais la chance ne s'est pas complètement éclipsée, vu qu'une partie plus plane nous permet de remettre tout le monde sur la route. Ouf! Le franchissement du pont ne pose aucun problème, mais à l'issue de celui-ci c'est une belle pente raide qui nous attend. De plus, rappelons que la route est verglacée, un vrai miroir. Je fais accélérer pour prendre de la vitesse avant la montée... et là, tout glisse, notre canon d'assaut et la pièce d'artillerie. En effet, les 24 tonnes de notre* StuG.*, plus la pièce de 100 mm, cela fait un sacré poids total! Pratiquement arrivé au sommet de la montée, les chenilles commencent à patiner. Tout le monde descend et des* Landser *présents dans le secteur viennent prêter main forte pour pousser l'attelage et finalement, à force de volonté, nous parvenons là-haut. La suite est un délice par rapport à ce qui vient d'être vécu là. Lorsque nous atteignons le village suivant, nous décrochons la pièce d'artillerie et la laissons avec son peloton auprès d'une isba. Les artilleurs nous remercient du fond du cœur et nous adressent de grands saluts, alors que nous les quittons pour rejoindre notre batterie. Nos efforts auront tellement fait plaisir au*

*commandant de l'artillerie qu'il nous enverra, le lendemain, un télégramme de remerciement pour le remorquage du canon et le sauvetage, ainsi accompli, du peloton d'artilleurs. »*[2]

Le **17 février 1943**, les *Sturmgeschütze* en état de combattre sont regroupés pour assister les *Kampfgruppen* de la division, et se retrouvent mêlés à des affrontements à Karawanskoje, à six kilomètres au nord-est de Starowerowka.

Trois jours plus tard, le **20 février**, c'est le *SS-Oberscharführer* **Alfred Günther** (né en avril 1917 à Magdebourg) qui détruit cinq chars soviétiques à une distance de moins de 200 mètres. Ce combat se déroule à proximité de Melechowka-Rjabuchino, alors que la *LAH* combat dans le cadre de la reprise de Kharkov, quand survient une attaque russe combinant dix chars et un bataillon de fantassins, vers 14 h. Par son action, Günther – de la 1re batterie de la *Sturmgeschütz-Abteilung LSSAH* – permet de briser l'attaque, en détruisant la moitié des chars et en décimant l'infanterie qui les accompagnait. Le front – un bien mince rideau de forces allemandes dans ce secteur – aurait pu être percé, mais son courage et sa détermination l'ont emportés, et ont permis de maintenir l'intégrité des positions. Il démontre, une fois de plus, qu'un seul homme avec son engin peut retourner une situation qui aurait pu s'avérer catastrophique, àl'image de ce qui est retrouvé dans divers manuels militaires : « On peut tout oser dans un climat psychologique favorable » ! À cette date, l'*Oscha.* Günther détient le score de 21 chars ennemis détruits. Ce brillant

Une photo usée mais éloquente, prise dans le brouillard ou la neige, d'une colonne de canons d'assaut de la *LAH* progressant par une visibilité réduite…

L'*Oscha.* Püllich en tenue d'hiver, portant un ceinturon soviétique de prise.

sous-officier avait déjà reçu le 13 juillet 1941 l'*EK. 2* et, le 5 novembre de la même année, l'*EK. 1*. La récompense se fera fort peu attendre, il se verra remettre le 3 mars 1943 le *Ritterkreuz* – Croix de chevalier – pour ses exploits. Günther décédera en Normandie, sur Evrecy, en juin 1944 (alors membre de la *schwere SS-Panzer-Abteilung 101*) victime d'un bombardement.

Ce même 20 février, le *SS-Hauptscharführer* Püllich reçoit l'ordre d'établir la liaison entre Rjabuchino et Borki. Pour ce faire, il doit bloquer la route vers l'est et, ainsi, interdire l'accès aux troupes soviétiques. Mais il observe un escadron de cavaliers russes, approchant dans l'obscurité descendante. Là, il laisse approcher l'ennemi jusqu'à vingt mètres et, avec tous ses canons et mitrailleuses disponibles, il réduit la troupe de cavaliers à un tas de cadavres de cavaliers et de chevaux empilés. Si l'action est couronnée de succès, avouons qu'il s'agit là de cibles moins redoutables et plus aisées que des blindés.

Le lendemain **21 février** à midi, la *Leibstandarte* est rattachée à l'*Armee-Abteilung « Kempf »*.

Le **26 février**, la 1^re^ batterie de la *SS-StuG.-Abt. 1 LAH* (Heimann) détruit une colonne entière de chars russes. À 11 h du matin, sous les ordres du *SS-Pz-Gren.-Rgt. 1*, et notamment aux côtés de la 6^e^ compagnie de *Panzer-Grenadiere* sous les ordres du *SS-Hauptsturmführer* Weiher, la 1^re^ batterie de la *SS-StuG-Abt. 1 LAH* et un peloton de *Panzerjäger* sur *Sfl.* (chasseurs de char, canons sur affûts automoteurs blindés) attaquent depuis Jarotin vers la gare de Wlassowka [Vlassovka] et laissent hors de combat onze T-34 et un KV-1, sans déplorer une seule perte dans leurs rangs. À 14 h, une compagnie du *III./SS-Pz-Gren.-Rgt. 1*, sous les ordres du célèbre *SS-Hauptsturmführer* Hubert Meyer – là encore, une future personnalité de la *12. « Hitlerjugend »* –, renforcé de canons d'assaut de la 2^e^ batterie de l'*Ostuf.* Holst, attaque Minkovka en venant de Nikolskoïe. Le vétéran G. Kutzner (*Sturmartillerist* de la 2^e^ batterie) nous restitue avec précision cette aventure surprenante :

« *Passé le kolkhoze, nous fonçons dans un champ couvert de neige. Notre batterie est toute entière en ligne avec, montés sur chaque* StuG., *cinq à six fantassins. Ils se les gèlent, malgré les tenues d'hiver fourrées. Ils sont complètement pétrifiés de froid, car un vigoureux vent d'est souffle tout droit sur eux. Leurs visages sont également cinglés par les morceaux de glace que nos chenilles projettent dans l'air. Un petit chemin nous conduit au village de Bobrovka. Nos premiers* StuG. *s'arrêtent, afin que notre infanterie descende et aille tâter le terrain, pour voir si des Russes s'y trouvent. Un vieux villageois renseigne le commandant de bataillon, l'assurant qu'aucun Soviet ne se trouve dans son village, puis il montre sur une carte où est*

Une scène assez rare : Un *Sturmgeschütz* remorquant une *Pak. 38* ou *40*. Au premier plan, la dépouille d'un cheval.

**De gauche à droite :**

Photo dédicacée à l'auteur par le *SS-Obersturmführer* Hans Siegel, portant le ruban de l'*Ost-medaille*, alors qu'il faisait partie de la *SS-StuG.-Abt. 1 LAH*.

Cliché peu connu d'Emil Wiesemann, encore sous-officier, qui commandera avec brio la *2.Bttr./ SS-StuG.-Abt. 1 LAH*.

Portrait du *SS-Untersturmführer* Werner Choyka, faisant encore partie des canons d'assaut de la division. Il passera ensuite au *SS-Panzer-Regiment* de la même *Leibstandarte*, et trouvera la mort le 7 mars 1943 à la tête de la 1re compagnie du *SS-Pz-Rgt. 1 LAH*, durant les affrontements sur Kharkov.

*situé le village suivant. Les fantassins remontent sur nos superstructures, et nous reprenons immédiatement la route. Voilà maintenant trois heures que nous roulons sous un vent glacial, nos chenilles s'enfonçant dans une neige assez haute. Nous passons auprès de deux sentinelles, mais sans chercher à savoir s'il s'agit de Russes ou s'ils sont des nôtres, nous poursuivons le trajet. Le froid envahit chacun d'entre nous, même à l'intérieur du véhicule, il pénètre nos os... et toujours aucune trace d'Ivan ! Puis, de nouveau, l'on marque une halte, et nos fantassins opèrent de la même manière qu'auparavant. Ils nous rejoignent après avoir visité un nouveau village fantôme. Eh oui, ici encore, pas âme qui vive ! La pénombre descend lentement, et tout à coup une fusée éclairante illumine le terrain. Nos StuG. se sont disposés en cercle, trappes fermées et prêts à faire feu. Au bout du compte, cette reconnaissance s'avère vaine, pareille à un coup d'épée dans l'eau. À toute vitesse, nous regagnons donc nos positions de départ.* »[3].

Deux jours plus tard, le **28 février**, la batterie de l'*Ostuf.* Gaschnitz (1re batterie) progresse et, cette fois, c'est une colonne de ravitaillement russe qui fait les frais de sa rencontre avec les *Sturmartilleristen* sur la route Casatschij Maidan-Rassachovatoye, en éliminant également cinq canons antichars de calibre 76,2 mm, les fameux « ratch-boum ».

Le même jour à Olchovatka [Ol'khovatka], à une trentaine de kilomètres au nord-est de Donetsk, se déroule des combats décrits là-encore par G. Kutzner :

« *En fin d'après-midi, nos canons d'assaut escaladent lentement une colline, entièrement verglacée. Heureusement, les chenilles élargies – les "Ostketten" – aident à ce que la montée s'accomplisse, quoique difficilement. Mais le dernier canon d'assaut de notre 2e peloton n'en est pas pourvu. À peine arrivé à mi-pente, ses chenilles ne trouvent plus assez de prise, et le blindé redescend lentement, puis finalement les efforts du pilote s'avéreront payants et il parviendra, lui aussi, au sommet de la montée, à la troisième reprise. En haut, nous nous mettons en formation de combat en triangle. Les consignes nous ont été passées et les différentes trappes sont fermées. Nos commandants scrutent le village avec leurs épiscopes, que nous devons*

Emil Wiesemann en compagnie d'un sous-officier du *Heer*.

Photographie d'une compagnie de *StuG.* de la *LAH* — manifestement, la 3$^{e}$ — avec Karl Rettlinger (marqué d'une croix bleue sur la poitrine) et à sa droite l'*Ostuf.* Hans Siegel. Jäckel est également présent, assis au même rang, 4$^{e}$ en partant de la droite.

*atteindre afin d'y déceler de possibles traces de l'ennemi. Nos fantassins se sont accrochés à nos superstructures, mais dès que le staccato des mitrailleuses Maxim se fait entendre, ils se jettent à terre en empoignant, de leurs gants, le bois et le métal glacés de leurs armes. Des projectiles de mortiers nous encadrent en éclatant. En face, les lueurs des coups de départ illuminent la localité, sans que nous ne puissions exactement distinguer où en est située l'origine. Ensuite, une violente secousse fait trembler notre* Sturmgeschütz *: un obus vient de rompre sa chenille gauche, nous immobilisant. Ce n'est que le projectile d'un canon antichar de 47 mm, mais suffisant pour nous arrêter. Le pointeur et le commandant restent dans le véhicule. Je bondis dehors avec Pfaff pour nous mettre un peu à l'abri, derrière une isba. Deux membres de l'équipage se chargent de réparer la chenille abîmée, pendant que nous leur offrons une couverture avec les tirs de nos armes légères. Parmi les explosions des roquettes de mortier et le bruit de nos moteurs, on peut percevoir celui des obus tirés par les canons de T-34 : eux aussi sont donc de la partie. Enfin, la nuit tombe, les fusées éclairantes envahissent le ciel et illuminent le champ de bataille. Nos* Grenadiere *tentent, tant bien que mal, de s'enterrer dans le sol gelé, afin de s'abriter des éclats de projectiles de mortier. Nous nous tenons légèrement en retrait avec nos* Sturmgeschütze*, pour les couvrir. Sans nous, ils seraient rapidement écrasés par les Russes. Venant du sud, une compagnie de Panzer IV doit arriver pour rejeter les blindés adverses. Avec des SPW (équivalent allemand du half-track américain), nos conducteurs des véhicules de ravitaillement en munitions ont également pu apporter une nourriture chaude, en passant d'engin à engin. Nous nous posons une question : pourquoi donc nous n'avançons pas ? La réponse ne tarde pas à se faire entendre, sous la forme d'un énorme vacarme émanant des tirs de nos canons lourds d'infanterie (schwere IG de 150 mm) destinés à "casser" les troupes russes devant nous. Là, "Ivan" doit être en train de mordre le sol. Puis, nous envoyons une volée d'obus explosifs dans les ruines fumantes du village. De la droite, le commandant de régiment hurle lui-même à ses hommes de se dresser, pour qu'ils s'élancent à l'assaut. Son cri "*Jungs vorwärts !*" – En avant les jeunes! – retentit sur le champ de bataille. Nos moteurs hurlent, et les 24 tonnes de nos engins s'ébranlent derechef vers le village. Nous broyons les barrières et clôtures des jardins sous nos chenilles, en nous approchant pour la troisième fois du village d'Olchovatka. Aucun "Hourra" ni autre cri ne sort de la bouche de nos* Grenadiere*, qui foncent sur les isbas du village, baïonnette au canon. Dans nos écouteurs retentit la menace : "Chars ennemis sur la gauche". En effet, trois colosses gris foncent sur nous depuis notre gauche. Sur la droite, nous apercevons des collègues, des Panzer IV de notre régiment blindé. Imprudemment, ceux-ci se dirigent droit sur les T-34 !!! Ils n'ont pas dû les voir... Déjà, un premier obus claque et le premier de nos chars est touché. Un membre de l'équipage quitte* *rapidement le panzer, et décharge à la verticale une fusée violette signifiant "danger blindés ennemis". Les deux autres T-34 se retirent en tirant sur nos chars. Nos 1er et 2e pelotons, accompagnés de grappes de Grenadiere, sont déjà à l'intérieur du village et le nettoient. Le StuG. de Wagner reçoit deux obus, tirés par un canon antichar adverse dissimulé, et qui s'était tu jusqu'à présent. Le chauffeur et le pointeur sont tués à leur poste. L'Untersturmführer Wagner réussit à s'extraire de l'engin malgré une jambe arrachée, aidé en cela par le chargeur. De son côté, le Sturmgeschütz d'Edelmann poursuit l'attaque... quand une autre lueur jaillit, stoppant net son véhicule. S'il ne peut plus se déplacer, il parvient à envoyer quelques obus explosifs sur le canon antichar, jusqu'à ce qu'il se taise définitivement. Chaque maison se révèle être un nid de résistance qu'il faut neutraliser sans ménagement, avant de réitérer la même tâche dans la bâtisse suivante ! Les Russes sont coriaces, ils combattent jusqu'à la dernière cartouche ou jusqu'à la mort ! Mais l'essentiel de leur résistance est brisé, et les survivants commencent à s'enfuir, pris de panique. Un T-34 veut s'éclipser en traversant le village à tombeau ouvert, "chevauché" par une dense grappe de fantassins. Notre commandant ordonne au chargeur d'enfourner un obus antichar dans la chambre du canon. Feuer ! L'instant suivant, le T-34 n'est plus qu'une boule de feu. Les Soviets restants fuient à travers les marécages verglacés, accompagnés d'une grêle d'obus explosifs que nous leur envoyons. »*[4].

Quelques jours plus tard, le **2 mars 1943**, le *III. (gep.)/SS-Pz-Gren.-Rgt. 2* de la LAH attaque la localité de Taranowka. Les *Sturmgeschütze* de l'*Ostuf.* Gaschnitz les appuient dans cette action. Le canon d'assaut de commandement de ce dernier roule en tête lorsque, soudain, des coups résonnent contre le blindage du flanc droit de l'engin, ainsi que sur l'essieu avant droit. Gaschnitz, le chargeur et le pointeur sont blessés. L'équipage doit évacuer précipitamment

Né le 17 février 1922 à Neheim (en Westphalie), **Heinz Tweer** se bat à Kharkov en cette fin d'hiver 1942/43, puis lors de la grande bataille de chars de l'opération « *Zitadelle* », toujours en tant que radio du commandant de la 3e batterie. Il partira ensuite avec sa batterie pour l'Italie et, là-bas, participer au désarmement de l'armée italienne, avant de revenir sur le front de l'Est. Un peu moins d'un an plus tard, le 5 mai 1944, les engagements incessants auxquels il a participés avec sa batterie lui vaudront l'obtention de l'*EK. 1*. Cette décoration lui sera remise - comme à d'autres *Sturmartilleristen* de la *SS-StuG.-Abt. 1* - en Belgique au printemps 1944, où la division « LSSAH » stationnera pour être remise en condition, et recevoir aussi bien du matériel neuf que de nouvelles recrues de recomplètement. Là-bas, Heinz Tweer participera à une formation de sous-officier (*Unterführer-Ausbildung*) dirigée par le *SS-Hauptscharführer* Gerd Thieme. Au cours de la Bataille de Normandie, dans laquelle la LAH sera plongée à partir des derniers jours de juin 1944, Tweer commandera son propre canon d'assaut, et luttera férocement contre les chars britanniques au sud de Caen, puis dans le bocage manchois de Mortain face aux Américains. Il sera par la suite nommé *SS-Oberscharführer*, et participera jusqu'à la fin de la guerre à toutes les opérations effectuées par la *Leibstandarte*, jusqu'au *bitteres Ende* de mai 1945 dans les Alpes autrichiennes.

Une très belle pièce : le *SS-Soldbuch* de Tweer ! Il ne s'agit pas du premier livret individuel qu'il ait reçu, ce dernier ayant sans doute été perdu. On note sa nomination au grade de *SS-Oberscharführer* durant la bataille de Normandie (au 1er août 1944). La photo d'identité, récupérée sur un autre document, fait état en haut à droite de la *Feldpostnummer* de la 3e batterie de la *SS-StuG.-Abt. LAH* : le 08 917 D. Récemment, le boîtier de l'appareil de protection contre les gaz de Heinz Tweer a été récupéré en excellent état en Normandie !

Le *SS-Hauptsturmführer* von Westernhagen, *Volksdeutscher* de Lettonie, lors d'une collation conviviale avec ses *Sturmartilleristen*. Au dos de la photo est inscrit « *Unser Kommandeur* » — notre commandant —.

son véhicule. Mais n'écoutant que son courage, le chef remonte dans l'engin malgré ses blessures, afin de le redémarrer et de le ramener en arrière, pour qu'il puisse être réparé et, surtout, qu'il ne tombe pas entre les mains des Russes.Dès qu'une situation critique se présente, il n'hésite pas à s'exposer lui-même à la tête de sa batterie, afin de rétablir des situations paraissant parfois désespérées. Sa bravoure et son calme en font un chef que ses hommes admirent, et pour lequel ils se jetteraient au feu. Il arrive aussi à Gaschnitz de se positionner en avant des fantassins et de leurs positions (tranchées individuelles ou collectives), afin de jauger personnellement l'ennemi, de gagner une longueur d'avance sur lui et, ainsi, de pouvoir ruiner prématurément ses actions. Lorsqu'il est en pointe et seul, donc exposé, il ne tarde pas à être appuyé par les autres canons d'assaut, qui viennent à sa rescousse, et lui permettent ainsi de remporter d'importants succès (la coopération et les transmissions sont essentiels à ce titre). Ce « tankiste modèle » n'a besoin que de trois obus en moyenne pour liquider un char adverse. Ses informations et ordres transmis à la radio donnent les consignes de tir claires à ses subordonnés, mais aussi les directions à prendre pour couronner les actions de succès, même et surtout lorsque ce dernier est loin d'être acquis. Son style et son imposant tableau de chasse lui ont procuré un grand renom au sein de la *Leibstandarte*.

Le même 2 mars, la 2e batterie d'Emil Wiesemann, futur *Ritterkreuzträger*, soutient l'infanterie du *II./SS-Pz-Gren.-Rgt. 2 LAH* (IIe bataillon du 2e régiment SS d'infanterie motorisée) lors des combats de rues dans Staroverovka, non loin de la rive occidentale du fleuve Donetz, à 80 km au sud-est de Kharkov. Le **6 mars**, cette même batterie attaque aux côtés des hommes du *SS-Pz-Gren.-Rgt. 1*. Au cours de cette action, les *SS-Panzergrenadiere* du Ier bataillon (commandé par Albert Frey) montent sur les *Sturmgeschütze* pour progresser sur Michailovka. Le jour suivant, le même *SS-Pz-Gren.-Rgt. 1 LAH*, mené par le *SS-Standartenführer* Fritz Witt, appuyé par la *II. Abteilung* du *SS-Pz-Rgt. LAH* (IIe bataillon de chars de la *Leibstandarte*) et par la 2e batterie de la *Sturmgeschütz-Abteilung*, attaque Babirka. A propos de cette attaque, le *SS-Mann* Kutzner raconte :

« *Au petit matin, à peine le soleil rougeoyant s'est-il levé au sommet d'une colline enneigée, nous recevons un nouvel ordre d'attaque. À un rythme élevé, notre batterie entame sa progression, puis sa pointe s'arrête sur le sommet de cette hauteur ; toute la colonne fait de même, attendant les ordres. Dans un petit ravin est fiché notre objectif du jour. Pour y parvenir, une zone*

Un *Sturmgeschütz III* de la division lors des terribles combats de l'opération « Zitadelle », en juillet 1943. Le paysage est entièrement dépourvu d'arbres ici...

Photo prise lors des combats depuis une tranchée soviétique capturée.

*dégagée de 300 mètres de long est à franchir à très vive allure. Pour la première fois, notre batterie de Sturmgeschütze mène l'assaut à la manière de nos blindés, en formation triangulaire, pointe vers l'avant. Le premier peloton se dispose à la pointe, le deuxième et le troisième, quant à eux, juste derrière, à droite et à gauche, formant ainsi le triangle. Ainsi formé, notre batterie attaque gaillardement et violemment le village, d'où partent déjà les obus de défense antichar russe et les grosses balles perforantes de fusils antichars. Les Russes semblent affolés, vu qu'ils tirent bien trop tôt, nous dévoilant ainsi leurs emplacements. De plus, ils sont tout à fait imprécis dans leurs tirs, qui éclatent trop court, inutilement, devant nous. En revanche, nos tirs sont bien mieux ajustés, et détruisent les positions ennemies l'une après l'autre. Les bâtiments s'enflamment sous nos obus explosifs et les Soviets s'enfuient de maison en maison, cherchant des couverts qui se révèlent dérisoires. Les rafales de nos MG. les couchent définitivement au sol. Mais en bas, une position dans un kolkhoze oppose plus de résistance que les autres, cette défense étant conduite par un énergique commissaire politique (*Politruk *en russe). Le* StuG. *portant le numéro 234 avance justement vers ce nid de résistance, en y ajustant ses tirs. Il écrase un canon antichar, puis dévie pour contourner le kolkhoze. Un nombre impressionnant de cadavres russes gisent dans le kolkhoze. Malheureusement, le* StuG. *se plante dans environ mètre de neige ! Les soldats soviétiques n'ont encore rien vu, mais pour combien de temps ? Le chauffeur enclenche adroitement la marche arrière, mais les chenilles patinent et sortent de la poulie principale, bloquant l'engin. Il se trouve immobilisé, ne pouvant tirer que face à lui, avec sa réserve d'obus explosifs qui s'amenuise. Les munitions de la mitrailleuse se raréfient, elles aussi. Maintenant, les Russes ont vu ce qui se passe et, c'était prévisible, un canon antichar commence à leur tirer dessus. En outre, des fantassins soviétiques se groupent pour les arroser eux aussi. Ils ne peuvent prévenir quiconque, leur radio étant en panne, quel manque de chance. Pendant notre assaut, personne ne s'est aperçu de cette situation, chaque équipage étant absorbé par ses propres combats. Aussi le commandant ordonne-t-il d'évacuer et de rejoindre la batterie.* Ausbooten ! *– On déguerpit ! – . Alors, les quatre infortunés membres de l'équipage du* StuG. *s'esquivent ventre à terre à travers le kolkhoze en feu, encadrés par les balles et obus qui leur sifflent aux oreilles. Par chance, aucun blessé ne sera à déplorer. Ils atteignent le reste de la batterie, qui est en cours de réapprovisionnement en essence et en munitions. Notre commandant [de batterie], l'*Obersturmführer *Emil Wiesemann, mis au courant de la situation,*

Ravitaillement en obus de 75 mm pour ce *StuG. III Ausf. F* de la 3e batterie. La consommation de munitions est énorme, par conséquent le train reste un élément d'autant plus crucial, employant ici un SdKfz. 250.

Portant l'*EK.1* sur sa chemise claire, Ulrich Eder, à droite au premier plan W. Jäckel, et au milieu sans doute Karl Rettlinger.

*ordonne immédiatement d'aller récupérer le canon d'assaut. La batterie toute entière est renvoyée vers le kolkhoze, avec des groupes solidement armés perchés sur nos véhicules, afin de faire taire les Russes qui chercheraient à troubler notre action. Le canon d'assaut est toujours là, immobile et intact. Les Soviétiques ont quand même pillé les caisses de matériels ou les vêtements, ainsi que les boites de nourriture, mais ils ont oublié de neutraliser l'engin. Les* MG. 42 *et* MP. 40 *sont à portée de main, pour mettre à mal "Ivan" si jamais il compte s'opposer à notre opération de sauvetage. Les deux chenilles sont intégralement démontées et récupérées. Au bout de la troisième tentative, et avec l'aide de trois* StuG.*, l'engin immobilisé est enfin ramené dans nos lignes, à l'abri.* Die Hölle ist vorbei *– L'enfer est terminé –. Nous avons eu "beaucoup de bol", une fois de plus. Nos* Grenadiere *nettoient le reste de la localité de Barbirka, qui est enfin dans nos mains. La tension et le stress des combats peuvent enfin s'apaiser. Les rires émaillent nos visages, noircis par la poussière et la poudre. Nos pertes sont étonnamment faibles : Deux blessés et un tué, ce dernier est un ancien de la* StuG.-Batterie, *et sa mort nous cause de la peine. Eh oui, c'est cela le tribut à payer dans une bataille.* »

Toujours dans le cadre de la 3e bataille de Kharkov, une tête de pont est établie sur le cours d'eau Udy les 7 et **8 mars**. Le **10 mars** commence véritablement l'assaut contre la ville de Kharkov, en vue de la reconquérir : la *LAH* manœuvrant par le nord, et la *Das Reich* par l'ouest.

Le **11 mars**, à 13 h, le *SS-Hauptsturmführer* **Becker** de la *2.Kp./SS-Pz-Gren.-Rgt. 2* reçoit l'ordre de se lancer sur Kharkov. Une

Un autre canon d'assaut de la *SS-StuG.-Abt. 1 LAH* durant les combats du saillant de Koursk en juillet 1943. Son canon est particulièrement élevé ici, peut-être effectue-t-il un tir indirect, par-dessus les troupes amies... (Un très beau reportage du *SS-Kriegsberichter* Büschel sur les *StuG.* de la 2e batterie est visible aux pages 206-207 de *Leibstandarte - Dictionnaire*, de Charles Trang, et du même auteur sur l'engagement des 1re et 2e batteries lors de « *Zitadelle* » dans son ouvrage *Leibstandarte - Archives*, Heimdal, 2008, aux pages 274, 275 et 278)

Deux *Sturmartilleristen* portant la tenue bariolée, photographiés devant leur canon d'assaut lors de l'opération « *Zitadelle* ».

préparation du terrain à remporter est orchestrée par les Ju 87 « Stuka ». Un soutien de quatre *Sturmgeschütze* de la 3ᵉ batterie, sous les ordres du *SS-Obersturmführer* Hans-Siegfried Siegel, permet à l'attaque de gagner en efficacité. Malgré tout, cette unité déplore la perte d'un canon d'assaut (à cette occasion, l'équipage de l'*Oscha.* Wolters est tué par une pièce antichar soviétique, qui s'était dissimulée et patientait pour « faire mouche »), et de deux *3,7 cm-Flak* montés sur véhicules semi-chenillés. Le *SS-Obersturmführer* **Siegel** écrira à l'auteur, en février 1985 : « *Je suis incorporé dans les* Sturmgeschütze *de la* LAH *en 1941, dans laquelle j'ai le grade d'*Obersturmführer. *J'y commande un peloton de canons d'assaut, et je suis blessé trois fois lors de la reconquête de Kharkov et, pour la troisième blessure – la plus grave – s'ensuivront six mois d'hospitalisation à Berlin. Après ma guérison, je deviens commandant de compagnie à la* Sturmgeschütz-Ausbildungs-Abteilung *de Debica, dans les Basses Carpates* [groupe de canons d'assaut de dépôt de la Leibstandarte], *et j'y fréquente souvent le camp d'entraînement de "Heidelager" près de Cracovie. Alors que je suis encore* Obersturmführer, *notez que je ne porte que le ruban de la médaille de la campagne d'hiver 41/42 à l'Est, sur ma photo prise à Evreux, alors que la division LAH venait se remettre en condition en France, suite aux combats en Russie de 1941 et 1942. Ce ne sera qu'après avoir détruit onze chars T-34, de nombreux canons antichars et avoir combattu pendant plusieurs semaines à la tête de mon peloton, aidant en cela la* Kampfgruppe *de Jochen Peiper dans sa reconquête de Kharkov, que j'ai reçu, sur la "place rouge" de la capitale ukrainienne, mon* EK. 2. *Étant toujours officier à la tête de mon peloton, j'ai été blessé grièvement pour la troisième fois* ». Au total, Siegel sera blessé neuf fois au cours de la guerre ! Il perdra même un bras lors de la bataille des Ardennes. À l'image d'autres membres de la *StuG.-Abt.*, lui aussi rejoindra les rangs du *Panzer-Regiment* de la LAH (comme Wittmann), puis ceux de la *12. SS-Pz-Div.* « *HJ* », dont il commandera la *II.Abt./SS-Pz-Rgt. 12.*

La 3ᵉ batterie de la *StuG.-Abt.* soutient alors le *III. (gep.)/SS-Pz-Gren.-Rgt. 2 LAH*, que dirige Jochen Peiper. Voici le récit palpitant qu'en a laissé le *SS-Obersturmführer* Siegel : « *Le* ***12 mars*** *au petit matin une longue colonne, réunissant les véhicules blindés semi-chenillés*

L'un des robustes T-34 qui a succombé aux *StuG.* de la *LAH*. Les Soviétiques perdent énormément de blindés et de canons antichars, lors de « *Zitadelle* ». Mais leur production, doublée de l'envoi de montagnes de matériel par les Américains et les Britanniques, permet de remplacer même le très grand nombre de chars détruits... Cela, le IIIᵉ Reich ne le peut pas, malgré les efforts de la « guerre totale » !

Deux engins de la *SS-StuG.-Abt. 1 LAH* durant les engagements en Ukraine. Celui au premier plan ne dispose pas de tourelleau, il s'agit par conséquent d'un *StuG. III Ausf. F*, et non d'un *StuG. 40 Ausf. G*.

*du groupement tactique de Jochen Peiper et nos* Sturmgeschütze *s'avance prudemment en direction du centre-ville de Kharkov. Notre cible est tout d'abord la grande place rouge de la ville. Le problème est de la localiser et de trouver les rues y menant. Le* Gruppenführer *Peiper se trouve dans le premier tiers de la colonne et, comme à son habitude, il y roule en tête. Deux SPW précèdent et suivent un premier* Sturmgeschütz, *l'encadrant. Mon engin a seulement la 6e place dans la colonne, qui se met en mouvement vers 10 heures et, à peine après avoir roulé quelques centaines de mètres, elle se trouve stoppée par un barrage. De ma position, loin derrière, et par mes lunettes binoculaires* [Scherenfernrohr], *je ne distingue pas grand-chose, hormis des tas de bois amoncelés sur une certaine hauteur. A priori, rien de bien méchant. Aucun incident particulier ne se produit, sinon quelques rafales de nos MG. 34 et, en réponse, quelques coups de fusils. Je me sens perturbé, car rester sur place moteur tournant ne peut que contribuer à être, tôt ou tard, pris pour cible par un antichar ou des snipers. Si, par malheur, quelques-uns de nos véhicules de l'avant sont immobilisés par des obus antichars russes, toute la colonne se trouvera paralysée et offerte à l'ennemi comme sur un plateau! Je me demande également de quoi est constitué cet obstacle. Des mines ont-elles été disposées par des sapeurs russes? Qui le défend juste derrière? Quelques canons antichars nous attendent-ils derrière ce barrage, prêts à nous faire la peau?... Cette foule de questions m'assaille. Une chose est sûre : il ne faut pas stationner ici plus longtemps. J'ordonne à mon chauffeur d'avancer; c'est risqué, mais on y va. Je communique mes ordres à chaque membre de mon équipage, qui en accuse réception via l'interphone. Le chauffeur de mon canon d'assaut, le* Sturmmann *Kalb, fait déboîter notre engin en doublant les autres véhicules par la gauche, dont les SPW de la* Gruppe *Peiper. Je découvre enfin le barrage, qui n'est en fait*

Un *StuG. 40 Ausf. G* fortement chargé, traversant une localité en ruines.

*constitué que de charrettes en bois remplies de bûches tronçonnées. Cela n'a rien d'insurmontable pour notre* Sturmgeschütz. *Je fais ouvrir le feu avec un obus explosif, afin de provoquer une brèche. Ensuite, Kalb met plein gaz et, au milieu du bruit du bois écrasé par nos chenilles, nous traversons cet obstacle sans plus de difficultés. Nous poursuivons notre avance avec toute la colonne, qui s'est de nouveau mise en branle. Nous avons eu de la chance, encore une fois! Après avoir bu une bonne gorgée de nos bidons, nous reprenons le chemin vers la place rouge du centre-ville qui constitue, rappelons-le, notre objectif principal. Chacun est bien au courant de la conduite à tenir, grâce aux ordres que j'ai formellement réitérés. Bientôt, cette impressionnante place est atteinte. Plusieurs carrefours sont franchis et notre avance nous éloigne un peu des* Grenadiere *de Peiper. Tout à coup, à l'abri d'un parapet de mur, l'un de nos fantassins bat ostensiblement des bras, en nous désignant un grand bâtiment s'élevant à l'angle d'une rue. Celui-ci se trouve à moins de 200 mètres de nous. S'agit-il de la fameuse "maison rouge" de Kharkov? À l'aide de ma lunette binoculaire, j'inspecte la façade, où je peux nettement discerner les canons de fusils dépassant de l'encadrement des fenêtres : des fantassins soviétiques. Face à ce constat, il me faut transmettre de nouveaux ordres à mon équipage : Je demande à mon chauffeur Kalb de se positionner juste en face du bâtiment, pas trop près non plus, afin d'avoir le maximum de rendement avec notre canon de 75 mm. J'ordonne à mon tireur d'alterner les obus explosifs et de rupture, en commençant par la porte en bas et en remontant les étages, et ce en prenant comme cibles les fenêtres où se trouvent les Russes, dont certains peuvent être armés de fusils antichars... Je continue en priant le chargeur de me passer le* MG *de bord, avec plusieurs chargeurs tambours, pour l'utiliser à l'abri de la jupe blindée, devant la plaque supérieure.*

*Tout l'équipage est au courant de la conduite à tenir, et surtout de n'ouvrir qu'impérativement le feu sur mon ordre. Aussitôt dit, aussitôt fait. Les premiers obus font s'ébouler des pans de murs entiers de l'imposant édifice. De gros nuages de poussière nous enveloppent et permettent à nos* Grenadiere *de pénétrer dans l'immeuble. J'aperçois certains de ces derniers,* MP. 40 *au poing, prêts à s'introduire dans ce gros bâtiment après que nous ayons accompli notre travail de sape. Puis, je donne l'ordre de cesser le feu, afin que nos gars de l'infanterie puissent aller nettoyer les lieux sans qu'on leur tire dessus.* »

Le lendemain **13 mars**, toujours lors des combats pour Kharkov, le *SS-Obersturmführer* O. Holst (qui deviendra titulaire du *Deutsches Kreuz in Gold* en décembre 1944), est blessé par un coup direct ayant touché son véhicule, provenant d'un antichar bien dissimulé. C'est Hans Püllich qui le remplace de circonstance à la tête de la 2e batterie – devenant *Batterieführer* –, qui

Né en septembre 1914 à Berlin-Friedrichsfelde, **Emil Wiesemann** est l'un des plus vieux briscards de la *Leibstandarte*. Il apprend d'abord la boucherie, et se porte volontaire pour la SS le 8 juillet 1933. À la fin des années 1930, il sert en tant que *SS-Stabsscharführer* de la *12. (MG)-Kompanie* (du 3e bataillon d'infanterie). En 1940, après une instruction de chef de section d'infanterie suivie à Döberitz, il visite la *SS-Junkerschule* de Braunschweig, de laquelle il sort *SS-Untersturmführer* le 1er mai 1940. Il devient officier d'observation [*B-Offizier*] dans la *Sturmgeschütz-Batterie* de la *LAH* (batterie appartenant alors au Ve bataillon lourd, sous les ordres du *SS-Sturmbannführer* Steineck), et commande ensuite une batterie au 1er juillet 1941. En mars 1942, il est versé pour quelques temps dans le bataillon de chars de la *Leibstandarte* (à la tête de la 2e compagnie), puis il regagne les rangs des canons d'assaut. Il reçoit les *EK. 2* et *EK. 1* (cette dernière le 12 juillet 1941), le *Panzer-Kampf-Abzeichen* en argent (le 24 octobre 1941), et le *Deutsches Kreuz in Gold* (DKG) le 28 mars 1943. Lors des affrontements de « Zitadelle » du 7 au 12 juillet 1943, Wiesemann élimine avec sa batterie onze chars, dont sept T-34, 24 canons antichars dont 18 canons « ratch-boum » de 76,2 mm. Sur les onze blindés détruits par sa 2e batterie, il en détruira lui-même neuf avec son équipage! Wiesemann devient l'un des plus talentueux commandants des *StuG.*, et se distingue lui aussi comme un chef de troupe à la fois volontaire et humain, d'un calme rassurant, auquel chaque perte est ressentie douloureusement. L'un de ses hommes dira de lui, après la guerre : « *Après sa mort, la guerre a continué bien sûr, jusqu'à la "fin amère"* [mai 1945]. *J'allais croiser le chemin de nombreux autres chefs, qui indiscutablement ont fait leur devoir, mais aucun d'entre eux n'était comparable à Wiesemann. Encore aujourd'hui, je garde de lui le souvenir d'un chef du front fidèle à son devoir, tout en faisant preuve de simplicité et de modestie. Honnête et intègre, toujours prêt à engager sa vie avant les autres, un rude combattant, exemple impeccable pour ses hommes, et un bon camarade. C'était cela, le* Hauptsturmführer *Emil Wiesemann* ».

Une petite précision sur l'*Ustuf.* Wiesemann : Heinrich Heimann (commandant le groupe de canons d'assaut à partir de la mi-43) avait proposé Emil Wiesemann pour le *Ritterkreuz*, suite à sa conduite générale au feu et à ses succès. Cependant, le *Reichsführer-SS* Heinrich Himmler lui-même avait refusé qu'il lui fût décerné! Il faudra attendre la fin de décembre 1943, plusieurs semaines après son décès (et au vu du nombre de chars détruits par son propre équipage et par sa 2e batterie), pour qu'une proposition réitérée par Heimann pour le *Ritterkreuz* soit, cette fois, accordée par Himmler. D'ailleurs, le *SS-Obergruppenführer* Sepp Dietrich, commandant de division jusqu'en mai 1943, dira du *SS-Hauptsturmführer* Wiesemann qu'il représentait la combativité même et l'exemplarité pour tous, et que les combats pour la capture de Bielgorod portent son empreinte.

conduit alors les *Sturmgeschütze* de cette dernière et force la route au passage ferroviaire de Tschugujew [Tchougouïev, ou Chuguev, à une trentaine de kilomètres au sud-est de Kharkov] et, maintenant sa poussée, permet de faire plier les forces soviétiques du secteur, qui refluent.

Lors de cet engagement, un *Funker* – opérateur radio – opère dans le *Sturmgeschütz* du *SS-Hauptsturmführer* K. Rettlinger, un dénommé Heinz Tweer. Ayant fait ses classes en tant que radiotélégraphiste dans l'infanterie, il a été muté comme radio à bord du *StuG.* du commandant de la 3e batterie (K. Rettlinger). Chacune des trois batteries dispose alors théoriquement de sept canons d'assaut, plus celui du commandant de batterie, c'est-à-dire que huit *Sturmgeschütze* peuvent être engagés au combat par batterie.

Le **15 mars 1943**, le nettoyage de la ville de Kharkov peut être considéré comme achevé avec succès. La LSSAH est ensuite envoyée dans la zone de Bielgorod (à une centaine de kilomètres au nord de Kharkov), puis elle est placée en repos dans la zone de Kharkov au printemps, où elle connaît plusieurs modifications, notamment en vue de la création du *I. SS-Panzer-Korps*.

## Les *StuG.* de la *Leibstandarte* dans le saillant de Koursk

À la fin juin, la division quitte la zone de Kharkov. Le **5 juillet 1943**, à l'aube de l'opération « Zitadelle », la *SS-StuG.-Abt. 1 LAH* rassemble 33 canons d'assaut, plus exactement des *Sturmgeschütze III Ausf. F.*

Le commandant du groupe de batteries est le *SS-Sturmbannführer* Hein von Westernhagen (pour peu de temps…).

- La *1.Bttr./SS-StuG.-Abt 1.* est dirigée par le *SS-Hauptsturmführer* Heinrich Heimann;
- la *2.Bttr./SS-StuG.-Abt. 1* est commandée par le *SS-Hauptsturmführer* Emil Wiesemann;
- la *3.Bttr./SS-StuG.-Abt. 1* se trouve sous les ordres du *SS-Hauptsturmführer* Karl Rettlinger.

Durant cette colossale bataille, marquée par l'emploi en masse des blindés, la *LSSAH* est placée dans le giron du *II. SS-Panzer-Korps*, sous le commandement du *SS-Obergruppenführer* Paul Hausser, dans la partie gauche (occidentale) de ce corps. Les premiers jours conduisent la division sur Teterevino, à une quinzaine de kilomètres au sud de Prochorovka. Aux côtés des Panzer VI « Tiger » de la compagnie de chars lourds de la division, les *Sturmgeschütze* sont placés en tête de l'attaque. Dès les premiers engagements, le *SS-Untersturmführer* Willi-Günter Töpritz trouve la mort. Malgré cette perte, sur la cote 241,6 (non loin de Sloyevoïe), l'unité détruit un nombre non négligeable de chars soviétiques.

Dès le début de l'offensive « Zitadelle », le *SS-Hauptscharführer* Püllich (2e batterie) se distingue par son courage exemplaire et sa détermination, notamment dans le combat au nord-ouest de Bielgorod (c'est-à-dire dans la partie méridionale du saillant de Koursk). D'emblée, son canon d'assaut est touché et immobilisé, mais il ne lâche rien et poursuit l'affrontement en tant que fantassin, constatant alors une possibilité pour les autres StuG. de sa batterie de franchir facilement un fossé antichar. Il communique ce lieu à ses hommes. Le lendemain, il récupère un autre *Sturmgeschütz* et détruit six T-34 et deux chars légers T-70 (ces derniers sont armés de canons de 45 mm). Le **7 juillet**, toujours à la tête de son peloton de la 2e batterie, Hans Püllich est engagé contre une position d'infanterie soviétique, qu'il neutralise totalement à l'aide d'obus explosifs. Ivan laisse onze fusils antichars et neuf mitrailleuses; des armes pulvérisées, réduites en bouillie.

Deux jours avant, le **5 juillet**, le *SS-Untersturmführer* Przesang voit ses deux jambes sectionnées par un obus explosif qui atteint son canon d'assaut. Ici, il faut souligner la qualité et

Photo prise par un reporter d'une *PK* (*Propaganda-Kompanie*), montrant un canon d'assaut de la *LAH* accompagnant l'infanterie, assurant ainsi son rôle initial. L'on peut imaginer ces « *Fußlatscher* » (fantassin, en argot militaire allemand) rassurés, à l'idée d'avoir un tel blindé à leur côté.

la rapidité d'action, en dépit de combats extrêmement violents, du personnel sanitaire : brancardiers, infirmiers et médecins. Malgré ces très graves blessures ayant entraîné l'amputation de ses deux membres inférieurs, l'*Ustuf.* se trouvera dès la fin d'après-midi à l'hôpital de la charité de Berlin ! Pour l'anecdote, lorsque plus tard le *SS-Obergruppenführer* Sepp Dietrich lui remettra personnellement l'*EK. 1* sur son lit d'hôpital, Franz Przesang aura encore l'humour de lui répondre : « *Merci, Herr Obergruppenführer, je suis juste un peu plus petit maintenant !* ».

Le **11 juillet**, le *SS-Pz-Gren.-Rgt. 2 LAH* peut revendiquer la destruction de 21 blindés soviétiques, parmi lesquels cinq sont à mettre au crédit des *Sturmgeschütze* du groupe de batteries de canons d'assaut divisionnaire qui l'accompagne.

Le lendemain **12 juillet**, une puissante attaque ennemie se produit à Prochorovka, à une soixantaine de kilomètres au sud-est de Koursk. Quarante chars russes bloquent Storoshevoïe, un village à sept kilomètres au sud de Prochorovka. Aux premières heures du jour suivant, une forte armada blindée quitte cette localité pour attaquer les troupes allemandes, en avançant de chaque côté de la voie ferrée Bielgorod-Koursk. Ces tanks essaient, par un mouvement tournant, de liquider les forces de la *LSSAH* qui se trouvent là... Mais c'est sans compter sur les imperturbables *Sturmgeschütze* de la 2e batterie du *Hstuf.* Wiesemann, sur le qui-vive et prêts à la riposte, attendant de pied ferme, sur des positions préétablies, l'arrivée des « hordes du petit père des peuples ». Le **13 juillet**, le *Hstuf.* Heimann (1re batterie) propose le *Hscha.* Püllich, chef de peloton dans la 2e batterie, pour le *Deutsches Kreuz in Gold*, dont lui-même est titulaire. Après une blessure du chef de la 1re batterie, l'*Adjutant* (officier adjudant-major) de la *Sturmgeschütz-Abteilung* propose à l'*Ostuf.* Ernst Gaschnitz de prendre le commandement de la batterie laissée sans commandant.

Le **12 juillet**, la *Batterie « Gaschnitz »* comme elle est dorénavant surnommée, a déjà détruit onze chars, dont sept T-34, 24 canons antichars (dont 18 « ratch-boum » de 76,2 mm), treize fusils antichars, sept mitrailleuses lourdes et 54 bunkers. L'*Ostuf.* Gaschnitz élimine, pour sa part, neuf des onze chars susmentionnés.

Le **16 juillet**, la division dispose de trente *StuG. III*, contre 21 deux jours auparavant[5]. Le **21** juillet, la LSSAH reçoit l'ordre de rejoindre la zone de Slaviansk-Nikolskoïe-Prelestnoïe, afin de protéger cette zone, via le village de Barvenkovo (sous une pluie d'orage presque problématique...), que les 1re et 2e batteries de la *StuG.* traversent en premier.

Né le 8 février 1913 à Gunzenhausen, à une cinquantaine de kilomètres de Nuremberg — d'ailleurs, à deux pas de la *Heimat* de Michael Wittmann —, **Karl Rettlinger** apprend la serrurerie. À vingt ans, le 11 mai 1933, il rejoint les rangs de la *Leibstandarte* à Berlin. C'est dans cette formation qu'il participe aux campagnes de Pologne, de France et des Balkans (nommé *SS-Untersturmführer* le 1er août 1940, après un suivi à la formation d'officier à la *SS-Junkerschule* de Braunschweig). Durant « Barbarossa », le 1er septembre 1941, il est promu au grade de *SS-Obersturmführer*, puis de *SS-Hauptsturmführer* le 30 janvier 1943. Sa conduite au feu est exemplaire, ce qui lui vaut diverses décorations (*EK. 2* en Pologne et *EK. 1* le 12 juillet 1941, *Deutsches Kreuz in Gold*...). Son action dans la zone de Jitomir contribue à son obtention de la croix de chevalier. Jusque là, avec les *StuG.* de son unité, Rettlinger a détruit 65 blindés, 136 canons antichars et un grand nombre de mitrailleuses, mortiers et fusils antichars soviétiques. Plusieurs fois blessé, il recevra l'insigne des blessés en or. Il commandera la *SS-StuG.-Abt. 1 LSSAH* du mois d'août 1944 jusqu'à la dissolution de cette formation, à l'automne. Il décédera dans sa *Heimat* en 1990.

Une semaine plus tard à Kotcherovo, le **28 juillet 1943**, un officier de la *Sturmgeschütz-Abteilung* se distingue lui aussi : le *SS-Obersturmführer* Bruno Bröcker, classe 1921. Alors que son supérieur vient de tomber, il prend la direction des opérations pour contrer une furieuse attaque de chars T-34. Il relance même l'assaut avec les *Panzer-Grenadiere* du *SS-Pz-Gren.-Rgt. 1 LAH*. A cette occasion, le gain de terrain acquis par Ivan lui est repris de vive force par les *StuG.* de la 1re batterie et les grenadiers du *SS-Pz-Gren.-Rgt. 1*. Le **29 juillet**, la *Sturmgeschütz-Abteilung* de la *LAH* est placée en réserve à Bulytschety. Notons que, dès le 25 juillet, la division a reçu l'ordre de se regrouper pour être envoyée vers une destination encore inconnue...

Posant devant un tracteur semi-chenillé, ce jeune *Sturmartillerist* de la *Leibstandarte* - s'agit-il de Jäckel ? (NDE) - présente avec fierté une prise de guerre, personnelle ou collective : un drapeau soviétique.

Un camion Büssing-NAG 4500 présentant une magnifique peinture de camouflage, de l'unité de réparation et de ravitaillement de la *SS-StuG.-Abt. 1 LAH*. Photo peut-être prise en Italie.

## Transfert en Italie et aux portes des Balkans

Au début d'**août 1943**, alors que l'opération « Zitadelle » n'a pu atteindre tous ses objectifs et que les pertes ont été très lourdes pour la division, la *Leibstandarte* est envoyée en toute hâte dans le nord de l'Italie, afin de se prémunir d'un débarquement allié sur le continent (le 10 juillet, les forces anglo-américaines ont débarqué avec succès en Sicile), et aussi de « prendre les devants » en cas de « mauvais coup » de la part du gouvernement italien. C'est d'ailleurs bien ce qui se produit : à partir du 9 septembre, alors que l'armistice entre la monarchie italienne et les Alliés a été rendu public, il s'agit de désarmer les troupes de l'armée italienne (notons que le gouvernement de Pietro Badoglio ne déclarera la guerre au Reich que le 13 octobre), ainsi que de remettre rapidement Benito Mussolini au pouvoir (arrêté le 26 juillet). Le **9 septembre**, la *SS-StuG.-Abt. LAH* a franchi les Alpes, via le Tyrol du Sud, et fait mouvement vers Vérone. Le lendemain, elle capture la garnison de Vicenza [Vicence], entre Vérone et Venise. La division fait prisonniers plusieurs dizaines de milliers de soldats italiens, de même que d'impressionnantes quantités de matériels, avec une résistance très faible de la part des Italiens. Le **20 septembre**, les *Sturmgeschütze* sont envoyés en accompagnement de la *I.Abt./Art.-Rgt. LSSAH* et d'autres unités divisionnaires sur Udine, dans le Frioul. Une compagnie de *Panzerjäger* est également présente. Cette intervention dans l'Italie septentrionale se déroule sans incident notable. Le **15 octobre**, la division intervient brièvement un peu plus à l'est, dans le cadre d'actions anti-partisans, pour nettoyer la région à l'ouest de Ratschach (ou Rateče, de nos jours en Slovénie), de même que sur Trieste et en Istrie. Dans ce contexte, la *162. Inf.-Div.* du *Heer* donne l'ordre, aux forces de la *Leibstandarte* l'accompagnant, de sécuriser la ligne Steinbrück-Ratschach [en

Une colonne de *StuG.* de la *LAH* longeant l'extérieur de la route plutôt que d'emprunter la chaussée surélevée, pourtant bordée d'arbres. C'est l'occasion de former les chauffeurs à différents types de conduite. Photographie peut-être prise en Italie, en septembre-octobre 1943.

slovène Zidani Most-Rateče]. De son côté, la *Sturmgeschütz-Abteilung* de la LAH se trouve stationnée dans la région de Laibach (Ljubljana), en Slovénie.

## Retour à l'Est: contre-attaque sur Jitomir

Le **22 octobre**, la *1. SS-Panzer-Grenadier-Division LAH* (division d'infanterie motorisée) est transformée en *1. SS-Panzer-Division LAH* (division blindée), et se retrouve à nouveau transférée vers le front russe, où elle arrive du **2** au **8 novembre**. En cet automne 1943, elle quitte donc la Slovénie et est débarquée de ses wagons à Fastov[6]. À peine descendus, les *Sturmgeschütze* des trois batteries sont à l'œuvre dans les combats pour Brovki et Czarnorudka.

Le **8 novembre** à 13 h 10, tandis que le *Hstuf.* Wiesemann, dirigeant la *2.Bttr./SS-StuG.-Abt. 1*, allait débarquer ses canons d'assaut à Berditschev (à une quarantaine de kilomètres au sud de Jitomir], il reçoit l'ordre de les débarquer plutôt à Kasatin [sans doute Koziatyn, village à environ 25 kilomètres au sud-est de Berditchev] et, avec sa 2e batterie, de se rendre, en longeant la voie ferrée, jusqu'à Brovki, afin de rejoindre la *Kampfgruppe « Heinze »*. Parallèlement, il est ordonné à la 1re batterie de l'*Ostuf.* Gaschnitz d'être déchargée à Berditschev, et de se diriger ensuite vers Czarnorudka. La 3e batterie (sous les ordres du *Hstuf.* Rettlinger) se tient en réserve à Kasatin, à la disposition de la division.

À 21 h 30, la 1re batterie envoie un message confirmant l'arrivée à Czarnorudka et l'occupation par elle de positions défensives, et également la prise de contact avec la *Kampfgruppe « Heinze »* aux alentours de Wczeraisze. Le lendemain, Hans Püllich accède au grade de *SS-Untersturmführer*, devenant ainsi officier des Waffen-SS.

Le **10 novembre**, le groupe de canons d'assaut de la *Leibstandarte* est positionné à Skwira. La 3e batterie reçoit l'ordre d'aller relever un bataillon d'infanterie du *Heer*, alors positionné à Fastovez. Elle exécute cette manœuvre en accompagnant le *I./SS-Pz-Gren.-Rgt. 1 LAH* (Ier bataillon du 1er régiment d'infanterie portée de la *Leibstandarte*). Le bataillon du *Heer*, lui, doit mener à bien une autre mission. Leur objectif est de se positionner sur une hauteur, la cote 210,6, située à 1,5 kilomètre de Fastowez, mais qui domine tout le terrain. Pour s'y installer, il faudra déloger des unités soviétiques soutenues par un grand nombre de canons antichars. Cette prise est indispensable pour la suite des opérations, c'est-à-dire le lancement de l'offensive du *SS-Pz-Gren.-Rgt. 1 LAH.* Pour ce faire, l'*Ostuf.* Bröcker reçoit l'ordre de contourner la cote 210,6 par la droite avec son peloton et, en

Trois *Unterführer* des canons d'assaut de la *LSSAH*, avec leur bande de manche et quelques décorations, d'humeur joyeuse.

Avec deux camarades sous-officiers, un *SS-Unterscharführer* des canons d'assaut de la *LAH* dans une localité alpine, peut-être dans le Tyrol, lors de l'envoi de la division dans le nord de l'Italie en septembre 1943.

Kar.98k. à l'épaule, une sentinelle garde le parc du train du groupe de canons d'assaut de la *LSSAH*, sans doute dans le Nord de l'Italie, en septembre-octobre 1943.

Le *SS-Hauptsturmführer* Rettlinger en 1944 en Belgique, avec ses décorations, dont le *DKG*. Le sous-officier au second plan ressemble beaucoup à Jäckel...

pénétrant le flanc de l'ennemi, de le contraindre à abandonner ses positions. Malheureusement pour Bröcker, les Russes devinent sa manœuvre et concentrent tous leurs tirs sur ses canons d'assaut. Il peut, tout de même, compter sur un appui aérien qui lui permet de pénétrer de vive force, au mépris du danger, dans la localité et, du même coup, d'emporter cette importante hauteur. Il ne compte que quelques pertes, ce qui paraît incroyable. Lors de cette action, il détruit avec son canon de 75 mm quatre chars T-34, cinq pièces antichars de 76,2 mm « ratch-boum », et s'empare également de sept autres canons de même calibre.

« *Ran an dem Feind !* ». W. Jäckel de la *SS-StuG.-Abt. 1 LAH* à bord de son engin. Il porte ses jumelles 6x30 et dispose de la lunette binoculaire *S.F.14*. L'officier derrière lui n'est sans doute pas un *Sturmartillerist*, peut-être un *Infanterist*. L'homme empoigne néanmoins un *Kar. 98k.*, et scrute attentivement vers l'avant.

Ce même **10 novembre 1943**, la *Leibstandarte* attaque en force sur la route Kiev-Jitomir, sur le flanc soviétique depuis Kornin (au sud-ouest de Kiev, à environ 70 km à l'est de Jitomir) vers Kotscherowo. La *Sturmgeschütz-Abteilung* (sous les ordres de Heinrich Heimann depuis le début du mois de juillet) est de circonstance subordonnée au régiment de panzers de la *Leibstandarte*, qui a pour objectif la prise de Solowjewka [Solovievka], puis une progression vers le nord-ouest. Les Russes se sont alors renforcés sur les arrières de la *1. Panzer-Division* du *Heer*, après que la localité de Solowjewka soit tombée. Aussitôt, Heimann est conscient du fait que, pour une poursuite de sa progression, il faut absolument prendre Wodoty [Vodoty]. Avec ses canons d'assaut et les fantassins montés et agrippés sur leurs toits, il décide de continuer l'attaque. Se fiant à la protection des autres *Sturmgeschütze*, il perce vers l'est, en réduisant deux barrages antichars soviétiques. Grâce à son énergie communicative et à sa vaillance, l'ennemi – établi en hérisson dans le village – est décimé, et le reste mis en fuite. Heimann les poursuit avec seulement trois *Sturmgeschütze* et une poignée de fantassins. Ainsi peut-il mettre la main sur une succession de localités : Pokryschew, Romanowka, Semenowka et Sdwischka. Il attend l'arrivée du gros de la *Leibstandarte*, tout en contrant à chaque fois les velléités de riposte et de reconquête des forces staliniennes ; ces dernières se heurtent, de façon récurrente, à l'ingéniosité et la pugnacité du *Hstuf.* Heimann qui, bien que son groupe soit inférieur en nombre, tient systématiquement les Russes à distance. Il agit en parfait chef de blindés : vite, fort et loin.

Dans la **nuit du 11 au 12 novembre**, la *SS-StuG.-Abt. 1*, amputée de sa 2ᵉ batterie, épaule le *SS-Panzergrenadier-Regiment 1* de la LAH. Leur cible est Diunaka, où s'élève un pont, non loin du village de Podschuiki. La dernière batterie attaque vers Winizkije au sein de la *Kampfgruppe « Wiesemann »*, qui regroupe également deux compagnies du *SS-Pz-Gren.-Rgt. 1* et le *SS-Pionier-Bataillon 1*, unités organiques de la *Leibstandarte*.

Le **13 novembre**, le régiment du Souabe Albert Frey (le *SS-Panzergrenadier-Regiment 1*) attaque la ville de Kornin. Ses fantassins peinent à s'emparer de sa partie sud-est, et surtout d'un pont important, qui doit permettre de continuer la conquête de la zone sud-ouest de la ville. Ceci est accompli grâce à l'appui des *Sturmgeschütze* de la 2ᵉ batterie (toujours sous les ordres du berlinois Wiesemann). Lors de ces combats pour Kornin tombe le *SS-Untersturmführer* Siegfried Pohnert. Puis, Wiesemann reçoit l'ordre de prendre la hauteur au nord de la ville, le lendemain **14 novembre**. Au cours de la préparation de cette attaque, Wiesemann part observer le terrain, pour se dresser une image la plus complète et exacte possible de la situation, et va ensuite reconnaître une position de défense ennemie. Il l'attaque immédiatement avec ses canons d'assaut, et se retrouve très vite confronté à un important barrage antichar, qu'il parvient à éliminer, puis il refoule les survivants vers leurs anciennes positions. Pourchassant ces Russes, son *Sturmgeschütz* reçoit le coup direct d'une pièce antichar : Wiesemann trouve la mort ainsi, tué par un éclat en plein cœur[7]. À son décès, sa 2ᵉ batterie avait détruit 57 blindés et 170 canons antichars. Pour ces faits, un mois plus tard il sera promu *Ritterkreuzträger* le 20 décembre 1943, à titre bien entendu posthume. Wiesemann avait déjà reçu le *Deutsches Kreuz in Gold* en mars.

D'autres engagements sérieux marquent les **14 et 15 novembre**, durant lesquels 19 chars soviétiques sont détruits (dont sept T-34 dès la première journée). À ce moment-là, face aux *Sturmgeschütze III* de la *Leibstandarte* se tient la 56ᵉ brigade blindée de l'Armée rouge, qui perd beaucoup de ses tanks et de ses fantassins. Néanmoins, ces deux journées d'affrontements voient des pertes également lourdes du côté allemand (entre autres, la mort de Wiesemann).

Le **15 novembre**, la 3ᵉ batterie reçoit pour mission de prendre les localités de Lissowka et de Ssolowjewka [Solovievka] en partant de Kornin ; elles sont puissamment défendues (nombreux canons antichars et des chars lourds T-34 enterrés). Ici intervient un nouveau membre de la *StuG.-Abt.* : le *SS-Oberscharführer* Otto Schälte, chef de peloton. Il est alors placé sur l'aile droite du dispositif de la batterie. Au départ, il ne peut progresser, tant les tirs défensifs sont intenses. Il décide alors de contourner l'obstacle, formé par un premier verrou antichar, en exploitant le relief. Ainsi parvient-il, avec son peloton, à s'infiltrer dans les positions russes. Il pénètre, le premier, dans Ssolowjewka. Ce faisant, la

Fils d'un contremaître, **Fritz Henke** est né le 21 juin 1921 à Welsede (à mi-chemin entre Bielefeld et Hanovre) et rejoint les jeunesses hitlériennes à douze ans, en 1933. De 1927 à 1935, il visite l'école primaire de son bourg natal, puis d'avril 1935 à mars 1939, il apprend le travail de forge. Trois ou quatre jours après l'entrée du Reich en Pologne, en septembre 1939, il s'engage dans les Waffen-SS et se retrouve tout d'abord incorporé dans la *2. Ersatz-Kompanie* (2ᵉ compagnie de dépôt) du *SS-Regiment « Germania »* à Hambourg-Langenhorn (il y reçoit une instruction d'infanterie). Puis, il suit une formation à la radiotélégraphie à l'école d'Unna, à l'est de la grande ville westphalienne de Dortmund (au sein de la *2. Ersatz-Kompanie* de la *SS-Nachrichten-Abteilung*), où il reste de février à mai 1940. Ensuite, il est versé à Jüterbog (au sud de Berlin) dans la *Leibstandarte* où il devient immédiatement *Sturmartillerist* (en qualité d'opérateur radio). Il participe aux premiers combats de la jeune unité dans les Balkans, toujours en tant que radio à bord d'un *StuG III Ausf. A*, et suit l'unité lors de l'opération « Barbarossa » quelques semaines plus tard. Il est promu au grade de *SS-Rottenführer* le 1ᵉʳ octobre 1941 et, quelques semaines après, il reçoit l'*EK. 2* le 29 octobre, ainsi que le *Panzerkampf-Abzeichen in Silber* le 26 février 1942. Lorsque l'unité est remise en condition et étoffée en France en 1942, il suit une formation de sous-officier, de laquelle il sort *SS-Unterscharführer* (le 1ᵉʳ août). Il est alors versé dans la 3ᵉ batterie du groupe de canons d'assaut de la LSSAH, cette fois-ci comme pointeur, dans le char de son commandant de batterie, le *Hstuf.* Rettlinger. Après les combats pour la reprise de Kharkov (la 3ᵉ bataille pour la ville de la Seconde Guerre mondiale), Fritz Henke commande son propre canon d'assaut, et plus tard son peloton. Dans le cadre de « Zitadelle » lui est décerné l'*EK. 1* (le 14 juillet), il terminera le Second Conflit mondial avec le grade d'officier subalterne de *SS-Untersturmführer*. Il décède le 15 novembre 1995, et repose à Moisburg, au sud-ouest de Hambourg.

Sépulture du *SS-Obersturmführer* Ernst Gaschnitz, tombé le 18 novembre 1943 lors des âpres affrontements entre Jitomir et Kiev.

Portrait du *SS-Unterscharführer* Mossbacher. Notez qu'il porte les passants aux initiales gothiques entrelacées LAH sur ses pattes d'épaule.

défense russe en est bouleversée, et l'*Abteilung* relance au complet l'assaut pour, cette fois-ci, réussir à s'emparer des deux localités, sans qu'aucune perte sensible ne soit à déplorer dans ses rangs. Otto Schälte a écrasé deux canons de 76,2 mm, à l'aide de ses chenilles, lors de sa progression. Le *Deutsches Kreuz in Gold* lui sera remis plus tard.

Dans la **nuit du 15 au 16 novembre**, Karl Rettlinger (commandant la 3e batterie de canons d'assaut) se place en barrage, puis en pointe de l'attaque. La manœuvre fonctionne et permet de prendre Wodotyn, avec l'aide des *Panzer-Grenadiere* du régiment d'Albert Frey. Les grenades à manche volent dans les isbas, pour en déloger ce qui reste de soldats russes.

Au cours de la nuit suivante, du **16** au **17 novembre**, l'*Ostubaf.* Frey poursuit sa progression au nord-ouest, en direction de Korostschew [Korostchev, à environ 25 km à l'est de Jitomir]. Sur une route parallèle à la sienne, en lisière d'une longue forêt, se dresse une position de blocage russe, fortement armée. Pour continuer sa route, Frey contourne les positions adverses en poussant sur Kotscherowo [Kotcherovo] vers le nord-est, dont il doit s'emparer pour poursuivre la progression. Mais, là aussi, le *SS-Pz-Gren.-Rgt. 1 LSSAH* rencontre une forte résistance au matin du **17 novembre**. À un demi-kilomètre plus au nord, une rivière forme un coude, où est aménagé un barrage antichar, renforcé de plusieurs tanks. Karl Rettlinger intervient avec ses canons d'assaut... sa 3e batterie pourra-t-elle emporter la décision ? Après avoir examiné les différentes positions adverses, le Franconien Rettlinger décide de foncer dans la partie sud de Kotscherowo. Là, il tombe sur un ennemi complètement pris au dépourvu, qui ne l'attend pas ! Rettlinger profite de cet effet de surprise pour bousculer les Russes, et des trente T-34 positionnés à cet endroit, il en détruit six, poursuivant ensuite le reste qui s'enfuit. Il en profite pour pénétrer dans la localité, et la nettoyer avec l'aide des *SS-Panzer-Grenadiere* de Frey. À midi le même jour, Rettlinger et ses *Sturmgeschütze* ont pu prendre le nœud routier de l'axe Kiev-Jitomir grâce à son énergie, sa perspicacité et la valeur de ses hommes.

Le **18 novembre**, la *Sturmgeschütz-Abteilung* perd l'un de ses meilleurs chefs : Ernst Gaschnitz. Lors d'un combat, il reçoit une multitude d'éclats à la tête et dans tout le corps. Il meurt à l'âge de 22 ans. Une brillante carrière, qui aurait être pu auréolée davantage encore. Gaschnitz provenait de la *StuG.-Abt.* de la Wiking, et avait ensuite intégré la *SS-StuG.-Abt. 1* en qualité d'officier adjudant-major (*Adjutant*), puis repris la 1e batterie des canons d'assaut de la *LSSAH* à la mi-juillet. Il avait reçu le *Deutsches Kreuz in Gold* quelques semaines auparavant, le 2 octobre. Otto Holst reprend alors le commandement de la 1re batterie.

Le **19 novembre**, les fantassins de la *Kampfgruppe « Frey »* tiennent Kotscherowo, toujours avec le soutien des *Sturmgeschütze* de la division. La consigne est de tenir coûte-que-coûte la localité, car elle représente un nœud essentiel pour le ravitaillement des unités soviétiques. Le peloton du *SS-Oberscharführer* Schälte joue de nouveau un rôle important en barrant la précieuse route Kiev-Jitomir. Les forces russes jetées dans la bataille sont énormes, parvenant même à forcer le passage en exploitant une faiblesse du front allemand. Se trouvant à proximité, Otto Schälte s'y précipite et élimine ceux qui ont pu passer, rétablissant la ligne de front. Ayant d'abord détruit les quelques blindés soviétiques infiltrés, il neutralise ensuite l'infanterie avec ses obus explosifs et mitrailleuses. Les pertes ainsi subies par « Ivan » le contraignent à reculer. Schälte détruit encore deux canons de 76,2 mm. La localité de Kotscherowo reste aux mains des Allemands. Les troupes soviétiques encerclées seront anéanties quelques jours plus tard par d'autres formations allemandes. Le **20**, Georg

Un cliché pris sur le vif. Ce *StuG. III* de la *Leibstandarte*, muni de « *Schürzen* », auprès d'une isba ukrainienne de chaume et de bois. La neige n'atteint pas encore un haut niveau, la scène se situe peut-être à l'automne de 1943...

Georg Schönberger décore un *SS-Untersturmführer* du groupe de canons d'assaut (malheureusement non identifié), très probablement en 1943. Il porte désormais l'uniforme noir, et derrière lui se tient Max Wünsche, lui aussi vêtu de la tenue de tankiste. Schönberger et Wünsche ont tous deux quitté les *Sturmgeschütze* de la division en 1942, pour rejoindre les chars de cette dernière. Le Munichois Schönberger est mortellement blessé le 20 novembre 1943.

Schönberger, premier commandant des canons de la *Leibstandarte*, trouve la mort à midi.

Trois jours plus tard, le **22 novembre**, la *SS-StuG.-Abt. 1 LSSAH* doit appuyer le *SS-Pz-Gren.-Rgt. 1 LAH* de Frey, afin de prendre la petite ville d'Oserjany (à mi-chemin entre Kotcherovo et Broussilov), puissamment défendue par une cinquantaine au moins de canons antichars. Les Russes comptent bien y rester, car cette position représente une clé de voûte essentielle pour la tête de pont qu'ils ont lancée à l'ouest de Kiev. Afin d'exploiter au mieux le terrain, le *SS-Obersturmführer* Bröcker place sa batterie sur l'aile droite des forces d'attaque amies. La première ligne de pièces antichar russes est dépassée sans entrave notable, mais la deuxième ligne antichar « entre dans la danse » et inonde le terrain de ses obus, clouant l'attaque de la batterie de l'*Ostuf.* Bröcker. Ces tirs détruisent deux *Sturmgeschütze*, et les Soviétiques en profitent pour contre-attaquer avec un régiment d'infanterie. Le valeureux commandant de batterie récupère deux canons d'assaut se trouvant sur sa droite et, avec ceux-ci, parvient à détruire successivement sept canons antichars. Se plaçant sur une position dominante, il expédie avec ses 75 mm un barrage d'obus explosifs, qui anéantit la contre-attaque russe. Son action inattendue et personnelle permet le rétablissement de la ligne de front et l'arrêt, provisoire, des opérations offensives adverses dans ce secteur. Néanmoins, les forces blindées allemandes présentes dans cette zone ne peuvent reprendre Kiev.

Le **28 novembre**, le groupe de canons d'assaut divisionnaire épaule toujours le *SS-Pz-Gren.-Rgt. 1*, aux alentours de la ville précédemment mentionnée de Kotscherowo. Les Soviétiques ne ménagent pas leurs tirs d'artillerie, préparant ainsi une contre-attaque soutenue par d'immanquables T-34. Ce rideau de feu et d'acier occasionne de nombreuses pertes dans les rangs des *Sturm-Artilleristen* et de leurs camarades *Panzer-Grenadiere*. Etant donné la perte de son commandant de batterie, le *SS-Obersturmführer* Bröcker prend le commandement à la volée. Il fonce avec un autre canon d'assaut là où les lignes menacent de céder très bientôt. Son arrivée fulgurante, imprévue, créant la surprise, son énergie et sa grande qualité de camouflage, lui permettent d'infliger de telles pertes aux Russes, qu'ils refluent vers leurs bases de départ, en désordre, et en laissant sur le terrain beaucoup de morts et de blessés.

Le **30 novembre**, le chef de peloton, le *SS-Oberscharführer* bas-saxon Fritz Henke (membre de la 3$^{e}$ batterie), doit aller soutenir les fantassins du *SS-Obersturmführer* Herfurth (du *II./1*, II$^{e}$ bataillon du 1$^{er}$ régiment de *SS-Panzer-Grenadiere*) vers le sud-est de Jitomir, sur la route menant à Andruchowka [Androuchovka, à une cinquantaine de kilomètres au sud-est de Jitomir]. Il est aidé par les *StuG.* de ses camarades dénommés Grinka et Köhne, avec lesquels il se positionne à l'est de Leonowka [ou Leonivka, à 25 km au sud-est de Jitomir]. Tout à coup, sur la cote 228,1, il se retrouve face à sept chars russes. Malheureusement pour lui, il ne dispose plus d'aucun obus de rupture à bord... Henke ne s'affole pas, et envoie ses obus explosifs contre les chars transportant des fantassins sur leur toit. Ceux-ci sont pulvérisés par ses tirs, qui impressionnent tellement les tankistes

Rare photographie de l'*Oscha.* Hans Püllich, de la *2.Bttr./ SS-StuG.- Abt. 1 LAH.*

Karl Rettlinger, *Ritterkreuz* au cou, décorant certains *Sturmartilleristen* de sa 3e batterie.

russes que ceux-ci font demi-tour, alors qu'aucun n'a été détruit ! Au bout d'une heure, ce sont huit nouveaux T-34 qui surgissent, mais cette fois, le canon d'assaut de Fritz Henke a pu se ravitailler en munitions antichar. Deux T-34 sont immédiatement détruits, mais le reste pénètre dans le village de Stawitsche [Stavitche], tandis que les fantassins ennemis s'en tiennent à la lisière des lieux et sur les pentes opposées. Henke joue alors la tactique du changement de position après chaque tir, systématiquement, au cours duquel il détruit à chaque fois un T-34. L'infanterie, voyant son accompagnement se faire hacher, se retire… Dans l'après-midi, une nouvelle attaque soviétique est lancée. Cette fois, ce sont onze chars qui se retrouvent face à Henke. Le commandant de l'unité est tué dès le début de l'assaut, ce qui provoque la fuite des Russes, laissant de nombreux cadavres des leurs sur le terrain.

Le **2 décembre**, la *Sturmgeschütz-Abteilung* de la *Leibstandarte* se trouve dans ses quartiers à Kmitoff, dans le cadre d'un redéploiement de la division. Le **5 décembre**, elle reçoit l'ordre de suivre et de renforcer la *Kampfgruppe « Peiper »* afin de s'emparer de la ville de Mokrenschtschina, avec l'aide de la *208. Infanterie-Division* de la Wehrmacht. À cette fin, ils reçoivent également l'appui des *Panzer VI* (les redoutables Tiger) de la *schwere Panzer-Abteilung 509*.

Le **6 décembre**, le *I./SS-Pz-Gren.-Rgt. 1 LSSAH* se voit confier la mission de prendre la partie orientale de Tschernjachoff [Tcherniachoff]. Là, les *Sturmgeschütze* de Heimann se lancent à l'assaut des positions russes et les enlèvent, puis entrent dans Tschernjachoff. Un combat de rues meurtrier se déchaîne. Le bilan est impressionnant, avec de nombreux canons antichars, mortiers et véhicules de tous types de l'Armée rouge qui sont détruits. Le **8 décembre**, les canons d'assaut de la *LAH* permettent aux *Panzer-Grenadiere* de prendre le village de Ljachowaja [Liachovaïa].

Le **9 décembre**, la *Leibstandarte* est sur le pied de guerre pour prendre Sabolot (à 8 km au nord de Radomysl) et avant tout Radomysl, ville à 50 kilomètres au nord-est de Jitomir. Deux jours plus tard, dans le cadre de la reprise de l'offensive, la *SS-StuG.-Abt. 1* (qui a rejoint le secteur de Meshiritchka) se trouve sur l'aile droite du dispositif, en vue d'attaquer d'abord Krasnoborki. Les pertes infligées à l'Armée rouge dans le cadre de cette bataille pour Radomysl sont importantes. Le **15**, le groupe de canons d'assaut appuie la *SS-Pz-Aufkl.-Abt. 1 LSSAH* ; ensemble, ces deux formations de la division doivent prêter main forte à la *68. Infanterie-Division* pour la prise de Mal Ratscha, à 6 km environ au nord-est de Radomysl, ainsi que les abords occidentaux de Sabolot.

Le **18 décembre**, la 3e batterie déplore la perte du *SS-Untersturmführer* Horst Kalisch, tué à 23 ans au combat lors de la prise de Sselez, menée à bien par le *SS-Pz-Gren.-Rgt. 2 LSSAH*[8]. À ce moment-là, les canons d'assaut de la division participent à l'attaque dans le cadre de la bataille du *Kessel* de Meleni. Le **19**, il reste treize *StuG. III* en état de marche dans la *LAH*, et quatorze deux jours plus tard (C. Trang, *Leibstandarte 1943-1945*, pages 249-250).

Le **20 décembre**, c'est un autre brillant chef de canons d'assaut de la *LAH* qui est décoré du prestigieux *Ritterkreuz* : le *Hstuf.* Karl Rettlinger. Avec sa 3e batterie, il peut revendiquer la destruction de 65 chars et de 136 canons antichar soviétiques, sans compter des nids de mitrailleuses, de mortiers et plusieurs fusils antichars. Il avait déjà reçu, le 13 avril 1943, une autre décoration de renom, le *Deutsches Kreuz in Gold*. Le **21 décembre**, au cours de nouveaux combats, ce ne sont pas moins de quatorze T-34 supplémentaires qui succombent sous les coups des « 75 » des *Sturmgeschütze* de la division. De plus, 29 canons antichars de 76,2 mm ont également été détruits.

Le lendemain, Rettlinger est blessé alors que sa batterie attaque la ville de Tschepowitschi [Tchépovitchi]. Malgré ses blessures, il reste à la tête de son unité après avoir été soigné. Le Franconien laissera un récit donnant un aperçu de ce qu'a été le rôle des *Hiwis*, ces auxiliaires russes « antistaliniens » servant dans les unités allemandes, y compris dans les Waffen-SS, parfois les armes à la main. Écoutons-le :

« *Comme tant d'autres unités allemandes, nous incluons aussi dans nos rangs des supplétifs russes, appelés "Hiwis" (Hilfswilliger), des auxiliaires que nous utilisons pour diverses tâches, et dans diverses fonctions. Ils nous permettent, par exemple, de récupérer quelques camarades pour le combat. Parfois, certains prennent les armes à nos côtés : ma batterie en compte douze. Ils nous rendent de très grands services, des gars principalement de notre âge. Certains sont très gais, heureux d'être avec nous. La plupart de ceux servant dans ma batterie viennent de la région de Charkow* [Kharkov]. *Tous se sont portés volontaires, sans qu'il n'y ait eu la moindre contrainte de notre part. Avec nous, ils sont employés à la conduite de nos véhicules de transport de munitions ou de carburant, ou dans l'atelier de réparation. Ils ont été incorporés chez nous en juillet 1943* [au moment de la bataille de Koursk], *et ont pu vivre notre transfert en Italie et en Europe centrale. En novembre 1943, ils se retrouvent à nos côtés de retour dans leur patrie. La gare où nous sommes alors débarqués s'appelle Biala-Zerkwa* [Biala-Tserkva]. *Là, nous devons attaquer puis nous replier pour, de nouveau, nous porter de l'avant – Cette tactique n'est pas rare pour nous –. Un jour, après l'un de ces va-et-vient au cours d'un combat parmi tant d'autres, le* Rottenführer *Ihsen et son "Hiwi" Krazielnik ont reçu l'ordre de nous apporter du carburant, avec son camion rempli de cette si précieuse matière. Après son départ, nos positions connaissent des fluctuations, et nos deux ravitailleurs ne nous ont pas retrouvés... Trois semaines plus tard, nous nous trouvons dans la région de Korosten, quand soudain la porte de notre quartier s'ouvre, un homme entre et se fiche dans un garde-à-vous exemplaire, se présentant : "Hiwi Krazielnik au rapport, camion kaputt, Ihsen blessé à l'hôpital". Il avait récupéré ses affaires, ainsi que celles d'Ihsen (y compris son fusil) et depuis il n'a pas cessé, imperturbable, de tenter de nous retrouver, ce qui est à présent chose faite. Que se serait-il passé, s'il était tombé sur des partisans ? Quelle preuve de fidélité ! Des années après, je repense souvent à ces braves "Hiwis", que nous surnommions du nom de la marque de leur camion : Krupp, VW, Magirus, vu que leurs noms nous étaient pratiquement inconnus. Vivent-ils encore ? En tout cas, nous avons conservé un excellent souvenir d'eux. »*

Le **22 décembre 1943**, les Russes veulent reprendre Korosten et la cote 183,3, située au nord de Batjarka, dans le cadre des affrontements en direction de Meleni. Dans ce secteur, il ne reste que le *Sturmgeschütz III* du *SS-Oberscharführer* Ferdinand Peterleitner. Il se positionne si bien, qu'il permet de rétablir le front ; il rejette les assauts adverses en occasionnant de nombreuses pertes. Il est alors avec le seul, le dernier *Sturmgeschütz* de sa 2e batterie encore en état de combattre. Il a dissimulé son engin à la lisière d'un bois et, depuis cette position, il détruit tout d'abord deux T-34 et un SU-152, forçant le reste des chars soviétiques à se replier. Mais il n'en reste pas là, l'*Oscha.* les poursuit en leur tirant dessus, et élimine un canon antichar de 76,2 mm « ratch-boum ». Pour cet exploit et son comportement exemplaire au front, Peterleitner recevra la Croix allemande en or le 30 décembre 1944.

Deux *Sturmartilleristen*, probablement des sous-officiers de la 3e batterie, photographiés devant le même canon d'assaut que celui visible à la page 96.

Un *SS-Unterscharführer* de la *SS-StuG.-Abt. 1 LAH* décoré de l'*EK.1*, peut-être un agent de transmissions, s'apprête à chevaucher un side-car, en Ukraine à la fin de 1943. Il est coiffé d'une casquette en toile bariolée.

Le **23 décembre**, deux jours avant Noël 43, Hans Püllich est blessé dans son véhicule. Il décédera le 26 décembre, des suites du tétanos provoqué par ses blessures infectées, à l'âge de 26 ans. Le lendemain, la LAH rejoint de nouveau la zone au sud de Jitomir.

Le **26 décembre**, la *Sturmgeschütz-Abteilung* tient une ligne de défense s'étirant de Gardyschewka à Woliza [Volitza], épaulant le *SS-Panzer-Grenadier-Regiment 1 LSSAH*. Le lendemain, les canons d'assaut soutiennent par leurs tirs les *Pioniere* de la division qui, à l'aide de leurs lance-flammes, nettoient une poche soviétique à Strajada [Straïada].

Le **28 décembre**, une masse de blindés attaque simultanément plusieurs localités tenues par la *Leibstandarte* : une quinzaine de T-34 sur Jwankowo, trente-cinq chars sur Tschubarowka et vingt T-34 sur Josefowka ! Au cours des nombreux combats menés par les canons d'assaut, les Russes abandonnent 21 épaves enflammées sur le terrain. Pour cette journée, Charles Trang écrit : « *du reste, les* StuG. III *qui soutenaient le* I./1 *du* SS-Sturmbannführer *Schiller, se sont embourbés lors d'une contre-attaque lancée près de Nowaja Kotelnja et ne seront récupérés que le lendemain matin* »[9].

Le **29 décembre**, « Ivan » réitère ses attaques en fonçant sur un large front, entre Antopol et Bujarka, situé au sud-est de Jitomir. Sur ce large espace, trente à quarante T-34 s'avancent pour bousculer les positions allemandes... Les *StuG. III* de la 3e batterie s'opposent à eux, en leur infligeant la perte de trente blindés supplémentaires. Au cours de cette action, le peloton conduit par Fritz Henke se distingue tout particulièrement : douze de ces trente T-34 détruits sont à mettre à son actif. Pour ces faits, et en récompense de son courage pour la destruction de 21 chars ennemis et de onze canons antichars de 76,2 mm, Henke accède au prestigieux cercle des *Ritterkreuzträger*, et recevra sa décoration le 12 février 1944.

Voici le récit du *SS-Rottenführer* Rolf Kliemann, du *II./SS-Pz-Gren.-Rgt. 1*, sur ces combats du 29 décembre 1943, mettant en lumière l'action de Henke :

« *Notre bataillon de* Panzergrenadiere *a subi de fortes pertes au cours de deux mois de durs et violents combats défensifs. Lorsque nos forces s'amenuisent, elles sont reforgées en "Kampfgruppen", des groupements tactiques qui agglomèrent divers restes d'unités. Si le terme en vigueur pour nos fantassins est celui de "grenadiers blindés", malheureusement force est de constater que nous ne disposons pas de ces précieux engins chenillés blindés. Toutefois, nous pouvons constamment compter sur l'appui des* Sturmgeschütze *du groupe de batteries de von Westernhagen* [jusqu'en juillet 1943]. *En règle générale, c'est le peloton de Fritz Henke qui nous vient en aide, grâce à ses tirs. Aucune arme lourde ne nous soutient, hormis ces blindés auxquels nous devons une reconnaissance éternelle. Nos véhicules ne peuvent se déplacer dans la boue et la neige, aussi nos fantassins grimpent-ils sur les toits des engins de Henke qui, eux, sont beaucoup plus appropriés à ces conditions hivernales : ils nous apportent donc également une aide salvatrice en matière de déplacements. Ce 29 décembre 1943, nous allons une fois de plus être redevables envers les canons d'assaut du peloton de Henke... Nous nous trouvons au sud-est de Jitomir, sur d'anciennes positions russes que nous avions investies. À cet endroit, la steppe est toute plane, presque aucune élévation de terrain ne permet de voir loin. Sur notre droite se dessine un village, mais nous ne savons pas s'il est entre nos mains ou entre celles d'"Ivan"... Peut-être que l'*Untersturmführer *Herfurt – le chef de notre unité – est au courant lui, mais nous, non. À environ 1 000 mètres surgissent sept T-34 avec de l'infanterie agrippée dessus. Ces blindés envoient des volées d'obus explosifs sur nos positions. Cependant, bien blottis au fond de nos trous, nous ne subissons aucune perte. Comme ils approchent très vite, nous avons pu sortir nos MG. 42 et, en ouvrant le feu avec, nous terrassons d'abord les fantassins russes qui tombent des chars par paquets entiers. Pour ma part, j'attends que chaque obus éclate pour, alors, lever ma tête hors de mon trou, et envoyer une rafale de mon MG. 42, avant de replonger dans mon* Schützenloch. *Combien de temps cela va-t-il durer ? Les chars adverses se trouvent maintenant à 500 mètres de nous lorsque, tout à coup, des obus partent du village localisé non* *loin devant, qui explosent sur les chars T-34 en tuant les fantassins qui y sont encore grimpés. Cette averse de projectiles incite très vite "Ivan" à faire demi-tour, qui ne demande pas son reste, déjà content de pouvoir ainsi limiter ses pertes en s'échappant. Dans nos trous, nous poussons des cris d'allégresse, en nous demandant bien qui vient encore de nous sauver la vie... Nous découvrons bientôt qu'il s'agit à nouveau des* StuG. *du peloton de Fritz Henke qui, à l'affût dans le village, ont fait fuir les T-34 avec des obus explosifs (vu que leur réserve en obus antichars était réduite à zéro !). Malgré cela, ils ne se sont pas repliés vers l'arrière pour se réapprovisionner en* Panzergranaten, *car ils savaient qu'ils nous auraient laissés sans appui. Leur réaction a été salutaire pour notre troupe, qui leur en est redevable.* »

Ensuite, Fritz Henke s'est ravitaillé en munitions antichars et a pu détruire deux chars soviétiques dans un nouvel engagement. Au soir, les Russes tentent encore une attaque pour prendre Stawitsche [Stavitche]. Henke, malgré la supériorité numérique de l'adversaire, fait face, en mettant notamment hors de combat le tank du commandant de ce groupement blindé soviétique. Il s'explique :

« *Le char du chef de ce groupement russe est reconnaissable à sa très grande antenne, ce qui n'est pas fréquent. Pour cette raison, toute mon attention s'est immédiatement tournée vers cet engin-là. Après avoir atteint et détruit son char, ce chef – très certainement un commandant de régiment – sort de son tank immobilisé et fonce, pistolet au poing, vers mon canon d'assaut, comme pour, hors de lui, se venger de la perte de son char... Alors, à notre grande surprise, il tire sur ses propres hommes qui reculent, tuant d'ailleurs plusieurs d'entre eux ! Puis, un duel s'ensuit entre nous et lui : je n'ai pas d'autre choix que de l'abattre. Là, quelques balles de mon pistolet, bien ajustées, l'atteignent et mettent fin à son acte insensé.* »

Étant en position avancée, Henke reçoit un ordre de repli, qu'il exécute en couvrant l'infanterie qui l'accompagne. Rien que du 22 au 30 décembre 1943, il a détruit 19 chars et 11 canons antichars. Il sera promu *SS-Untersturmführer* le 20 avril 1945, et servira en tant qu'*Adjutant* du *SS-Brigadeführer* Otto Kumm pour seulement quelques semaines, la guerre se terminant en Europe le 8 mai 1945.

Mentionnons un « détail » intéressant expliqué par Fritz Henke : « *A l'époque, pour moi la plus importante décoration – comme d'ailleurs pour beaucoup de mes camarades de la* LAH *– c'est bien la Croix de fer de 1re classe (EK. 1). Eh oui, c'est une distinction qui n'est pas facile à obtenir, et qui est respectée par tous les combattants. De mon point de vue, lorsque vous*

Autre portrait de l'*Oscha.* Henke. A ses yeux, l'*EK. 1* revêt plus de valeur que le *Ritterkreuz*, il trouve ce dernier presque « extraordinaire »... (photographie dédicacée à l'auteur).

*l'obtenez, cela signifie que vous avez vraiment mérité le titre de "combattant valeureux". Le* Ritterkreuz *est davantage un extra, qu'il semble presque impensable d'obtenir. Pour cela, vous devez être à la bonne place, au bon moment, et avoir de la chance. À vrai dire, je n'avais jamais pensé pouvoir me le voir décerner !* »

En tout et pour tout au cours de l'année 1943 (du 1er janvier au 20 décembre), la *Leibstandarte* a pu revendiquer la destruction quasiment stupéfiante de 3 000 blindés soviétiques (!), une partie importante d'entre eux grâce à l'action des canons d'assaut de la division, au soir du 31 décembre, la division annonce disposer encore de douze *StuG.* et *StuH.* encore en état de marche.

1. R. Lehmann, *Die Leibstandarte – Band 3*, Munin Verlag, Osnabrück, 1982 (page 456).
2. Cet épisode est aussi évoqué, quasiment dans les mêmes termes, par Thomas Fischer dans son ouvrage *Gustav Mertsch et l'artillerie de la Leibstandarte SS « Adolf Hitler »*, aux pages 34-35, Heimdal, 2017.
3. Voir Rudolf Lehmann, *Die Leibstandarte* (Band III), Munin Verlag, Osnabrück, 1982 (pages 148-149).
4. Voir R. Lehmann, *Die Leibstandarte – volume 3*, Munin Verlag, Osnabrück, 1982 (page 153).
5. Voir Charles Trang, *Leibstandarte 1943/45*, Heimdal, Bayeux, 2008 (page 136).
6. À la page 36 du *Dictionnaire de la Waffen-SS*, volume 1 (Charles Trang, Heimdal, 2011), il est écrit que la *Leibstandarte* a été débarquée dans le secteur de Berditschew, avant de contre-attaquer en direction de Fastov [Fastiv, à une trentaine de kilomètres au sud-ouest de Kiev].
7. Il est d'abord remplacé à la tête de la 2e batterie par l'*Ustuf.* Kründer, puis par son homologue Wagner.
8. D'après C. Trang, T. Fischer, *Leibstandarte – Dictionnaire*, Horst Kalisch serait décédé le 19 décembre.
9. voir *Leibstandarte 1943-1945*, page 253.

# COMBATS DÉFENSIFS À L'EST

janvier 1944 avril

La *Leibstandarte* passe le Nouvel An 1944 au cœur de l'Ukraine et de son hiver glacial. Le **2 janvier**, les Russes tentent par un puissant assaut de briser les lignes de la *LAH* à Pjatki et Gwasdawa. Le *SS-Oberscharführer* Peterleitner est à ce moment-là en réserve avec son peloton, prêt à intervenir au besoin. Il est appelé en renfort, et anéantit deux compagnies complètes de fantassins de l'Armée rouge, qui venaient d'ouvrir une brèche dans les défenses allemandes. Le trou est vite « colmaté » par sa réaction énergique. Pour le lendemain **3 janvier**, voici ce qu'écrivent Charles Trang et Thomas Fischer concernant l'intervention d'Otto Holst : « *en tant que chef d'un groupement tactique de* la SS-StuG.-Abt. 1, *il reçoit l'ordre de couvrir le flanc du* SS-Pz-Gren.-Rgt. 1 *dans le secteur de Pilipi contre les attaques soviétiques venant du nord. Profitant de fortes chutes de neige, l'ennemi, avec un régiment de fusiliers renforcé par des chars, passe effectivement à l'attaque contre le flanc découvert des troupes d'Albert Frey. La situation devient rapidement préoccupante. Malgré la visibilité très limitée, Holst intervient rapidement et parvient à infliger de lourdes pertes à l'infanterie russe et à détruire plusieurs* T-34 *; les autres préfèrent s'éclipser. Holst n'en reste pas là et se lance à la poursuite des ennemis, ce qui lui permet d'écraser sous ses chenilles de nombreuses armes d'infanterie* »[1].

Une colonne de *Sturmgeschütze III* en déplacement, équipée des « *Ostketten* », chenilles élargies par l'adjonction de morceaux supplémentaires sur la chenille mère, afin de procurer une plus grande mobilité dans la boue ou la neige. L'engin au premier plan ne porte pas de « *Schürzen* » sur ses flancs.

Un *StuG. III* lourdement chargé : caisses, etc. Une plaque supplémentaire a été montée à l'avant du toit à droite, avec un MG. de bord. La partie avant des « *Schürzen* » est manquante. Les hommes ont manifestement enfilé des *Winterjacken* réversibles, quoique le terrain ne soit pas enneigé.

Portrait du *SS-Oberscharführer* Peterleitner, chef de peloton (*Zugführer*) au sein de la *2.Bttr./SS-StuG.-Abt. 1 LAH*. Il recevra la croix allemande en or le 30 décembre 1944.

## Engagements d'hiver sur Januschpol et Vinnitza

Le **8 janvier**, le groupe de canons d'assaut se trouve férocement aux prises avec les Soviétiques à Sharabki [Sherebki, au sud-ouest de Januschpol]. Deux jours plus tard, il ne reste que six *StuG. 40* en état de combattre, et un seul *StuG. 42*, ce dernier étant équipé d'un canon de 105 mm[2]. Toujours avec Otto Holst, les mêmes auteurs rapportent pour ce jour-là qu'il « *est engagé avec les quatre canons d'assaut de sa batterie encore en état de marche, contre une puissante formation blindée soviétique forte d'environ 40* T-34. *Venant de Januschpol, ces derniers viennent de pénétrer dans Sherebki. Sans céder le moindre pouce de terrain, Holst s'oppose à la poussée des chars russes. Ceux-ci mettent à profit l'obscurité pour dépasser la position de la batterie de Holst, coupant celle-ci de ses arrières. Holst détruit tout de même un* T-34 *pratiquement à bout portant avant de mettre son unité en hérisson pour la nuit. Au lever du jour* [**9 janvier**], *il lance ses canons d'assaut au beau milieu de l'infanterie soviétique qui tente de venir appuyer les blindés ayant percé. Il lui inflige des pertes sanglantes et détruit lui-même deux canons antichars et un canon d'infanterie. Alors que la* Panzergruppe *de la* Leibstandarte *contre-attaque frontalement contre des blindés russes, Holst demeure sur l'ancienne ligne de défense, désormais située en plein secteur ennemi. De là, il attaque des arrières de la formation blindée soviétique et participe activement à sa destruction. Cette bataille lui a permis de mettre en évidence sa prise de décision sur le plan tactique et son comportement personnel plein de courage* » (informations directement issues du dossier de proposition d'Otto Holst pour le *Deutsches Kreuz in Gold*, en date du 7 décembre 1944, source Bundesarchiv Lichterfelde).

Le **10 janvier** marque un certain répit ; Charles Trang écrit concernant les canons d'assaut : « *La* SS-StuG.-Abt.1 *a été très durement engagée depuis novembre, que ce soit pour appuyer les grenadiers ou pour jouer un rôle antichar. Il n'est donc pas étonnant que ses effectifs combattants aient fondu dans la bataille, il ne lui reste plus que 7 officiers, 46 sous-officiers et 137 soldats du rang* ».

Le **12 janvier**, une importante attaque soviétique soutenue par sept chars est lancée de nuit, à 2 h du matin, contre l'aile gauche de la *Kampfgruppe* de la *68. Infanterie-Division*. Cette poussée s'introduit jusque derrière les lignes de la LAH, et bifurque vers le nord. À 3 h 45, nouvelle

Un *SS-Rottenführer* posant fièrement devant son canon d'assaut. Ce dernier a été grossièrement badigeonné de taches blanches pour le camoufler, dans les conditions hivernales de l'Est.

Le *SS-Hauptsturmführer* Heimann à l'Est, commandant les canons d'assaut de la *Leibstandarte* à partir de juillet 1943. Notez son *Deutsches Kreuz in Gold*. Il se détend quelques instants avec un « *Kollege* » du *Heer*, qui porte une *Winterjacke* réversible et une casquette fourrée.

attaque sur les mêmes positions : douze blindés russes percent à l'est de Lipjatin [Lipïatine] et foncent sur Ulanoff [Oulanof], en coupant les voies de ravitaillement de la division. Les *Sturmgeschütze* de la LAH sont présents, prouvant leur efficacité en détruisant trois T-34, faisant reculer le reste. Les *StuG.* « partent en chasse » et les poursuivent jusqu'aux abords sud de la gare de Chutoryski, provoquant une panique chez les Soviétiques, qui ne s'attendaient pas à une riposte aussi profonde : ils s'enfuient vers le nord. À cette occasion, les *Sturmgeschütze* réduisent au silence encore quatorze canons antichars. À 9 h 15, le jour étant maintenant levé, la ligne de front est rétablie, les Russes rejetés sur leur base de départ. Le commandant de la *SS-Sturmgeschütz-Abteilung 1 LSSAH*, Heinrich Heimann, recevra le *Ritterkreuz* pour ses succès défensifs (le 23 février 1944).

Ce même **12 janvier**, la *SS-Sturmgeschütz-Abteilung 1 LAH* reçoit l'ordre de se replier sur une ligne plus tendue ; à trois kilomètres de Lipjatin [Lipïatine]. Le lendemain, les Russes, profitant de l'écran offert par une virulente tempête de neige, percent les lignes allemandes peu densément occupées, et trop espacées. Ces « *Rotarmisten* » sont soutenus par 32 chars T-34. Le *SS-Oberscharführer* Bröcker se trouve à un kilomètre de l'endroit où ont percé les forces adverses. Il peut entendre le bruit de leurs chars, sans les voir, et s'y précipite. Malheureusement, la tempête de neige qui sévit l'empêche de disposer d'une bonne vision, et de pouvoir ouvrir le feu vers des objectifs bien nets. Aussi s'attaque-t-il, en premier lieu, aux fantassins. Tel « un rocher dans la mer », il les élimine malgré le danger de se faire toucher par l'un des tanks. À très courte distance, il détruit trois canons antichars de 76,2 mm, et trois des chars T-34 se trouvant en arrière de leur attaque. La ligne de front antérieure est rétablie petit à petit, et les quelques T-34 ayant pu percer se retrouvent isolés et sont détruits l'un après l'autre, cette fois par les costauds Panzer VI « Tiger » de la

Le *SS-Oberscharführer* Fritz Henke en 1944. Portrait dédicacé à l'auteur.

L'un des *StuG.* du groupe de canons d'assaut. On aperçoit le numéro d'identification sur le flanc droit de l'engin, et l'emblème (dans sa deuxième version) de la division sur la plaque avant du garde-boue.

compagnie lourde de la I./*SS-Panzer-Regiment 1 LAH*.

En date du **21 janvier**, l'état du matériel est le suivant : 25 *Sturmgeschütze* prêts à l'emploi (*einsatzbereit*), trois en instance de réparation courte, et deux pour plus de trois jours[3]. Le lendemain, la division reçoit l'ordre de rejoindre un autre secteur pour participer à la contre-attaque planifiée à l'est de Winnitza.

Le **25 janvier**, la *Kampfgruppe* d'A. Frey reçoit l'ordre de passer à la contre-offensive vers le sud-est, afin d'opérer la jonction avec une troupe du *Heer*. Cette action a pour but d'encercler trois divisions de fusiliers soviétiques un peu trop avancées, formant un saillant dans les lignes allemandes, représentant par là un réel danger. La 3e batterie est de la partie avec Otto Schälte et son peloton placés légèrement en retrait, pour couvrir le groupement tactique composé largement de *Grenadiere*. Ayant senti le danger, les Russes attaquent la troupe par le nord. Heureusement, les *StuG.* de Schälte font leur travail, et au cours d'un violent affrontement, ils brisent l'attaque adverse, détruisant au passage cinq canons antichars de 76,2 mm. L'attaque allemande peut se poursuivre sans crainte...

Les **27** et **28 janvier**, la même *Kampfgruppe « Frey »* doit progresser jusqu'à la gare de Lipowez [Lipovets], à l'est de Vinnitsa. Elle part donc du secteur de Rossosche [Rossoche]. Les Russes ont bien disposé leurs forces, en plaçant notamment leurs canons antichars de part et d'autre de la route : toute attaque frontale est impossible et s'avérerait suicidaire. L'*Oscha.* Peterleitner, qui se trouve sur l'aile gauche de la *SS-StuG.-Abt. 1*, se met en mouvement et écrase de ses chenilles un canon antichar de 76,2 mm qui tentait de lui barrer la route. Il poursuit, perçant les lignes soviétiques et y semant la panique, malgré le fait qu'il est le seul canon d'assaut présent à cet endroit ! Peterleitner a permis de briser le barrage adverse. Le reste de l'*Abteilung* (groupe de batteries) le rejoint et achève de liquider les troupes russes résistant encore dans cette zone (et qui se sont vaillamment défendues). Le lendemain, l'objectif est Morosowka. Là encore, Peterleitner est en réserve, prêt à intervenir. La petite ville est elle aussi ardemment défendue par les « *Rotarmisten* ». Au cours de la nuit, ces derniers tentent de contourner les forces allemandes et de les prendre à revers. Les *StuG.* du *SS-Oberscharführer* sont envoyés à leur encontre, ils les clouent, leur causant des pertes sensibles, et mettent en déroute ceux qui n'ont pas été tués.

Du 25 décembre 1943 au 18 janvier 1944, la *SS-StuG.-Abt. 1 LSSAH* a pu revendiquer la destruction de quarante chars russes. Au **29 janvier**, 29 canons d'assaut sont prêts à l'emploi, et trois autres se trouvent en atelier de réparation.

Un *SS-Untersturmführer* observe un *Pionier* manipuler une mine placée au milieu de la chaussée, faisant peut-être partie d'un dispositif soviétique (ou des partisans...) destiné à entraver les déplacements allemands... Notons l'adjonction d'une plaque blindée de protection, pourvue d'un créneau, sur le toit du canon d'assaut. L'équipage scrute attentivement la scène depuis l'engin.

**À gauche** : Un *StuG. III Ausf. F* garé à l'abri du soleil. On notera le couvre-bouche du canon. Le *SS-Unterscharführer* fumant à droite est décoré du *Panzerkampf-Abzeichen*. Les hommes portent aussi bien des brodequins accompagnés de guêtrons que des « *Knobelbecher* », surnom des bottes de marche du modèle général.

**À droite** : Certainement prise en Allemagne, photographie d'un *SS-Hauptscharführer* bien décoré (notamment de l'*EK. 1*) avec l'un des membres de son équipage. Ce *Hscha.* porte un ceinturon de prise, selon toute vraisemblance un effet français modèle 1903/1914 en cuir marron, peut-être récupéré lors du *Blitzkrieg* du printemps 1940...

## Les canons d'assaut de la *LAH* sur Tcherkassy

Le **4 février 1944**, la *Leibstandarte* est rapidement déplacée pour venir en aide aux troupes encerclées dans le *Kessel* de Tcherkassy, sur la rive méridionale du lac de Krementchoug (à un endroit où le Dniepr est large de plusieurs kilomètres). La division est alors subordonnée au *III. Panzer-Korps* (et non plus au *XXXXVI. Pz-Kps*) et doit rejoindre la zone de Krasny. Les *Sturmgeschütze* disponibles (19 au soir du 3 février) font partie intégrante de ladite *Kampfgruppe « Heimann »*, comprenant aussi des *Panzer-Grenadiere* du *SS-Pz-Gren.-Rgt. 1*, et font route vers Daschukowka [Dachoukovka]. D'autres fantassins de la *LAH* et plusieurs chars lourds « Panther » du *Panzer-Regiment* de la division forment, eux aussi, un groupement tactique baptisé *Kampfgruppe « Kuhlmann »*. Ils doivent permettre aux troupes allemandes encerclées de s'extraire du *Kessel*, et d'échapper à l'anéantissement que les Soviétiques cherchent à accomplir à cet endroit.

Le **6 février**, la division a atteint sa base de regroupement, et la *Kampfgruppe « Heimann »* est alors formée avec les *Sturmgeschütze* déjà arrivés jusqu'à Nowaja Grebbja [Novaïa Grebia], plus une fraction du *SS-Panzergrenadier-Regiment 1 LAH*. Le groupement tactique de Heimann est alors envoyé à midi sur Tinowka [Tinovka]. Le même jour à 18 h, un autre groupement tactique, la *Kampfgruppe « Weidenhaupt »*[4], est formée avec les *Sturmgeschütze* arrivés un peu après et une autre fraction du *SS-Pz-Gren.-Rgt. 1* : ces forces allemandes avancent de Tinowka vers Wotylewka. À 21 h 30, un T-34 est détruit alors que la *Kampfgruppe « Weidenhaupt »* a atteint Kossjakowka. Ce jour-là, Otto Holst s'illustre encore, lorsque la *Kampfgruppe « Heimann »* vient à l'aide de la *16. Lw-Feld-Div.*. Holst détruit cinq T-34 ce jour-là, en les engageant dans le brouillard et à très courte distance. La division dispose encore de onze canons d'assaut le 7.

Le lendemain **8 février**, l'avancée des formations allemandes chargées de débloquer les encerclés de Tcherkassy a atteint ses limites. D'importantes unités soviétiques, dotées de blindés, interviennent pour essayer d'empêcher la poche de rester ouverte. Une contre-attaque liant *Panzer* et *Sturmgeschütze* permet de détruire encore quatre T-34 ce jour-là, ce qui porte le total de chars russes détruits par la division pour cette journée à 19. Au cours de cette journée, Holst se distingue une fois de plus, au cours d'un combat contre une dense infanterie soviétique... Charles Trang et Thomas Fischer rapportent : « *il est demandé à Holst d'économiser ses munitions au maximum.*

*Malgré cela, il va réussir à bloquer l'attaque des masses de fantassins en fonçant au milieu d'eux en tirant avec son canon et sa mitrailleuse de bord. Les soldats russes sont alors obligés de se plaquer au sol et Holst en écrase un grand nombre sous ses chenilles et engage les autres avec son pistolet-mitrailleur* ». Le même jour, l'*Ostuf.* Bröcker se distingue également, couvrant le flanc nord lors du dégagement du *Kessel* de Tcherkassy, avec quatre canons d'assaut et quelques dizaines de *Grenadiere*, sur la cote 201,7 (non loin de Wotylewka). Alors qu'il est pratiquement coupé des forces amies, face à l'attaque d'une trentaine de tanks soviétiques ! Il parvient à neutraliser onze T-34 avant de devoir se replier avec les *Grenadiere*, alors qu'il a épuisé toutes ses munitions et que son *StuG.* a été détruit. Il regagne ensuite Tatjanowka.

Retrouvons maintenant une autre personnalité importante des canons d'assaut de la LAH... quatre jours plus tard (le **12 février**), Fritz Henke évoque la cérémonie organisée par Theodor « Teddy » Wisch (futur commandant de la division) pour le féliciter de son *Ritterkreuz* :

« *Je reçois l'ordre de me rendre au quartier général de Teddy Wisch. J'y vais tel que je suis "fagoté", portant une barbe, la peau noircie de poudre et de graisse. Lui-même vient d'ajouter les feuilles de chêne à son* Ritterkreuz. *Il souhaite que se tienne une petite réception... Avant de m'inviter, il m'avait déjà félicité pour l'attribution de cette prestigieuse décoration, qui m'avait été accordée par le Führer en personne. J'arrive donc à son* Gefechtsstand, *et Wisch me convie à une table recouverte d'une nappe blanche et garnie de bouteilles de champagne. En fait, je ne me sens pas très à l'aise sur le moment, et avant tout pas à ma place. De plus, je porte mon uniforme croisé gris des équipages de canons d'assaut, mes mains sont sales, encore couvertes d'huile. Quand je repense à cette table opulente, avec tous ces officiers... Le* SS-Brigadeführer *Wisch, lui, me parle tout naturellement, malgré ma tenue plutôt "légère", pas trop assortie pour ce genre d'événement. Je n'en peux plus, ne désirant qu'une chose : partir, je prétexte même la remise de* Panzerfäuste *aux premières lignes. Notre* Kommandeur *me laisse alors m'en aller sans me retenir plus longtemps, en me félicitant encore une fois. Lorsque je rejoins mes camarades, je me sens soulagé d'être chez "les miens", malgré le froid qui sévit.* »

Dans les jours suivants, la bataille fait rage à la fois pour les forces de débloquement de Tcherkassy (dont la *Leibstandarte*, qui subit de très lourdes pertes) et pour les encerclés dont l'état ne fait qu'empirer d'heure en heure. Au soir du **16 février**, ces derniers reçoivent enfin l'ordre de rompre l'encerclement vers l'ouest...

Le **17 février**, la *Leibstandarte* recueille les premières troupes ayant brisé l'encerclement (principalement de la « Wiking »), ce qui est en partie effectué grâce à la *Kampfgruppe « Heimann »*, qui a pu s'emparer de Daschukowka (la veille) et d'Oktjabr. À l'issue de ces engagements, il ne reste que quatre *StuG.40* en état de combattre.

Le **19 février**, la *Kampfgruppe « Heimann »* (du nom du commandant de la *StuG.-Abt.* de la division) reçoit l'ordre d'attaquer depuis Oktjabr vers la poche de Tscherkassy afin de permettre à un maximum de troupes encerclées de sortir du *Kessel*. Néanmoins, peu après, un nouvel ordre vient bouleverser le précédent, en maintenant les *StuG.* sur leurs positions d'Oktjabr, et ce pour attendre que les encerclés parviennent jusqu'à eux ! Pour cela, ils doivent tenir ce village « contre vents et marées ». Les Russes s'y précipitent déjà avec une quinzaine de T-34, car, pour eux, il est vital d'anéantir les forces allemandes de la poche de Tcherkassy, vu qu'il s'y trouve des formations de qualité, comme la *5. SS-Panzer-Division « Wiking »*, ou encore les Belges francophones de la *SS-Sturmbrigade « Wallonien »*. Ce jour-là, Schälte se tient au nord d'Oktjabr, et l'infanterie et les chars soviétiques

Le *SS-Sturmbannführer* Heimann, commandant la *SS-StuG.-Abt. 1 LAH* depuis le début de juillet 1943, dirige également une *Kampfgruppe* lors des combats coûteux de la poche de Tcherkassy.

Un *SS-Oberscharführer* des canons d'assaut de la *Leibstandarte* (dont on distingue bien la bande de manche), semble examiner la linéarité d'une règle métallique.

Photo studio, hélas anonyme, d'un jeune *SS-Schütze* des canons d'assaut de la *Leibstandarte*. Le IIIe Reich puise de plus en plus dans la jeunesse... classes 1924, 1925, voire 1926 et 1927... Souvent, ces « *blutjungen Burschen* » n'ont plus le temps de recevoir une instruction suffisante.

l'encerclent... ce qui ne l'angoisse pas. Il couvre de ses tirs le repli des fantassins et permet à son groupement de décrocher. Sept T-34 sont abandonnés par « Ivan », flambants (nous retrouverons Schälte au sud de Caen, à la fin juillet). Sans aucune perte, la *Gruppe « Heimann »* peut rallier les positions allemandes. Malgré les nombreuses difficultés, la sortie des troupes encerclées – plus de 30 000 hommes y parviendront – est un succès pour le Reich.

Le **22 février**, c'est un autre groupement tactique, celui de Rudolf Sandig, qui dispose cette fois du soutien des canons d'assaut de la division : trois *StuG. III* de la batterie d'Otto Holst. Ceux-ci sont aussitôt lancés dans les combats. Les chars russes descendant de la cote 241,4 sont pris à partie par deux chars lourds « Panther » et les trois *Sturmgeschütze* d'Otto Holst. Les coups conjugués des 75 sont dévastateurs : douze T-34 sont terrassés. Quant à eux, les fantassins sont éliminés par leurs tirs et ceux des *Grenadiere*.

Le lendemain **23 février**, la grande valeur du commandant de la *SS-StuG.-Abt. 1 LSSAH*, le Westphalien Heinrich Heimann, est récompensée du *Ritterkreuz*. Du 10 novembre 1943 au 29 janvier 1944, Heimann a dirigé 19 attaques de son initiative personnelle. Du 5 juillet 1943 (début de l'opération « Zitadelle ») jusqu'au 31 janvier 1944, son groupe de batteries a laissé hors de combat 157 chars, 189 canons antichars de 76,2 mm et 71 canons antichars de 45 mm de l'Armée rouge. Son propre *Sturmgeschütz* de commandement totalise la destruction de neuf chars, 19 pièces antichars de 76,2 mm et onze de 45 mm. Les **24** et **25 février**, la division (ou ce qu'il en reste, dont trois *StuG. III* seulement...) se regroupe pour être envoyée vers une nouvelle zone d'intervention.

## Transfert de la division en Galicie Orientale

Au début de **mars 1944**, la *LAH* se déplace vers la ligne de front de Proskuroff-Tarnopol, jusqu'où la 5e armée de la Garde soviétique a pu progresser. Les combats qui vont s'y dérouler causent de nombreuses pertes à la *SS-Sturmgeschütz-Abteilung 1*, dont le premier objectif est une base de départ du côté de Basilija.

Le **6 mars**, à 5 h 40 un groupement tactique baptisé « Heimann » (la *KGr. « Heimann »*), qui est composé de trois *Sturmgeschütze* et de quarante hommes appartenant au *I./SS-Pz-Gren.-Rgt. 2* (ou *I./2*) de la *Leibstandarte*, avance sur Mal Sherebki : Il atteint la ville vers 8 h sur la rive sud de la rivière Sslutsch. Au cours de la prise des lieux, le chef de la *Kommandantur* de la Teofipol est libéré (il était prisonnier des Russes). À 8 h 45, les hommes du *I./2* progressent sur la rive nord de la Sslutsch jusqu'à Mecherinzy, afin de contrer une possible contre-attaque adverse. Deux *Sturmgeschütze* de la *Gruppe « Heimann »* se disposent sur une hauteur, la cote 313,1. À 9 h 30, les Russes prennent d'assaut une hauteur attenante, la cote 316,4, et cherchent à s'y fixer mais, dès 10 h 30, ils en sont chassés par les *Grenadiere* de la *LAH* avec l'aide des *Sturmgeschütze*. À 15 h, le *I./2* est attaqué par une très importante force soviétique. Toutefois, avec l'aide des trois *Sturmgeschütze* disponibles, la *Gruppe « Heimann »* peut retourner la situation et refouler l'adversaire sur ses positions. Trois quarts d'heure plus tard, le même groupement tactique est déplacé de Mal Sherebki vers les cotes 331,3 et 313,1, situées à l'est de Basilija. Des combats défensifs très éprouvants se succèdent durant une semaine, les Soviétiques ayant dans le collimateur la ville de Tarnopol. L'état-major de la division annonce le **11 mars** la livraison de quatorze nouveaux *Sturmgeschütze*, qui sont disponibles en ligne quelques jours plus tard.

Précisons que les succès et coups d'éclat maintes fois mentionnés dans cet ouvrage ne doivent pas faire perdre de vue au lecteur la situation globalement défavorable du IIIe Reich face aux forces armées de l'URSS qui, malgré de très lourdes pertes, enregistrent des gains de terrain conséquents en Ukraine tout au long de l'année 1943, et au début de 1944. Le **12 mars**, la division doit se replier urgemment vers le sud, qui a encore subi de lourdes pertes du 5 au 12 mars[5]. La semaine du **14** au **20 mars** est relativement tranquille.

Le **21 mars** à 5 h, les Russes entament une violente offensive appuyée par de l'artillerie, et ce tout le long du front tenu par la *Leibstandarte*. Une heure après cette préparation d'artillerie, une multitude de tanks monte à l'assaut. À 6 h, les Russes percent au sud de Nemirinzy, mais sont repoussés par une contre-attaque du *SS-Pz-Gren.-Rgt. 2*. À 9 h 7, les *Sturmgeschütze* de la LAH sont à Tarnoruda pour contenir un éventuel assaut adverse sur l'aile droite de la *7. Pz-Div*. Dans le secteur est annoncée une centaine de chars soviétiques... À 10 h, les « Soviets » attaquent avec deux bataillons de fusiliers près de Widawa [Vidava]. À 11 h 30, les Russes entrent en contact avec les quelques canons d'assaut dont dispose encore la division. La *LAH* aura tenu ses positions et sécurisé la rive orientale de la Zbrucz dans le secteur de Orzechowiec-Kanewka-Stawok. Grâce à l'action des *Sturmgeschütze*, les Russes sont repoussés vers le sud. Néanmoins, ils parviennent à percer les lignes allemandes de part et d'autre des positions tenues par la LSSAH (deux divisions d'infanteries allemandes, les *69.* et *349. Inf.-Div.*, sont taillées en pièces à cette occasion). De petits groupements de résistance sont organisés pour empêcher un encerclement, qui ne menace d'ailleurs pas que la division, mais l'ensemble de la *1. Panzerarmee*... Dans cette situation délicate, le peloton du *SS-Oberscharführer* Ferdinand Peterleitner est envoyé sur les flancs gauche et droite, pour soutenir par son feu l'action des *SS-Panzer-Grenadiere* face à un ennemi nettement supérieur en nombre, qui

Portrait d'un jeune *Sturmartillerist* dénommé Josef Huber (né le 14 juin 1924), n'ayant probablement pas encore connu l'épreuve du feu, dont l'insigne de performances sportives de la *Hitlerjugend* est agrafé sur son impeccable blouson croisé.

Ce *Sturmgeschütz 40* progresse dans une localité du nord de la France ou de Belgique, au printemps de 1944, lors de la remise en condition de la division après les combats de Galicie. On notera l'insigne de la division sur l'aile droite de l'engin, et le fait que ce dernier n'a pas été « zimmerité ».

Un jeune *SS-Sturmmann, Sturmartillerist* de la *LAH*, dont il porte la bande de manche et les passants de pattes d'épaule, fumant joyeusement sa pipe devant un véhicule des *Pioniere* de la division.

laisse à chaque fois des foules de cadavres sur le terrain. Ainsi au cours des combats pour Nazilerowka et Widewka, il détruit cinq canons antichars de 76,2 mm, plus un T-34. Peterleitner permet à la ligne de front de ne pas céder face aux nombreux assauts de l'Armée rouge. Le lendemain **22 mars** est également éprouvant pour la division ; le spectre d'un encerclement d'envergure ne disparaît pas... Pendant plusieurs jours, la *LSSAH* est comme pourchassée, talonnée par les Soviétiques, sans aucune possibilité de passer à une défensive solide, dans le cadre de la bataille d'« encerclement mouvant » de Kamenez-Podolsk (en allemand *Hubekessel*).

Le **26 mars**, à 3 h du matin, les Russes attaquent avec quatre T-34 et une importante force d'infanterie provenant de Josefowka, contre les positions des deux régiments d'infanterie portée de la LAH (du moins ce qu'il en reste, car ils ont été bien étrillés). L'attaquant soviétique, alignant là l'équivalent de deux bataillons, est repoussé, puis les blindés attaquent un kolkhoze à l'est de Tschemferowsky. Les *SS-Panzer-Grenadiere* s'accrochent, et les quatre T-34 sont détruits par les *Sturmgeschütze* à 4 h 15. Dans la journée, la division décroche alors de ses positions.

Trois jours plus tard, le **29 mars**, le peloton de l'*Oscha.* Peterleitner reçoit pour mission de défendre Andrejewka [Andreïevka]. Lorsque la nuit tombe, huit chars T-34 parviennent dans les faubourgs septentrionaux de la ville. Dans l'obscurité, il est plus que difficile de pointer un blindé. Aussi Peterleitner descend-il de son canon d'assaut et se fait guider par les *SS-Panzer-Grenadiere*, pour se rapprocher au maximum des chars ennemis... Là, il tire plusieurs cartouches-signal éclairantes, procurant pour quelques instants à ses canons d'assaut l'éclairage suffisant pour ajuster leurs tirs. Cette action permet aux *Sturmgeschütze* de détruire cinq des huit T-34, mettant en fuite les rescapés, sans que les engins de Peterleitner ne subissent la moindre perte. Pour ces actions téméraires et bien conduites, le *SS-Hauptsturmführer* Rettlinger le proposera plus tard pour le *Deutsches Kreuz in Gold*, qu'il ne recevra pas avant le 30 décembre 1944 (à cette période, la *Leibstandarte* se trouvera dans les Ardennes).

Mai 1944, remise en condition en Belgique : le *Funker* Heinz Tweer (à gauche) et l'*Uscha.* Karl Theissig (conducteur), de la 3e batterie, font partie de l'équipage du fameux commandant de cette dernière, Karl Rettlinger.

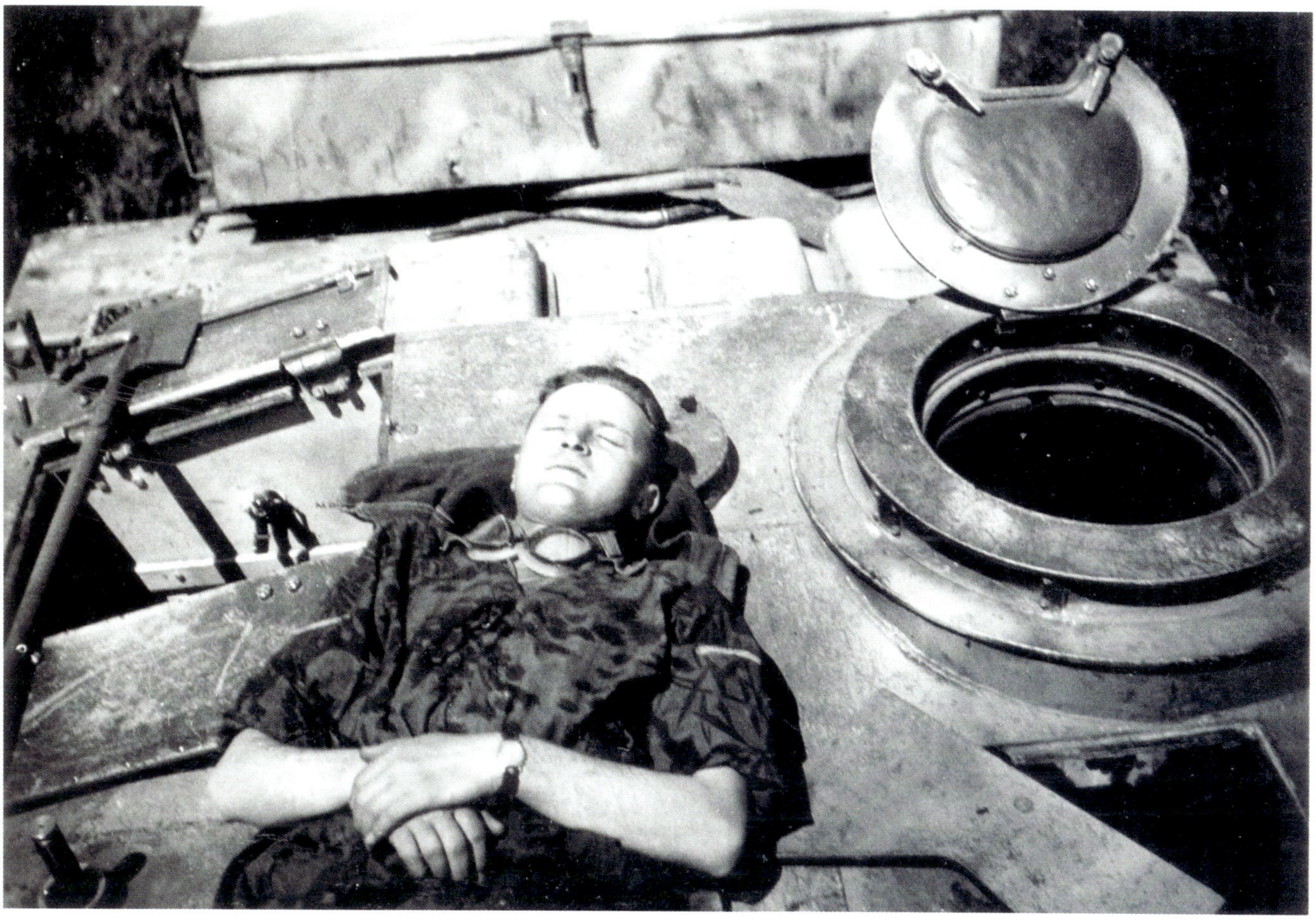

Ce membre d'équipage d'un *StuG. 40 Ausf. G* de la *LAH*, vêtu d'une blouse bariolée, se repose à l'extérieur de son engin et profite des rayons du soleil. Ce dernier est en ferroutage, monté sur un wagon. Les trappes du toit, dont celle — nettement visible — du tourelleau de chef de pièce, sont ouvertes. Cette photo très nette permet de bien apprécier les détails du toit d'un canon d'assaut allemand.

En cette fin mars et au début d'avril 1944, les restes de la division (à ce moment-là *Kampfgruppe « Frey »*) se replient avec la *1. Panzerarmee*, toujours talonnés de près par l'Armée rouge. Au soir du **2 avril**, la *SS-StuG.-Abt. 1* dispose encore de neuf canons d'assaut. Durant cette phase, quelques combats défensifs sont encore conduits en Galicie Orientale et, à la mi-avril, les survivants de la *Leibstandarte* sont retirés du front de l'Est pour gagner le nord-ouest de l'Europe, embarquant à Lemberg [Lvov ou Lviv en ukrainien]. La division éprouve un cruel besoin de matériel neuf et de recomplètement !

## Printemps 1944 Remise en condition dans les Flandres

À la fin d'avril 1944, la division arrive sur Bruxelles et, quelques jours après, la reconstitution de la grande unité peut commencer à plein régime. Un flot de nouvelles recrues arrive, toutes jeunes. Certaines unités sont fusionnées... Après quelques semaines seulement de travail intense, le **20 mai**, le nombre de *Sturmgeschütze* opérationnels s'élève de nouveau à 41 (alors que quelques-uns à peine avaient pu quitter l'*Ostfront* !), quatre engins supplémentaires sont encore en réparation et regagneront l'unité le **1<sup>er</sup> juin**. À cette date, l'effectif matériel est au complet (des *StuG.40 Ausf. G*, avec canon de 75 mm L/48, sont livrés durant le mois de mai, dont 44 sont opérationnels et un seul en réparation).

Au début de juin 1944, la *SS-Sturmgeschütz-Abteilung 1 « LSSAH »* s'organise ainsi :

Le commandement du groupe de batteries reste en les mains du *SS-Sturmbannführer* Heinrich Heimann, la 1re batterie est conduite par le *SS-Obersturmführer* Otto Holst, la 2e batterie par le *SS-Obersturmführer* Willi Wagner (né en août 1919, un ancien des *StuG.* de la « Wiking ») et la 3e par le *SS-Hauptsturmführer* Karl Rettlinger (d'après Rudolf Lehmann dans son ouvrage sur la *Leibstandarte*, il s'agirait de l'*Ostuf.* Bruno Bröcker). La batterie de commandement, elle, est commandée le *SS-Untersturmführer* Karl-Heinz Paulsen, remplacé ensuite par son homologue dénommé Ernst Schaschek.

---

1. C. Trang, T. Fischer, *Leibstandarte – Dictionnaire*, Heimdal, Bayeux, 2010 (page 147).
2. Voir R. Lehmann, *Die Leibstandarte volume 3*, Munin Verlag, Osnabrück, 1982 (page 436).
3. Voir R. Lehmann, *Die Leibstandarte volume 3*, Munin Verlag, Osnabrück, 1982 (page 443).
4. Du nom du *SS-Sturmbannführer* Wilhelm Weidenhaupt, commandant le IIIe bataillon du *SS-Pz-Gren.-Rgt. 1*.
5. Voir Charles Trang, *Dictionnaire de la Waffen-SS*, Heimdal, Bayeux, 2011 (page 38).

juin 1944 août

# SIE KOMMEN ! LA BATAILLE DE NORMANDIE

Lorsque les alliés occidentaux débarquent le Jour-J, la *Leibstandarte* est déplacée... au sein de la Belgique, vers le sud de l'Escaut, dans la zone d'Ursel-Oostburg-Biervliet. L'effectif ne sera au complet embarqué pour la Normandie qu'à partir du **17 juin**, restant à proximité du Pas-de-Calais et des grandes plages de sable de Belgique dans l'hypothèse, défendue à tort par de nombreux officiers généraux allemands, d'un autre débarquement beaucoup plus important dans cette zone. Alors que les combats font rage dans la Manche et le Calvados, les soldats de la division se plaignent souvent de devoir rester plantés inutilement dans les Flandres[1], quand enfin l'ordre de mouvement est donné onze jours après le Jour-J ! La *Leibstandarte* n'intervient dans les combats qu'à partir du **6 juillet 1944**, au sud-ouest de Caen[2].

Le **7 juillet**, après un parcours jusqu'au front marqué par de multiples attaques de *Jabos* à travers la Belgique et le nord de la France, 31 *StuG.* sont opérationnels et six autres en réparation. Rapidement, une fois arrivée dans la Plaine de Caen, la division connaît également les tirs de l'artillerie de campagne et ceux – de très gros calibres – de la marine alliée.

Pour avoir une idée du calvaire que connaissent les hommes de la LSSAH pour arriver jusque dans la zone de Caen, citons ici les mots très éloquents non pas d'un *Sturmartillerist*, mais du *SS-Unterscharführer* Hans-Joachim Busch, membre du 4e groupe d'artillerie lourde de la division : « *Nos trajets s'accomplissent de nuit*

Quelque part en France, un *StuG. 40 Ausf. G* de la *LAH* et un *Schwimmwagen* du groupe de batteries. Notez qu'il porte les « *Schürzen* » de protection latérale, ainsi que le bouclier du canon « en forme de groin ».

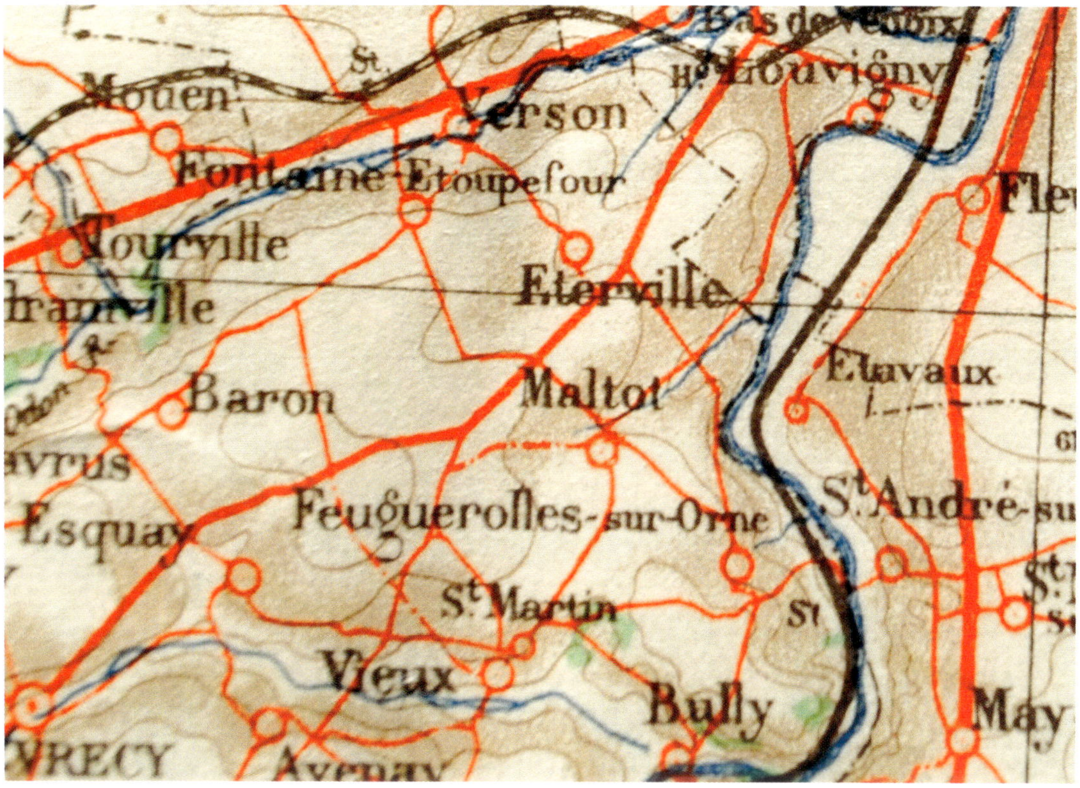


La zone d'intervention des canons d'assaut de la *LSSAH* au sud-ouest de Caen, entre le 10 et le 15 juillet, sur une carte routière allemande conçue en 1936. (Collection P. Cherrier)

*sur route, par étapes de 80 à 100 kilomètres. Plusieurs nuits complètes sont passées sur des routes départementales, or de tels trajets s'accompagnent d'immenses difficultés : obscurité totale avec extinction de l'éclairage des véhicules et, parfois aussi, des intempéries comme les averses ou les orages... Ce transfert vers l'*Invasionfront *est davantage un tâtonnement qu'une véritable progression. Souvent, l'on ne parvient plus à discerner visuellement la chaussée, et encore moins le véhicule qui nous précède, vu qu'il y a une absence absolue de lumière. Donc, un simple coup d'œil vers le ciel nocturne, entre les arbres bordant la chaussée, jalonne tant bien que mal notre itinéraire [...] »* [Voir Thomas Fischer, *Gustav Mertsch et l'artillerie de la Leibstandarte SS « Adolf Hitler »*, Heimdal, 2016, page 73].

## Les combats dans la Plaine de Caen

Les **10** et **11 juillet**, tandis que les quartiers de Caen se trouvant au nord de l'Orne sont tombés entre les mains des Britanniques et des Canadiens, la 3e batterie rejoint la division, et plus précisément le *SS-Pz-Gren.-Rgt. 1* qui s'est établi dans le secteur de Louvigny. Pendant ce temps, la 1re batterie (*Ostuf.* Holst) se bat déjà à Maltot – village situé à trois kilomètres seulement à l'est de la cote 112, dont le secteur boisé du château offre un panorama dégagé vers le nord et l'ouest de Caen –, en remportant plusieurs combats et en détruisant quelques chars britanniques. Ensuite, eux aussi rejoignent Louvigny. À ce moment-là, l'effectif est encore pratiquement au complet, avec 42 *StuG.* en état de combattre et deux en réparation. La 3e batterie du groupe de canons d'assaut appuie alors le *SS-Pz-Gren.-Rgt. 1*[3].

Aux premières heures du **11 juillet**, les *SS-Panzer-Grenadiere* du *II./1* passent à l'attaque avec l'appui des *Sturmgeschütze* d'Otto Holst, ainsi que le *SS-Pz-Gren.-Rgt. 20* de la *« Hohenstaufen »* depuis Maltot en direction d'Eterville. Malgré une résistance opiniâtre des « Tommies », le village est pris à 10 h. Le même jour, la *43rd Brit. Infantry-Division* a pu prendre le versant nord de la cote 112... La 1re batterie combat une masse de blindés anglais sans parvenir à en détruire un seul (certains sont néanmoins endommagés), mais en perdant le *StuG.* du *SS-Hauptscharführer* Nieder, qui est tué. La 3e batterie (*Hstuf.* Rettlinger) participe elle-aussi à la contre-attaque sur Eterville.

Le **12 juillet**, c'est la 2e batterie (Wagner) qui, elle aussi, est violemment engagée sur Maltot. Depuis ce village, une partie de la *Leibstandarte* doit s'accrocher jusqu'aux **15-16** juillet face à la pression britannique venant de l'ouest et du nord. Le 12 également, la 1re batterie contribue à repousser les attaques canadiennes contre Louvigny. De son côté, le petit village d'Eterville change plusieurs fois de main. Le **16 juillet**, la division est placée légèrement en réserve, relevée dans la bordure sud de Caen par la *272. Inf.-Div.* du *Heer*. Le **17 juillet**, la *1.Bttr./SS-StuG.-Abt. 1* (*Ostuf.* Holst) compte neuf canons d'assaut en état de fonctionnement, deux en réparation de courte durée (moins de trois jours) et trois

Seul cliché connu du *SS-Unterscharführer* Otto Schälte, chef de peloton (*Zugführer*) au sein de la 3e batterie de la *SS-StuG.-Abt. 1 LAH*. Il participe intensément aux terribles combats défensifs de la fin juillet au sud de Caen.

Quelques maisons épargnées par les combats dans le bourg de Bras. Le 18 juillet, les *StuG.* de la *LAH* nettoient ce village, en détruisant plusieurs chars britanniques... (P. Cherrier)

autres en réparation longue, pour un effectif de 94 hommes, dont quatre « Hiwis »[4].

Le répit n'est pas très long, car dès le **18 juillet**, la *Leibstandarte* intervient à fond face à l'opération britannique « *Goodwood* »... À 15 h, la *SS-StuG.-Abt. 1 LAH* reçoit l'ordre, avec ses 1re et 2e batteries, de se regrouper sur Bras et Ifs. De là, elle doit ensuite entrer en contact avec les blindés du *SS-Pz-Rgt. 1 LAH* à Hubert-Folie et, avec eux, attaquer en direction de la voie ferrée Caen-Paris (qui, comme celle reliant Caen à Troarn, a été atteinte et même dépassée par les tanks britanniques). Le commandement des canons d'assaut, assuré par le *Hstuf.* Heimann, ainsi que ses deux chefs de batterie, reconnaissent le terrain en roulant dans un *VW-Kübelwagen*. Les *StuG.* doivent d'abord être conduits vers Troteval, un hameau situé juste à l'ouest de la N 158, à deux kilomètres au sud-ouest de Hubert-Folie. Au croisement 67, à l'ouest d'Ifs, ils rencontrent le commandant de leur division, le *SS-Brigadeführer* Wisch. Celui-ci leur fait part de sa propre reconnaissance sur la zone de Bras. Peu après, ils repèrent des tanks adverses aux abords septentrionaux de Bras : quinze à vingt blindés environ... (appartenant manifestement à la *29th Armoured Brigade*). Heimann décide d'attaquer Bras avec son état-major et la 2e batterie par l'est, pendant que la 1re batterie passera par le nord pour prendre la petite localité en tenaille. Le plan est clair, l'opération se fait « plein gaz », les *StuG.* n'ouvrent le feu que sur l'ordre de Heimann. Deux blindés anglais sont tout de suite atteints et flambent, d'autres sont touchés. Manifestement, une certaine panique se propage dans les rangs des « Tommies », qui cherchent leur salut dans la fuite. Ce faisant, ils tombent sur d'autres canons d'assaut de la 2e batterie qui, eux aussi, entrent en scène « en embuscade » et ajoutent à l'angoisse

Vue depuis les abords sud-ouest de Bras en direction de Hubert-Folie et de Bourguébus. Le 19 juillet, la *2.Bttr./SS-StuG.-Abt. 1 LAH* et les fantassins des *II.* et *III./1* s'opposent farouchement aux tanks de la *11th Armoured Division* dans cette zone au paysage d'openfield. (P. Cherrier)

côté anglais. Aucune perte dans les rangs de la *SS-Sturmgeschütz-Abteilung 1* n'est à déplorer, seul le chef de la 1re batterie Otto Holst a été blessé à la tête à Boulon[5], mais il reste avec ses hommes tant que l'opération n'a pas été totalement terminée (cette batterie a détruit cinq chars Sherman). Concernant l'action de l'*Ostuf.* Holst ce jour-là, Charles Trang et Thomas Fischer relèvent : « *la SS-StuG.-Abt. 1, qui est subordonnée à la* Kampfgruppe "Kuhlmann", *reçoit l'ordre de gagner Ifs pour attaquer sur Bras puis poursuivre vers l'est sur Soliers et ensuite, avec le soutien d'une compagnie de* Panther, *obliquer vers le nord pour s'emparer de Grentheville. Placée sur le flanc gauche, la batterie de Holst tombe sur 58 chars britanniques. Malgré son infériorité numérique, Holst décide de les attaquer. En quelques minutes, dix tanks sont détruits tandis que la panique gagne les équipages adverses. Ceci ôte la menace qui pesait sur le flanc de l'*Abteilung. *Au cours de la journée, la batterie – qui n'a perdu aucun de ses canons d'assaut – revendique la destruction de cinq chars supplémentaires* »[6]. Suite à sa blessure, Otto Holst doit quitter le front de Normandie. Vers 23 h, les *SS-Panzergrenadiere* du *III./1* arrivent sur place et s'établissent dans la localité de Bras et ses abords, en contact avec les canons d'assaut de la division (réoccupant des positions abandonnées par d'autres unités). Ce 18 juillet, la *Leibstandarte* a largement contribué au succès défensif allemand, en permettant de tenir la fameuse crête de Bourguébus.

Un panneau en fonte de la Belle Époque, lui aussi intact. On note que Fleury-sur-Orne s'appelle encore « Allemagne », (actuellement Fleury-sur-Orne) autrement dit l'objet a été fondu avant 1917 et le changement de nom du village. (P. Cherrier)

Le lendemain **19 juillet 1944**, la *12. SS-Panzer-Division « Hitlerjugend »* vient se positionner sur la droite de la LAH, et le point de jonction entre les deux grandes unités est situé à l'avant au niveau l'église de Frénouville, tout près de laquelle passe la voie ferrée Caen-Paris. À 13 h, les « Hitlerjugend » avertissent la LAH d'un puissant tir d'artillerie allié, ainsi que de la progression de blindés adverses à l'ouest de Cagny, et également au sud-ouest et à l'ouest de Grentheville, là où la veille la *11 th Armoured Division* a subi tant de pertes, autour la voie ferrée reliant Colombelles aux mines de Soumont. Les tanks britanniques franchissent également cette voie ferrée à l'ouest de Soliers, c'est-à-dire tout droit vers les positions de la *Leibstandarte*...

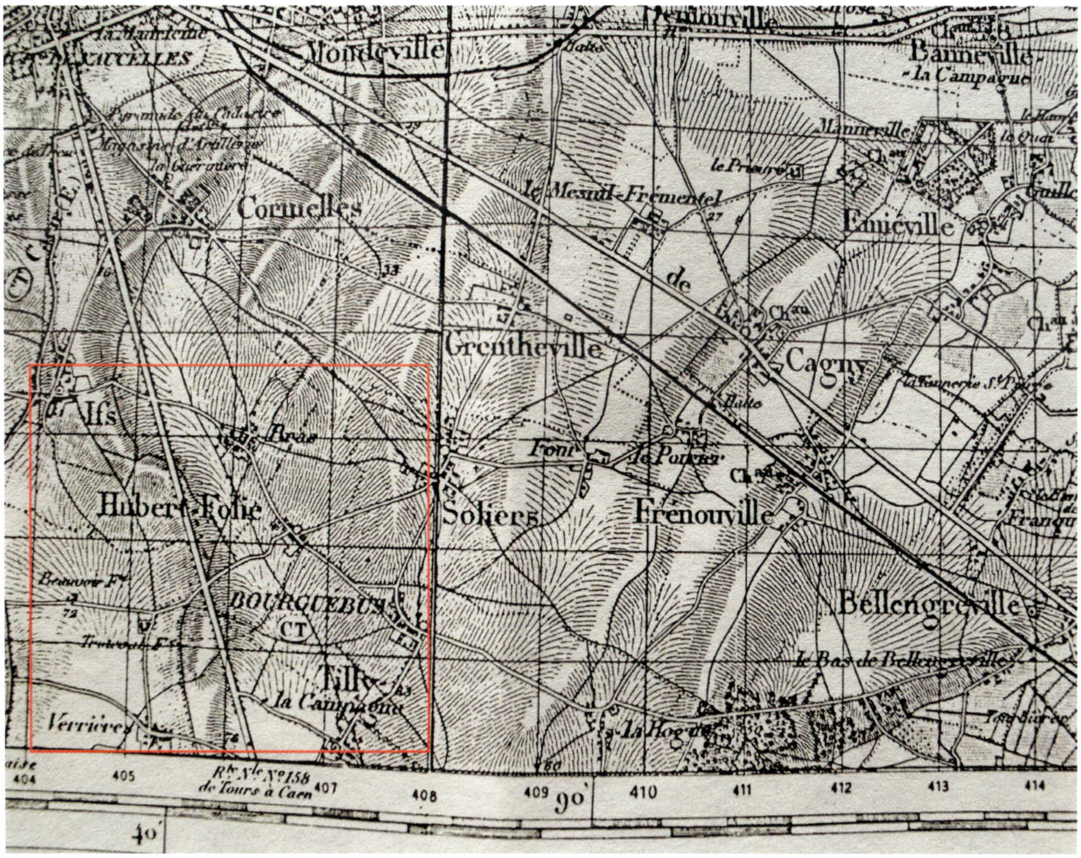


Sur une carte allemande utilisant le type Lambert de 1912, les différents villages (dans l'encadré) où interviennent les *StuG.* de Heimann entre le 18 juillet et le 1er août.

Un vestige du vieux Hubert-Folie : une entrée du parc du manoir, telle qu'ont pu la voir les hommes du *Stubaf.* Heimann les 18 et 19 juillet 1944. (P. Cherrier)

Dans cette situation, les *StuG.* sont en grande partie évacués de Bras et envoyés en direction de Hubert-Folie, à quelques centaines de mètres à l'est de la N.158 (route Caen-Falaise). Deux engins restent néanmoins à Bras. L'ensemble des *StuG.* combat maintenant à l'est de ce village, ainsi qu'entre Hubert-Folie et Soliers. Vers 16 h, la *11th Armoured Division* attaque Bras et Hubert-Folie, après un énorme barrage d'artillerie (ce à quoi les unités allemandes engagées dans cette zone commencent à être accoutumées !). Cette attaque est appuyée plus à l'est par la *Guards Armoured Division* qui, elle, s'en prend au hameau Le Poirier. La *7th Armoured Division* se concentre quant à elle sur Soliers, avec pour but de prendre par la suite le petit village de Bourguébus. En d'autres termes, en ce 2e jour de l'opération « *Goodwood* », la *Leibstandarte* se retrouve avec en face d'elle des dizaines de chars de trois divisions blindées britanniques ! La première attaque de la *11th Armoured Division* est contrée de justesse par le *II./1*, appuyé par les *Sturmgeschütze*. Les Anglais ouvrent le feu depuis une certaine distance, avec prudence, enregistrant quelques succès puisque de gros nuages de fumée s'élèvent dans les lignes allemandes. En effet, sur Bras, le *StuG.* du *SS-Oberscharführer* Borchart vient d'être touché, et l'équipage a été tué. Le deuxième engin doit rompre le combat, laissant les *SS-Panzer-Grenadiere* sans soutien sur Bras. Les blindés anglais attaquant Hubert-Folie sont obligés de bifurquer au nord vers Bras, parce que la résistance allemande est trop forte. Après avoir enfin mis la main sur cette dernière localité, les « Tommies » tentent à nouveau de prendre Hubert-Folie, sans succès. Ce sont les *StuG.* de la 2e batterie (*Ostuf.* Wagner) qui les ont repoussés. Karl Rettlinger raconte :

« *Comme nous le savons, les "Tommies" attaquent lorsque les rayons du soleil commencent à décliner. Mon* StuG. *a reçu un coup direct sur le blindage avant du canon, ce qui l'empêche maintenant de fonctionner correctement. Je passe sur un autre* Sturmgeschütz *afin de poursuivre la bataille. Lorsque la nuit commence à tomber peu à peu, nous nous replions sur Verrières, où je peux dresser un bilan de l'attaque anglaise : Il me reste trois* StuG. *en état de combattre, deux sont complètement perdus et le reste est plus ou moins endommagé. Le* SS-Obersturmführer *Otto Holst a été évacué, blessé* »[7]. Finalement, par précaution, les Allemands se replient aussi hors de Hubert-Folie, en ayant perdu deux canons d'assaut supplémentaires, plus d'autres endommagés.

Le **20 juillet**, c'est le *SS-Untersturmführer* Adolf Plesch, *Ordonanz-Offizier* du groupe de canons d'assaut, qui est tué en combattant près de Garcelles-Secqueville, à deux kilomètres au sud de Bourguébus, trois semaines avant son 26e anniversaire.

Les abords orientaux de Bras, là où s'établissent les *SS-Panzer-Grenadiere* de la *Leibstandarte* pour prêter main-forte aux *Sturmartilleristen* dans la défense du village, au soir du 18 juillet. Depuis cet endroit, la vue est dégagée sur des kilomètres en direction de Cagny, Bellengreville... et des premières collines de Pays d'Auge. A l'époque, une voie ferrée reliant Colombelles aux mines de Potigny passe à quelques centaines de mètres à l'est de cet endroit, là où l'on aperçoit la haie la plus proche. (P. Cherrier)

L'église de Hubert-Folie, qui n'a pas été rasée lors de « Goodwood », contrairement à celle de Vimont, par exemple. (P. Cherrier)

Ce même jour, en tout début d'après-midi, les Canadiens inondent le terrain de leurs obus d'artillerie ; dans la zone où sont retranchées la *9.Kp./SS-Pz-Gren.-Rgt. 2* et les *1.* et *2. Schw./SS-Aufkl.-Abt. 1* près de Troteval. À ce moment-là, le commandant du *SS-Pz-Gren.-Rgt. 1* (*SS-Obersturmbannführer* Albert Frey) est en discussion avec le commandant de la *SS-StuG.-Abt. 1* : il est prévu qu'il vienne de Garcelles afin de renforcer, avec ses moyens devenus bien faibles, presque dérisoires, les positions d'infanterie des uns et des autres. C'est alors que Frey, figure populaire et ancienne de la division, est blessé par des éclats d'obus canadiens, et doit être évacué. C'est le *SS-Obersturmbannführer* Hans-Joachim Schiller qui le remplace à la tête de ce régiment d'infanterie portée.

Les **24** et **25 juillet**, quelques StuG. de la *Leibstandarte* combattent près de Tilly-la-Campagne, à un kilomètre au sud de Bourguébus, en soutien du *SS-Pz-Rgt. 9*, régiment de chars de la « Hohenstaufen ». Avec eux, ils détruisent plusieurs tanks Cromwell. En fin de journée du **24**, la *SS-StuG.-Abt. 1* est disposée comme suit : la 1re batterie entre la RN 158 et Verrières, la 2e batterie entre Tilly-la-Campagne et la RN 158, et la 3e au nord de Rocquancourt, verrouillant ainsi l'axe Caen-Falaise. Le **25**, les alliés lancent l'opération « *Spring* », durant laquelle les « Tommies » canadiens connaissent un véritable bain de sang sur Verrières et sa crête...

Inexorablement, le repli s'opère lentement vers le sud et Falaise, tout en causant un maximum de pertes à l'adversaire durant les engagements (notons que les Britanniques et les Canadiens relâchent pour quelque temps leur pression dans cette zone, à partir du **27 juillet**). Pour les combats du **28 juillet**, Charles Trang écrit notamment concernant l'action de la 3e batterie du *SS-Obersturmführer* Bröcker (né en mai 1921), au sud de Verrières : « *Le canon d'assaut du* SS-Oscha. *Schaelte* [Schälte] *se trouve en avant du reste de sa batterie* [la 3e], *jouant à la fois un rôle de vigie et d'ancrage de la défense, tactique mise au point en Russie. Bien qu'exposé aux tirs de l'artillerie et aux chasseurs-bombardiers adverses, Schaelte tient bon et donne assez de temps à ses camarades pour lancer une contre-attaque au cours de laquelle 15 chars canadiens sont détruits* ». Ainsi, grâce à cette défense opiniâtre, le village reste aux mains des Allemands.

Le groupe de batteries, déjà bien étrillé, déplore la perte du *SS-Untersturmführer* Josef « Sepp » Bürckel, tué au combat le **1er août 1944** à l'âge de 24 ans. Les combats continuent de faire rage sur Tilly-la-Campagne, où la 2e batterie reste en ligne. Malgré le peu de ravitaillement, l'unité peut compter à ce moment-là sur 23 *Sturmgeschütze*, une force qui n'est pas

Superbe portrait du *SS-Unterscharführer* Fritz Volland de la 3e batterie de la *Sturmartillerie* de la *LAH*. On notera le ruban d'*EK. 2*, les passants de pattes d'épaule où sont cousues les initiales gothiques entrelacées « LAH ».

négligeable. Cela est dû aux efforts constants des échelons de dépannage et de réparation qui, œuvrant jour et nuit, font des miracles pour remettre en état des engins endommagés. Tous savent que de nouveaux canons d'assaut ne sont pas prêts d'arriver, aussi redoublent-ils d'efforts et de labeur sans gloire (dans l'ombre, des combattants souvent oubliés), mais qui est essentiel pour qu'une formation mécanisée ou blindée reste opérationnelle.

## Engagements, de Mortain aux rives de la Seine

Au début d'août 1944, la *Leibstandarte* est retirée de la zone Caen-Falaise pour combattre maintenant les forces américaines, dans le bocage très vallonné du secteur de Mortain. Les canons d'assaut participent à cette opération « Lüttich » le 7 **août**, dans le cadre de la *Kampfgruppe « Schiller »* du côté de Maisoncelles, quoique sans réussite notable. La division est rattachée au *LVIII. Panzer-Korps* sur Domfront. Puis, c'est la retraite à travers le département de l'Orne, jusqu'au couloir de la mort…

Dix jours plus tard, le **16 août**, les *Sturmgeschütze* sont disposés en verrou sur Rânes, entre la Ferté-Macé et Argentan. Poignant, le *SS-Kanonier* Ernst Jung se souvient :

« *Le* **15 août**, *nous nous trouvons encerclés dans un petit* Kessel, *à l'est de La Ferté-Macé*[8]. *La situation est critique pour nous. L'ennemi est virulent, il nous bombarde sans cesse avec une artillerie abondamment pourvue en munitions, contrairement à la nôtre. Le médecin de l'unité avait été sévèrement blessé. Le soir du 15 [août], nous parvenons à rompre cet encerclement avec nos* Sturmgeschütze, *grâce aux couverts d'une jeune forêt, mais dont les troncs nous projetaient de nombreux éclats de bois, étant donné les tirs de l'artillerie alliée. Chaque canon d'assaut est à ce moment-là recouvert d'un grand nombre de soldats voulant échapper au chaudron et à la captivité, ces éclats d'obus et de bois doivent vraiment leur causer une sacrée frayeur… Les routes sont pratiquement inutilisables, remplies de matériels en panne ou détruites par les incessants va-et-vient des "Jabos", véritables frelons avides de proies faciles. Par ailleurs, la plupart des routes sont aux mains de l'ennemi. Ainsi atteignons-nous les alentours de Rânes au matin du* **16 août**. *C'est un mercredi, un jour inoubliable pour moi. Le temps est formidablement beau, l'été est à son zénith. Notre* Abteilung *a reçu pour mission de surveiller la route menant à Rânes, pour riposter à d'éventuelles attaques qui viendraient de ses flancs. Notre* Gefechtsstand *se trouve le long de la D 909, au nord-ouest du village de Rânes.*

Ici, les « *Schürzen* » de ce *StuG. 40* sont bien visibles, n'ayant pas subi de dégâts, et présentent une couche de peinture assez diluée. Le barbotin, du type retrouvé sur les *Ausführungen B* à *G*, est bien visible, de même que les galets de roulement garnis de bandages de caoutchouc. Néanmoins, aucune pâte antimagnétique « *Zimmerit* » n'a été appliquée, et le bouclier du canon n'est pas encore du type « en forme de groin ». Ce cliché, hélas, n'est pas daté.

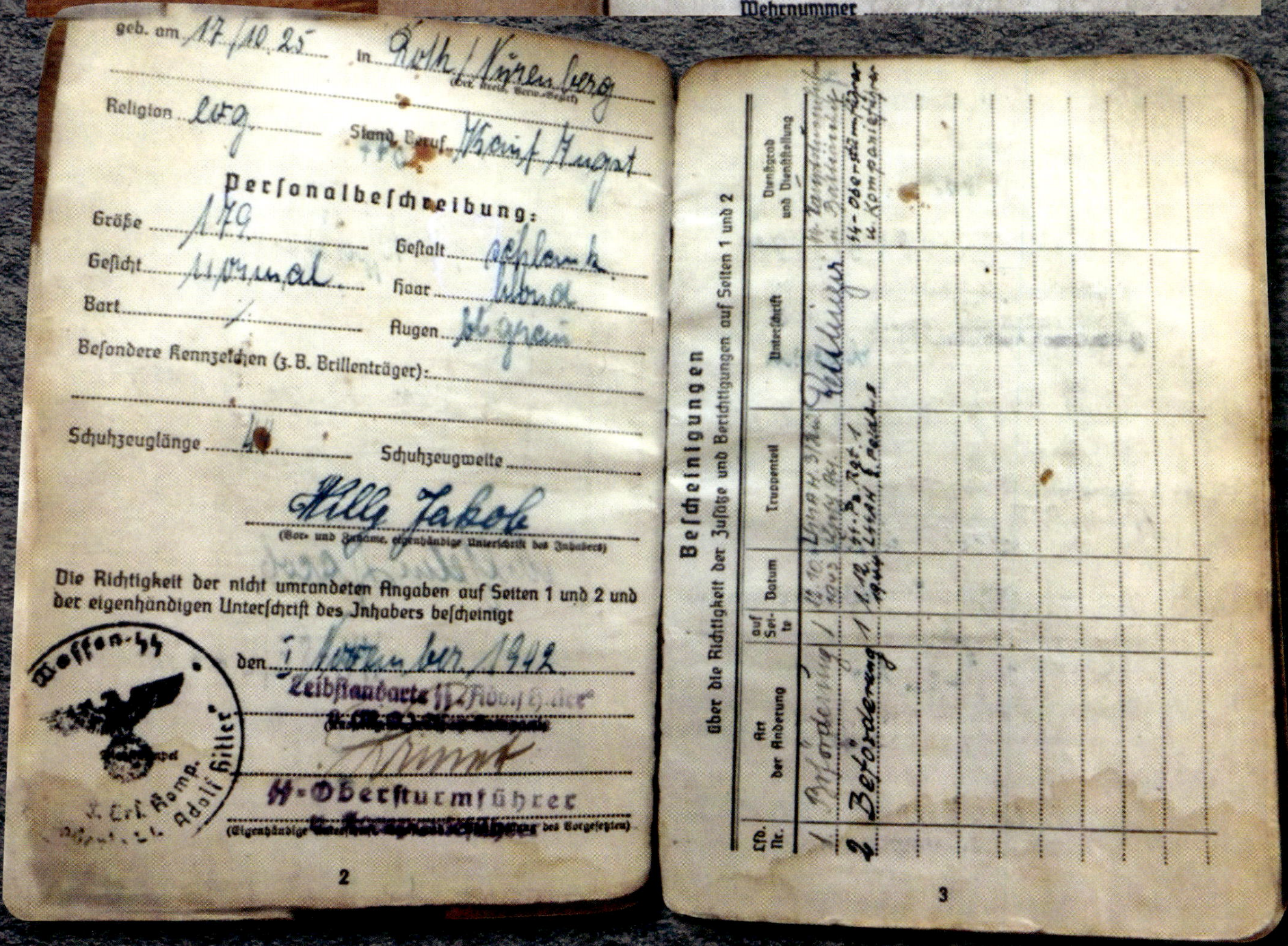


Ci-dessus et double-page suivante : *SS-Soldbuch* du *SS-Sturmmann* Wilhelm « Willi » Jacob, classe 1925 et originaire de Nuremberg, qui a d'abord été *Sturmartillerist* dans la 3e batterie de Karl Rettlinger (ce dernier y a apposé sa signature le 12 octobre 1943, à la page 3), avant de rejoindre le régiment de chars de la *LAH* en décembre 1944, cette fois avec le grade de *SS-Rottenführer*.

A. Zuletzt zuständige Wehrersatzdienststelle: Nürnberg [illegible]

B. Zum Feldheer abgesandt von:[1])

| | Ersatztruppenteil | Kompanie | Nr. der Truppenstammrolle |
|---|---|---|---|
| a | ~~[illegible]~~ | ~~[illegible]~~ | ~~[illegible]~~ |
| b | ~~Leibstandarte SS Adolf Hitler~~ | | |
| c | ~~Genesendenkompanie [illegible]~~ | | ~~3092~~ |
| | ~~SS [illegible] Ausb. u. Ers. [illegible]~~ | | ~~1730~~ |

C.

| | Feldtruppenteil[2]) | Kompanie | Nr. der Kriegsstammrolle |
|---|---|---|---|
| a | ~~[illegible]~~ | ~~[illegible]~~ | ~~284~~ |
| b | ~~[illegible]~~ | 3 | [illegible] |
| c | ~~[illegible]~~ | 3 | ~~537~~ |
| | ~~[illegible] Pz. Rgt. „LAH" Feld A. u. E.~~ | | |

D.

| Jetzt zuständiger Ersatztruppenteil[2]) | Standort |
|---|---|
| ~~[illegible]~~ | ~~Berlin-Lichterfelde~~ |
| ~~[illegible]~~ | ~~[illegible]~~ |
| ~~[illegible]~~ | ~~[illegible]~~ |
| ~~[illegible]~~ | ~~[illegible]~~ |

(Meldung dortselbst nach Rückkehr vom Feldheer oder Lazarett, zuständig für Er[...]
an Bekleidung und Ausrüstung)

[1]) Vom Ersatztruppenteil einzutragen, von dem der Soldbuchinhaber zum Feldhe[...] abgesandt wird.

[2]) Vom Feldtruppenteil einzutragen und bei Versetzungen von einem zum ander[...] Feldtruppenteil derart abzuändern, daß [...] Angaben nur durchstrichen werde[...] also leserlich bleiben.

[...] für Eintragungen auf Seite 1[...]

## Anschriften der nächsten lebenden Angehörigen

es Wilhelm Friedrich Jacob
(Vor- und Zuname)

. Ehefrau: Vor- und Mädchenname

(ggf. Vermerk „ledig")

Wohnort (Kreis)

Straße, Haus-Nr.

. Eltern: des Vaters, Vor- und Zuname
Fritz Jakob
Stand oder Gewerbe Versicherungs-Vertreter
der Mutter, Vor- u. Mädchenname Elise Kleinlein

13a

Wohnort (Kreis) Roth / Nürnberg
Straße, Haus-Nr. Nürnbergerst. 10

. Verwandte oder Braut:*)

Vor- und Zuname

Stand oder Gewerbe

Wohnort (Kreis)

Straße, Haus-Nr.

*) Ausfüllung nur, wenn weder 1. noch 2. ausgefüllt sind.

En Normandie, à l'été 1944, l'atelier de réparations s'est installé auprès de la végétation d'arbustes, procurant un certain couvert. Le camion, lui aussi, a été sommairement camouflé.

*J'y reçois l'ordre d'établir le contact avec nos trois* Sturmgeschütze[9], *qui se trouvent positionnés sur la D 916 en couverture. Les moyens de communication étant détruits ou hors d'usage, je sers donc d'agent de transmissions, si je puis dire. Sur une carte, le* Hauptsturmführer *Rettlinger m'indique où se trouvent les un et les autres, ceci afin de me donner une idée du champ de bataille et de la disposition des unités.*

*À pied, armé de ma MP. 40, je me dirige tout d'abord vers la D 909 en direction de Rânes. À ce stade-là, je n'entends que divers bruits de tirs d'artillerie, de mortiers ou de mitrailleuses provenant de toutes les directions. Au bout de deux kilomètres, c'est cette fois moi qui reçois les tirs d'un F.-M. ou d'une mitrailleuse, provenant de l'arrière, sur la gauche. Je me jette aussitôt dans un fossé et, là, silence complet. Je m'aperçois que ce n'est certainement pas de ce côté-ci que doivent se trouver nos* Sturmgeschütze. *En chemin, je rencontre un groupe de nos soldats transportant l'un des leurs, blessé. Ils m'indiquent que la route principale est coupée par des blindés américains. Avec cette information, je retourne au* Gefechtsstand *pour prévenir mon commandant de batterie* [Rettlinger]. *Les moyens de transmissions étant toujours inexistants, il me demande de repartir en prenant, cette fois, un autre chemin plus au nord et ensuite, en obliquant vers l'est pour rejoindre la D 916. Ce chemin me mène à travers le bois de Rânes* [au nord du village]. *Je continue ma route, et rencontre une reconnaissance appartenant à l'état-major du régiment*[10]. *C'est un groupe de sept gars, et je me joins à eux. Au bout d'une demi-heure, nous arrivons auprès d'une métairie, me semble-t-il. Nous ne devons pas être loin de la D 916... Ces camarades me disent que ce sont des troupes polonaises qui ratissent ce secteur, et qu'elles ne font pas de prisonniers, d'autant plus s'ils sont des Waffen-SS. Le chef de la reconnaissance me dit avoir rempli sa mission et que, maintenant, il doit faire demi-tour avec ses hommes, pour faire un rapport de leurs observations. Comme c'est déjà la deuxième fois que je tente de trouver nos canons d'assaut, je ne veux pas revenir bredouille cette fois-ci, et je continue ma quête, mais cette fois tout seul. J'atteins très rapidement la D 916. Là, il règne un grand silence... ! Uniquement quelques tirs au loin se font entendre. Je grimpe dans un arbre de l'un des bosquets, afin de regarder au loin : rien de particulier ne se présente à mes yeux. Aussi je poursuis ma route dans le fossé, en direction de Rânes. Je n'ai pas parcouru 700 à 800 mètres que, tout à coup, j'entends derrière moi un bruit*

La zone du *Kessel* de Falaise, d'où les canons d'assaut de la *Leibstandarte* tentent de s'échapper les 19 et 20 août. Chambois et Trun sont bien visibles.

*de moteur. Ami ou ennemi ? Lorsque l'engin se rapproche, j'identifie sans l'ombre d'un doute une jeep, mais avec quelqu'un assis sur le capot, à l'avant. Je me jette à nouveau dans le fossé, à plat ventre, lorsqu'une gerbe de balles de pistolet-mitrailleur cingle le bitume. Je pense pouvoir encore m'échapper dans les bosquets, mais la satanée jeep est déjà sur moi. Là, je peux constater que c'est un prisonnier allemand qui se trouve sur le capot, servant aux GIs de bouclier humain. À l'intérieur de la jeep sont installés quatre soldats, dont un noir. La jeep s'arrête et, avec des signes de la main, les "Amis" me font comprendre de me redresser. Deux soldats sautent de leur engin, pistolet-mitrailleur au poing. L'un d'eux veut me décoiffer de mon casque, d'un coup brutal de sa main. Mais comme la jugulaire le tient fermement serré sur ma tête, j'ai cru que celle-ci allait céder, tant le coup était violent. Ensuite, ils me fouillent, cherchant pistolet ou grenades à main, et jetant par terre tout ce qu'ils trouvent dans mes poches, tel mon* Soldbuch, *mes lettres et mon couteau de poche. Heureusement, ils ne mettent pas la main sur une montre de marque Oméga, que mon père m'avait offerte et que j'ai soigneusement rangée dans une petite pochette. Cette montre restera cachée pendant toute ma détention en camp de prisonniers, et ce sera bien la seule chose que j'ai pu sauver, à part ma peau ! Passé ce moment de peur et de stress, ils m'ont fait asseoir également sur le capot avec mon compatriote, à la merci des balles. Après un petit moment, nous avons rejoint un endroit où se trouvent d'autres camarades, eux aussi prisonniers de guerre. Certains doivent être interrogés par les Américains. Pour ma part, étant un tout jeune gars, je ne suis pas inquiété. Ainsi la guerre prend-elle fin pour moi ce 16 août 1944, après un engagement relativement court. L'un de ces bosquets du bocage normand qui m'avait plusieurs fois sauvé la vie m'avait finalement conduit en camp de prisonniers...* »

Pour le 15 août, Charles Trang et Thomas Fischer écrivent : « *les troupes américaines investissent Rânes dans la matinée et de là, s'écoulent en deux colonnes blindées vers Ecouché et le Fresney. Bröcker reçoit alors l'ordre de gagner la cote 248 et d'y stopper l'ennemi. Avec seulement quatre canons d'assaut, Bröcker réussit à remplir sa mission en engageant les chars US de flanc. Bien qu'attaqué de plusieurs côtés à la fois, il parvient à tenir la hauteur jusqu'à la tombée de la nuit après avoir détruit deux tanks et une batterie. Son intervention permet à la division d'organiser une nouvelle ligne de résistance* » (source : Bundesarchiv Lichterfelde).

La suite des combats voit les *StuG.* fractionnés dans de modestes groupements tactiques, lors de la tentative pour s'extraire du *Kessel* de Falaise. Jean-Claude Perrigault écrit : « *On sait aujourd'hui que la* LSSAH *avait constitué plusieurs* Kampfgruppen. *L'une d'elles, comprenant quelques chars et* Sturmgeschütze, *des détachements du* I./2, *du* III./2, [...], *se rassemble au sud-ouest de Chambois, sans doute celui commandé par le* SS-Sturmbannführer *Ullerich* »[11]. Au cours des combats près de Chambois, le **20 août** le commandant de la *SS-StuG.-Abt. 1*, le *SS-Sturmbannführer* Heinrich Heimann, trouve la mort. C'est alors un autre officier de qualité, ancien des canons d'assaut de la division, qui le remplace : Karl Rettlinger, qui conduira l'*Abteilung* jusqu'à sa dissolution en octobre 1944, l'*Ustuf.* Werner Schulz le remplacera à la tête de la 3e batterie. Tandis que le gros de la division est arrivé jusque sur Saint-Lambert-sur-Dives

Né dans la deuxième année de la Première Guerre mondiale en Westphalie, près de Hamm, **Heinrich Heimann** reçoit l'*EK.2* durant la brève campagne de Grèce du printemps 1941, puis l'*EK. 1* quelques mois plus tard sur l'*Ostfront*. Il est grièvement blessé sur Rostov-sur-le-Don, et rejoint les canons d'assaut de la *Leibstandarte* une fois remis sur pieds. Il prend plus tard le commandement de la *SS-Sturmgeschütz-Abteilung* de la division (à l'été de 1943), qu'il dirige jusqu'à son décès dans l'Orne au cours de combats d'extraction hors du *Kessel* de Falaise (réduit à ce moment-là à une poche de quelques kilomètres carrés, quasiment refermée). Sa sépulture se trouve à Gournay, près de Compiègne.

Ce *StuG.* muni de « *Schürzen* » sert de moyen de transport pour des *Panzer-Grenadiere*, en 1943 ou 1944. En Normandie, il s'agit tout d'abord d'échapper aux « *Jabos* », les premières pertes auront lieu avant même l'arrivée sur l'*Invasionsfront*... Alors, jetés dans la bataille du côté de Louvigny et Maltot au début de juillet, les *Sturmartilleristen* connaîtront des moments infernaux.

## PORTRAITS ANONYMES DE *STURMARTILLERISTEN* DE LA *LSSAH*... D'ABORD DES HOMMES DE TROUPE (*MANNSCHAFTEN*)

A l'arrière, peut-être même au pays, une « joyeuse troupe » de tout jeunes *Landser*, manifestement des *Waffen-SS* pour la plupart, a « pris d'assaut » un *Sturmgeschütz* ! Hélas, le contexte de ce cliché n'est pas connu. Les détails des plaques boulonnées avant de l'engin sont nettement discernables.

Un *SS-Rottenführer* des canons d'assaut de la *LAH*, coiffant une casquette bariolée et chaussant les fameux « *Knobelbecher* », photographie au pays... difficile de dire s'il se trouve en bordure d'une *Wohnsiedlung* - groupe d'immeubles d'habitation - ou d'une caserne...

Un jeune *SS-Sturmmann* de la *SS-StuG.-Abt. 1 LAH* dans son blouson croisé et coiffant sa casquette en drap noir.

Magnifique portrait studio de ce jeune membre de la *StuG.-Batterie LAH*. Il porte le casque d'acier (probablement un *Stahlhelm 35* ou *40*) et les pattes d'épaule pourvues de passants aux initiales de la division sur son blouson croisé.

Ce *Sturmartillerist* porte le ruban de la médaille de la campagne de l'hiver 1941-1942 à l'Est, sur son blouson croisé.

Un *SS-Rottenführer* portant sa bande de manche « *Leibstandarte* » sur son blouson croisé gris, et un écu de Crimée - le *Krimschild* - en haut de la manche gauche.

Un jeune *SS-Rottenführer* portant un blouson croisé très saillant. Deux camarades de la division - de jeunes vétérans portant déjà le *Verwundeten-Abzeichen* - se font photographier avec lui, dont on notera les coupes différentes de leurs vareuses à quatre poches frontales.

Quatre jeunes recrues n'ayant pas encore connu le baptême du feu, si l'on en croit leurs blousons vierges de toute décoration. Ils sont issus des formations de l'*Ersatz*, destinées à recompléter le groupe de canons d'assaut, suite aux pertes subies sur le front de l'Est, et profitent de leur temps libre à l'ouest de Paris, à la fin de l'année 1942. Ces hommes sont retrouvés à la page 41, en haut.

A la *Heimat*, un *SS-Rottenführer* décoré de l'*EK. 2* et du *Panzerkampf-Abzeichen* avec deux camarades, l'un du *Heer*, l'autre de la *Luftwaffe*.

Cet impeccable *Sturmartillerist* de la *LAH* - un *SS-Sturmmann* - en agréable compagnie, sans doute au cours d'une permission. On notera l'insigne d'assaut d'infanterie sur sa poche de poitrine gauche, épinglé à côté d'un insigne des blessés.

Un autre *SS-Schütze* de la *SS-StuG.-Abt. 1 LAH*, lui aussi à peine sorti de l'adolescence, en permission à la *Heimat*.

Un jeune *SS-Schütze* des canons d'assaut de la *LAH*, photographié à la caserne de la division de Berlin-Lichterfelde.

Deux jeunes « artilleurs d'assaut » de la *LAH* rieurs, malgré l'incertitude du temps. Celui de gauche porte deux rubans de décoration : celui de l'EK.2 et du « *Gefrierfleisch-Orden* ».

Lors de sa première permission, ce jeune *Sturmartillerist* profite d'une permission à la « *Heimat* ».

# ... ET MAINTENANT, QUELQUES SOUS-OFFICIERS (*UNTERFÜHRER*)

Photographiés sans doute au même endroit et au même moment, deux *SS-Uscha.* Portant tous les deux le ruban des combats de l'hiver 1941/42 et celui de l'*EK. 2*.

Peut-être en Belgique au printemps de 1944, le repos est mis à profit pour s'entraîner, ici au tir à la MP. 40, de calibre 9 mm. Les hommes au premier plan sont coiffés de casquettes en toile bariolée.

Ce *SS-Hauptscharführer* est particulièrement décoré. Il a reçu, entre autres, l'*Infanterie-Sturmabzeichen*, le *Panzerkampfabzeichen*, l'insigne des blessés en argent ou en or, l'*EK. 2* et la *Nahkampfspange*, ce qui prouve qu'il a précédemment appartenu aux fantassins. On notera les lettres gothiques *LAH* agrafées sur ses pattes d'épaules, ainsi que la bande de manche « Adolf Hitler ».

Photo « maquillée », comme ce sera souvent le cas juste après-guerre (en recouvrant les runes et l'aigle de bras, ici avec de l'encre bleu) ; du moins n'a-t-elle pas été détruite. Cet *Uscha.* porte l'*EK. 1*, le ruban de l'*EK. 2* et l'*Allgemein-Sturmabzeichen*, ainsi que l'insigne des blessés en argent.

le **19 août**, la *1./SS-StuG.-Abt. 1* est au sud de Trun[12]. Malgré la pagaille du *Kessel*, jusqu'au **21 août** l'essentiel de la *Leibstandarte* parvient à s'extraire avec succès de ce dernier. Ensuite, il s'agit de gagner la Seine sans traîner. Certains canons d'assaut se retrouvent dans des combats retardateurs près de Bonneville-sur-Iton et Le Neubourg, et aussi parmi la *Kampfgruppe* de Wilhelm Mohnke positionnée le long de la Seine – dans le secteur d'Elbeuf – au cours des combats du passage du fleuve, vers les **23-24 août**.

c'est le *SS-Hauptsturmführer* Rettlinger qui reprend le commandement de la *SS-StuG.-Abt. 1 LAH*, jusqu'à la dissolution de l'unité. Il assurera ensuite le commandement de la nouvelle *SS-Pz-Jg-Abt. 1 LAH* à partir de l'automne 1944... de très durs affrontements l'attendent encore.

## La fin de la *SS-StuG.-Abt. 1 LSSAH*

Tandis que la *Leibstandarte* – qui n'est pas anéantie malgré de lourdes pertes – poursuit sa retraite, la fin de la Bataille de Normandie voit l'unité réduite à quatre *Sturmgeschütze*, l'équivalent d'une batterie.

À la **mi-octobre 1944**, la division se trouve en Westphalie, pour y être remise à niveau. Là, la *SS-Sturmgeschütz-Abteilung 1* est officiellement dissoute, et les canons d'assaut et leurs équipages incorporés au groupe de chasseurs de chars de la division (la *SS-Panzerjäger-Abteilung 1* « *LSSAH* », sous les ordres du *Hstuf.* Rettlinger). Les *StuG. III* sont alors rapidement remplacés par le nouveau *Jagdpanzer IV*, redoutable chasseur de char pourvu d'un canon de 75 mm L/70.

En guise de conclusion, les *Sturmgeschütze* de la *LSSAH* ont combattu sur presque tous les fronts de 1941 à 1944, et le plus souvent aux premières loges. Ne formant au départ qu'une simple batterie de la division, ils se sont rapidement développés en un véritable groupe de batteries très puissant de canons d'assaut, et qui a pu prouver son efficacité dans deux types de missions : l'appui procuré à l'infanterie, et le combat antichar. Plusieurs officiers de renom des Waffen-SS, dont quelques *Ritterkreuzträger*, ont reçu leurs « lettres de noblesse » dans les canons d'assaut de la division, pour ne citer que le Bavarois Michael Wittmann.

Très intéressante photo du pointeur de l'équipage du *Hstuf.* Rettlinger, dénommé Krause, qui porte l'insigne d'assaut général. Également notable, tandis que le canon est bien un L/43 ou L/48 (retrouvé sur les *StuG. III Ausf. F* et *StuG. 40*), le barbotin visible juste derrière Krause est caractéristique des premières *Ausführungen*, *A* et *B*...

1. Voir Thomas Fischer, *Gustav Mertsch et l'artillerie de la Leibstandarte SS « Adolf Hitler »*, Heimdal, Bayeux, 2016 (page 70).
2. De fait, avant cela, dès les derniers jours de juin, dans le secteur de Carpiquet-Franqueville (voir C. Trang, *Dictionnaire de la Waffen-SS*, volume 1, page 39).
3. D'après C. Trang, le groupe est alors conduit temporairement par le *SS-Untersturmführer* Hans-Joachim Bröcker, officier-adjudant-major de la *SS-StuG.-Abt. 1* (voir C. Trang, *Leibstandarte 1943-1945*, Heimdal, page 350).
4. Voir C. Trang, *Leibstandarte 1943-1945*, Heimdal, Bayeux, 2008 (page 355).
5. S'agit-il du village situé à trois kilomètres au sud-ouest de May-sur-Orne ?
6. C. Trang, T. Fischer, *Leibstandarte – Dictionnaire*, Heimdal, 2010, page 147 (informations tirées directement du dossier de proposition d'Otto Holst pour le DKG).
7. Concernant Karl Rettlinger, il est parfois retrouvé dans différents écrits comme étant le commandant de la *SS-StuG.-Abt. 1*, ce qui n'est pas le cas avant le 20 août 1944. D'après C. Trang, il sert plutôt au moment de l'opération *Goodwood* comme officier à disposition de l'état-major du groupe de canons d'assaut. (C. Trang, *Leibstandarte 1943-1945*, Heimdal, page 354). Il mentionne également que, le 19 juillet au soir, quinze *Sturmgeschütze* sont en réparation pour au moins trois jours... (page 356)
8. Ce témoignage, très précis, colle parfaitement avec les recherches de Charles Trang, qui écrit : « *La SS-StuG.-Abt. 1 couvre la zone au nord de Rânes, sur les D909 et D916 après s'être extirpée le matin même de la poche formée à l'est de La Ferté-Macé et du carrefour D916-D908 sous la conduite du SS-Hauptsturmführer Karl Rettlinger* » (Leibstandarte 1943-1945, Heimdal, 2008, page 369).
9. Manifestement de la 3e batterie.
10. Hélas, aucune information quant à l'identité de ce régiment...
11. Georges Bernage (dir.), *Leibstandarte SS. La garde personnelle d'Adolf Hitler au combat*, Heimdal, Bayeux, 1996 (page 402).
12. D'après Jean-Claude Perrigault, il s'agit de la *3.Bttr./SS-StuG.-Abt. 1*.

Pierre Tiquet

avec la participation de Paul Cherrier

# STURMARTILLERIE DE LA WAFFEN-SS

## LA *DAS REICH*

HEIMDAL

# MISE AU POINT SUR LE CANON D'ASSAUT

L'histoire des *Sturmgeschütze* démarre réellement au milieu des années 1930, lorsque l'on cherche à tirer les leçons du premier conflit mondial. Il en a été conclu qu'il fallait concevoir une arme spéciale, dérivée de l'artillerie. Les combats de la Première Guerre mondiale avaient montré la difficulté, pour l'infanterie et l'artillerie de campagne, de réduire les nids de mitrailleuses, bien installés dans des positions quelquefois fortifiées, des fortins renforcés de pierre, voire bétonnés, pourvus de créneaux étroits. À l'époque n'était disponible que le canon de tranchée (chez les Français, de calibre 37 mm), qui pouvait opérer des tirs directs. Néanmoins, une pièce d'artillerie de campagne, comme le canon de 75, 76 ou 77 mm, ne pouvait pas être approché de tels nids de résistance pour les neutraliser en tir direct sans engendrer de très lourdes pertes, pour les artilleurs eux-mêmes ou pour les fantassins chargés de conduire les assauts. Même le développement des chars, et leur utilisation balbutiante à partir de 1916, ne parvient pas avec efficacité à liquider de telles positions, voire des nids de mitrailleuses installés dans des bâtiments civils fortifiés. Précisons d'ailleurs que, durant la Grande Guerre, le *Kaiserreich* n'a pas vu grand intérêt dans le développement des véhicules blindés, contrairement aux forces franco-britanniques.

En vue d'une revanche, face à l'injustice du traité de Versailles, l'idée se fait jour en Allemagne de monter un canon léger dans un véhicule blindé chenillé rapide. Déjà, en 1936, l'inspection de l'artillerie demande la création d'une artillerie d'accompagnement des groupes de fantassins et des équipes de canons antichars... Autrement dit, le canon d'assaut n'est pas pensé initialement comme une arme antichar, ce rôle de destruction de blindés revenant aux chars de combat (*Kampfpanzer*) et aux canons antichars (*Pak*).

Certaines sources indiquent que le futur *Feldmarschall* Walter Model (à cette époque *Oberst i.G.* et chef de l'*Abteilung 8* des troupes de la *Reichswehr*) a été l'instigateur de cette nouvelle arme, ladite « artillerie d'assaut ». D'autres affirment que c'est son homologue, lui aussi brillant, Erich von Manstein, qui fut l'initiateur, voire le père de ce projet, et qui visait à trouver des substituts durables et généralisés à l'artillerie hippomobile (et, précisons-le, ce ne pourra jamais être pleinement réalisé au cours de la guerre). C'est bien durant le *Westfeldzug* (Campagne du printemps de 1940 en Belgique, au Luxembourg et en France) qu'est mis à l'œuvre, pour la première fois, ce qui évolue vers la *Sturmartillerie*, ou artillerie d'assaut.

En 1937 est produit le prototype d'une « casemate blindée », caisse d'acier abritant un canon de *7,5-cm-KwK-L/24*, sur le châssis du *Sd.Kfz. 142*. Monté directement à l'intérieur de la caisse et non sur une tourelle pivotante, ce canon de 75 mm ne dispose pas d'un ample champ de pivotement horizontal ; il faut donc davantage miser sur la mobilité du canon d'assaut, ce qui demande une haute dextérité de la part du pilote, qui doit manœuvrer et positionner rapidement son engin dans la direction de l'objectif. En revanche, sa forme est plus compacte et moins haute que celle d'un char de combat, d'où une plus grande difficulté qu'éprouve l'ennemi pour le déceler, l'ajuster et le réduire au silence. Par ailleurs, le coût de construction est moindre que celui d'un Panzer. Le *Sturmgeschütz* permettra de compenser un peu le rapport de forces très déséquilibré entre les blindés du III^e^ Reich et ceux de ses adversaires, notamment à l'Est. Du fait de sa conception et de par sa légèreté, le châssis du char Panzer III est celui retenu pour servir de base au canon d'assaut. Les unités qui en sont pourvues ne relèvent pas des troupes blindées, mais de l'artillerie. Voilà pourquoi la couleur d'arme (*Waffenfarbe*) des canons d'assaut est celle des *Artilleristen* (le rouge), retrouvée, par exemple, sur les liserés de pattes d'épaule. Le premier terrain d'entraînement de la *Sturmartillerie* est, d'ailleurs, le terrain de manœuvres de l'artillerie de Jüterbog.

À partir de 1937, la 7^e^ batterie du *Lehrregiment* établi sur cette localité effectue ses premiers essais. La même année, un autre test est effectué sur le terrain d'expérimentation de Kummersdorf, près de Zossen, au sud de Berlin. Les tests présentent comme condition trois tirs pour atteindre la cible. Le premier doit être un peu en avant, puis le second au-dessus de la cible et ensuite raccourcir la portée afin d'atteindre la cible. Par exemple si la cible est située à 810 mètres, le premier tir est envoyé à 750 mètres, le second à 850 mètres et le troisième à 800 mètres si nécessaire. En fait, les *Sturmartilleristen* emploient la fourchette de l'artillerie pour leur pointage.

Jusqu'au déclenchement du *Westfeldzug*, en mai 1940, sont formées les six premières batteries de *Sturmgeschütze*. Seules quatre sont effectivement opérationnelles pour cette première campagne. Parmi les premières batteries se trouve la *Sturmgeschütz-Batterie* de la *Leibstandarte* qui, le 7 mai 1940, est à Jüterbog sous la direction du *SS-Haupsturmführer* G. Schönberger.

**Remerciements de l'auteur :**
Je me dois de remercier tout particulièrement quelques amis : Timothée Willemsen pour son apport iconographique dans le présent travail, ainsi que Andreii de Kiev. Je n'oublie pas non plus la très grande patience de mon épouse. Il me faut dédier de ce travail à mon grand ami Charles Trang.

Février 1941

# MISE SUR PIED DES CANONS D'ASSAUT DE LA « *REICH* »

Alors que la première division des Waffen-SS, la *LSSAH*, est déjà pourvue de canons d'assaut depuis le printemps de 1940, leur 2e division, née de la *SS-VT* (*SS-Verfügungs-Truppe*), dirigée par le *SS-Gruppenführer* Paul Hausser, n'en reçoit que près d'un an plus tard... Comme pour la *LAH*, le *Westfeldzug* n'a pas vu le baptême du feu des *Sturmartilleristen* de la « *Reich* ».

La première formation de canons d'assaut de la « *Reich* » (qui est alors appelée *SS-Division « Reich » (mot.)*) est une *SS-Sturmgeschütz-Batterie*, qui est mise sur pied le 9 février 1941, et qui comprend tout d'abord six *StuG. III Ausf. C et D*, armés d'un canon de 75 mm court[1]. Cette genèse s'effectue au *SS-Artillerie-Ersatz-Regiment* à la caserne de Berlin Lichterfelde. Néanmoins, l'instruction des équipages s'accomplit dans une autre caserne de la même région, celle du *Heer* de Berlin-Jänickendorf, à quelques kilomètres au nord-est de Jüterbog, et dure jusqu'à la mi-mars 1941. Autrement dit, la batterie est opérationnelle au tout début du printemps de 1941. Peu après, un complément de deux autres *StuG. III* vient renforcer la demi-douzaine déjà présente. Chacun d'entre eux reçoit un « nom de baptême », inscrit sur les flancs de l'engin. Ainsi « *Seydlitz* » est-il celui du commandant de batterie, et les autres ont pour nom « *Schill* », « *Prinz Eugen* », « *York* », « *Lützow* », « *Ziethen* », « *Blücher* » et « *Derfflinger* », du nom d'officiers généraux allemands ou autrichiens de renom du XVIIe siècle aux Guerres napoléoniennes.

Le premier commandant de l'unité est le *SS-Obersturmführer* Josef Günster, qui, mises à part plusieurs brèves périodes d'intérim, restera à sa tête jusqu'à sa mort au mois d'octobre 1941.

À la *Heimat*, le *StuG. III* « *Ziethen* » – référence à un général de Frédéric le Grand –, portant sur son antenne une série de fanions.

Trois *StuG. III Ausf. C* ou *D* appartenant à la division « *Reich* », au cours d'une manœuvre. On observera les câbles qui relient celui de tête au suivant, le tractant vraisemblablement suite à un problème technique.

On l'a entrevu, ce canon d'assaut est essentiellement destiné à appuyer les fantassins au cours de leurs attaques, ainsi qu'à détruire les nids de mitrailleuses et les blockhaus.

Beaucoup des officiers de la *Sturmgeschütz-Batterie* (qui, plus tard, évoluera en *Abteilung*, ou groupe de batteries) de la « *Reich* » (qui deviendra la « *Das Reich* ») effectuent des stages au sein de l'artillerie, et proviennent directement de ses rangs[2].

La *Sturmgeschütz-Batterie* est la seule force blindée de la division (qui n'est pas encore une division blindée) lors de l'avance sur Moscou, durant le premier semestre de la campagne de Russie.

Parmi les nombreux *Sturmartilleristen* qui serviront dans les canons d'assaut de la « *(Das) Reich* », énumérons, chez les officiers, le *SS-Hauptsturmführer* Josef Günster, le *SS-Obersturmführer* Eberhard Telkamp, le *SS-Obersturmführer* Helmut Mäder (qui est issu du *Regiment « Der Führer »* et qui, après février 1943, servira au sein de l'état-major de la division lettone, sous les ordres de Rudolf Bangerski et, ensuite, de la *15. Division* lettone en tant que *SS-Sturmbannführer*), son homologue l'*Ostuf.* Franz Kneissl, les *SS-Untersturmführer* Heinrich Sohn (tué au combat le 13 août 1941), Heinz Klocke (tué le 22 juillet 1941), Walter Burmeister et Rudolf Muscheid (ce dernier servira plus tard comme *Adjutant* à l'école de chasseurs de chars sur *Sturmgeschütz* de Janowitz, non loin de Prague, faisant partie du camp d'entraînement de Beneschau). Parmi les sous-officiers, les *SS-Oberscharführer* Fritz Glöcke, Walter Schulz, Jakob Lobmeyer, Louis Engelputzder (qui sera tué le 18 octobre 1941) et Edwald Klaffke (celui-ci, après avoir reçu l'*EK.1* le 25 août 1941, trouve la mort à peine un mois plus tard le 20 septembre 1941) et le *SS-Unterscharführer* Emil Wittowetz.

Au sein de cette *StuG.-Bttr. SS-Div. « Reich »*, le premier *Zug* est dirigé par le *SS-Obersturmführer* « Teddy » Telkamp, le deuxième par l'*Ostuf.* Mäder et le troisième est quant à lui commandé par leur homologue Kneissl.

En janvier 1941, Eberhard Telkamp entame son initiation et son entraînement à cette nouvelle

Le *SS-Schütze* Otto Beyer, portant ici l'uniforme noir des *Panzertruppen*, alors qu'il est en cours de formation à Berlin/Janickendorf à la *StuG.-Bttr.* de la division « *Reich* ».

Toujours à Janickendorf, probablement au début de l'année 1941, Otto Beyer (à gauche) et ses camarades posent en groupe.

Le *SS-Untersturmführer* Alfred Mäder, probablement photographié à la *Heimat*. Notez qu'il porte l'uniforme noir des troupes blindées, ce qui est encore le cas jusqu'en 1942.

Autres photographies du « *Ziethen* », avec un *Uscha.* portant le béret des troupes blindées du début de guerre.

arme, dans une école de *Sturmartillerie* du *Heer*. Puis, il rejoint les canons d'assaut de la division « *Reich* ».

En cet hiver de 1940/41, comme le reste de la division, la batterie de canons d'assaut est tout d'abord encasernée en France, à Vesoul. Ensuite, au début du mois d'avril 1941, elle rejoint le Banat de Roumanie via Vienne et Budapest, stationnant dans la région au nord-est de Timisoara (Temeschburg en allemand), peuplée de plusieurs dizaines de milliers de *Volksdeutschen*. Là, elle participe à l'*Unternehmen « Marita »*, opération d'invasion du Royaume de Yougoslavie, prenant part au *Blitzkrieg* en direction de Belgrade.

À la fin d'avril 1941, la « *Reich* » est envoyée pour une remise en condition dans l'*Ostmark* (Autriche) et, quelques semaines plus tard, au début de juin, la *StuG.-Batterie* gagne la Pologne, à l'ouest de Brest-Litovsk, se préparant pour une action d'envergure...

1. D'après Didier Laugier, *Sturmartillerie* (tome II), Heimdal, 2011, il s'agirait de *Sturmgeschütze Ausführung B*.
2. Néanmoins, d'après Otto Weidinger, dans *Division „Das Reich“*, 1940-41, page 319, (tome 2), ce sont exclusivement des fantassins qui sont choisis pour cette nouvelle arme ; c'est même toute la 5e compagnie d'infanterie du Regiment "DF" qui sert à constituer ses effectifs.

Le même « *Ziethen* » à l'entraînement. Cette photo met bien en évidence sa faible hauteur, l'un des atouts de ce type de blindés, offrant une silhouette très basse.

Juin 1941

# LA « *REICH* » À L'ATTAQUE DE L'URSS

Le baptême du feu des *Sturmartilleristen* de la « *Reich* » s'effectue sur l'*Ostfront* à la fin de juin 1941, lors du *Fall* « *Barbarossa* » : l'armée allemande et ses alliés passent à l'offensive contre l'immense URSS de Joseph Staline. À ce moment-là, la « *Reich* » est subordonnée au *XLVI. Armee-Korps* (46e corps d'armée) de la *Panzergruppe 2* (appartenant à la *Heeresgruppe* « *Mitte* »), aux côtés de la *10. Panzer-Division* et de l'*Infanterie-Regiment* « *Großdeutschland* ».

La batterie comprend au total 64 véhicules, en comptant ceux de réparations, du train, etc. Précisons toutefois que le *Sturmgeschütz* baptisé « *Prinz Eugen* » ne rejoindra le front que plusieurs semaines après le déclenchement de l'opération « Barbarossa ».

## Combats d'été de la Bérézina à Jelnja

Le **30 juin 1941**, des fractions de la *SS-Kradschützen-Abteilung* de la division « *Reich* » (l'unité motocycliste) se retrouvent encerclées près de Staryca, à 120 kilomètres environ au sud de Minsk. Là, si la *Sturmgeschütz-Batterie* est appelée en renfort, seul le *StuG. III* « *York* » de l'*Ostuf.* Telkamp parvient à s'y rendre. Alors qu'il approche du village de Staryca, Tellkamp détruit d'abord deux chars russes, suivis bientôt de trois autres, en plus de quatre canons antichars qui, eux aussi, sont éliminés par ses redoutables tirs, très précis. Face à cela, les Russes se replient, ce qui permet de rompre l'encerclement de la *Kradschützen-Abteilung*.

Le **1er juillet 1941**, c'est le *StuG. III Ausf. C* ou *D* « *Lützow* » qui, lui aussi, parvient à terrasser quatre blindés soviétiques près du village de Jaczicy, alors qu'il se trouve en appui de l'un des trois régiments d'infanterie de la division : le « *Deutschland* ». Lors de cet engagement, quatre autres chars et cinq canons antichars succombent à ses tirs. De nombreuses mitrailleuses Maxim Mle 1910 et leurs servants sont également mis hors de combat.

Le même jour, le *Sturmgeschütz* d'Eberhard Telkamp se trouve en appui du IIIe bataillon du *SS-Regiment* « *Deutschland* » aux alentours de Puchowicze (localité à environ 70 kilomètres au sud-est de Minsk), où se déroulent d'importants affrontements. Le village et le pont sur la rivière Svislotch, permettant d'y accéder se trouvent alors aux mains de l'*Aufklärungs-Abteilung* de la division (bataillon organique de reconnaissance

Un peloton de la *SS-Sturmgeschütz-Batterie* de la division « *Reich* » lors de l'avance en Russie, en 1941. Notons les volumineux patins de chenille placés à l'avant du *StuG.* de tête, pouvant aussi bien servir de pièces de rechange que de moyen de protection supplémentaire.

Au début du *Fall « Barbarossa »*, un peloton de *StuG. III Ausf. C* ou *D* de la division à l'arrêt le long d'une route poussiéreuse de l'Est. On notera la *Sturmkanone* de 75 mm L/24, équipant les engins de la *Sturmbatterie* de la « *Reich* ». Les hommes portent la veste camouflée, qui fera figure de symbole des Waffen SS, et qui est aussi retrouvée chez les *Sturmartilleristen*.

de la « *Reich* »). Le peloton d'Eberhard Telkamp stoppe net une puissante attaque soviétique qui a débouché de lisières boisées, à proximité du pont. Ce jour-là, il détruira avec ses *Sturmgeschütze* huit blindés soviétiques, cinq canons antichars ainsi qu'un grand nombre de fusils-mitrailleurs et mitrailleuses (sans doute essentiellement des DP-28 et Maxim).

Le **2 juillet**, le même schéma se reproduit, tandis qu'une unité de l'Armée rouge entend franchir un pont, sur la si tristement célèbre rivière Berezina. Huit chars russes, trois pièces antichars et une pièce d'artillerie lourde viennent s'ajouter au score des *Artilleristen* de la « *Reich* ». Comme pour les autres unités de *Sturmartillerie* du Heer et des Waffen-SS, dès ses premiers engagements le canon d'assaut révèle clairement son potentiel antichar (qui servira d'ailleurs souvent, par la suite, de char de combat de substitution).

Ce même jour d'été, les ordres sont d'avancer aux côtés du IIIe bataillon du *SS-Regiment « Deutschland »* en direction de Jaczizy (ou Yakschitsy, à une centaine de kilomètres à l'est de Minsk), en s'emparant là-bas d'un pont sur la Bérézina. Perewos est pris au cours de furieux combats et, lors de cette marche, l'unité d'Eberhard Telkamp détruit quatre chars, deux canons antichars et écrase des colonnes de troupes soviétiques envoyées là pour essayer de stopper l'avance allemande vers l'est.

En ce début de juillet 1941, la « *Reich* » progresse au sud de Minsk, avec Mogilev en ligne de mire. Durant le franchissement du cours d'eau, le canon d'assaut « York » de l'*Ostuf.* Telkamp continue de s'illustrer brillamment. Laissons l'officier raconter les faits :

*« Nous progressons à travers une région marécageuse, ne laissant qu'un maigre passage pour nos canons d'assaut. De grandes forêts parsèment cette région peu hospitalière. Je jette un œil sur mes hommes, sachant très bien que n'importe quelle arme n'est rien si ceux qui la servent ne sont pas unis comme les doigts de la main... Je me repose sur mon pointeur, le* SS-Sturmmann *Haukelt, un Saxon de la région de Meissen, sur le chargeur, le* SS-Sturmmann *W., Autrichien de la région du Vorarlberg, ainsi que sur mon pilote le* SS-Rottenführer *H., originaire de Straubing en Basse-Bavière. Aucun de*

Provenant de son *Führerschein*, très intéressant portrait de « Teddy » Telkamp, portant inhabituellement les *Sig-Runen* sur chaque patte de col.

Le premier commandant de la *Sturmgeschütz-Batterie* de la « *Reich* », le *SS-Hauptsturmführer* Josef Günster, remettant les premières décorations à ses hommes. L'homme indiqué par une croix est Albert Walz (1923-1988), qui terminera *SS-Rottenführer*.

Autre photo prise lors de la même cérémonie et montrant que certains portent l'uniforme croisé gris, propre aux membres de la *Sturmartillerie*, et d'autres l'uniforme noir de la *Panzertruppe*. Cela est à rapprocher des photos précédentes du *SS-Schütze* Otto Beyer qui, tantôt, présente l'uniforme gris, tantôt le noir. Peut-être est-ce dû à un manque de tenues ? Sur la *Feldjacke* de l'homme au premier plan est cousu l'*Ehrenwinkel der alten Kämpfer*, sur le haut de la manche droite.

*ces trois camarades n'a plus de 21 ans. Chacun connaît son rôle sur le bout des doigts; ils l'ont déjà maintes fois prouvé. Nous devons capturer un pont situé près de Jakschizy, sur la rivière Bérézina. Il est 16 h 35, et nous avançons vers la localité. Il fait très chaud, la sueur coule sur nos visages couverts de poussière. La température à l'intérieur de notre StuG. est presque insupportable. Néanmoins, personne ne se plaint et seul le combat qui va suivre occupe nos esprits. Les forêts à droite et à gauche recèlent nombre de bolcheviques, qui nous déchargent des balles sifflant à nos oreilles, mais qui ne causent rien de mal à notre engin, cognant juste sur le blindage. Sûrement ces tirs leur apportent-ils un peu de réconfort et masquent leur peur... Mes hommes hochent la tête dans notre blindé. À un moment donné, un canon ouvre même le feu sans aucun effet sur nous. Les villages, remplis de troupes russes effarées, sont traversés à toute allure, afin d'atteindre le plus vite possible la ville de Jakschizy et le pont sur la Bérézina. Tout cela nous fait penser à une grande manœuvre. À l'entrée et au milieu de la ville, j'aperçois distinctement une bonne dizaine de blindés et trois canons antichars ennemis. Très rapidement, je donne mes ordres afin d'engager le combat. Tout comme le ferait un fantassin avec son fusil 98k, je dirige mon StuG. "York" vers les objectifs... En l'espace de deux minutes seulement, sept chars sont mis hors d'état de nuire, ainsi que trois canons antichars. Là, les flammes grimpent vers le ciel, s'échappant follement des épaves. Nous nous dirigeons vers le pont à très grande vitesse, qui reste notre principal objectif. Deux compagnies de fantassins russes sont mises en déroute. Les trois autres engins de notre peloton écrasent ces derniers avant qu'ils ne se retirent. C'est maintenant à celui qui atteindra l'autre rive le premier. Je saisis la MP.40 de bord et ouvre le feu à droite, à gauche et vers l'avant sur les "Soviets", qui s'enfuient à toute jambe. Plus que 150 mètres à parcourir pour atteindre le pont, la rive opposée se faisant de plus en plus proche. Je m'engage maintenant sur ce long pont de bois, il doit rester une soixantaine de mètres pour arriver jusqu'à l'autre rive, lorsque soudain, j'aperçois sur la gauche de l'édifice une sorte de boîte carrée noire. Je serre les dents, en imaginant ce qui pourrait se produire d'un moment à un autre ! Toutefois, le temps n'est pas à la réflexion ! Il y a encore beaucoup de fantassins russes au milieu du pont et même derrière nous, quand brutalement retentit une formidable explosion : notre pont de bois vient de sauter. J'entends les hurlements et les cris des troufions soviétiques, disparaissant dans l'explosion, catapultés tout droit dans le fleuve. Mon buste dépasse légèrement au-dessus du canon d'assaut, par la trappe, tandis que j'entrevois le danger. Levant les bras avec ma Maschinen-Pistole pour me laisser glisser à l'intérieur, je ne suis pas assez rapide, et des flammes viennent me brûler le visage. Mon Sturmgeschütz fait une chute de dix mètres. Fort heureusement, ce solide engin s'en tire sans mal : la qualité du matériel allemand n'y est pas sans raison. L'équipage, quoique secoué, demeure à son poste. Par chance, à cet endroit la Bérézina n'est pas très profonde. Malgré la douleur des brûlures qui me torturent le visage, j'essaie cette fois de m'extraire de*

L'*Ustuf.* Jakob Lobmeyer, déjà bien décoré sur cette photo (voir, entre autres, sa barrette de rubans et son *EK.1*).

*l'engin. Mais la chute – et surtout l'explosion du pont – a obstrué la trappe de notre* StuG. *; de grosses pièces de bois et autres rondins nous empêchent de sortir. Après des efforts non négligeables, je parviens à me faire une issue. Alors sortis, des coups de feu claquent et des balles cognent contre le blindage, provenant de la rive opposée où se battent encore les "Popovs". Les projectiles sifflent tout près de mes oreilles. Mètre après mètre, je progresse dans l'eau et parviens à regagner la rive où se trouvent nos forces et, bientôt, je mets les pieds sur un sol plus ferme. Ensuite, je rejoins mon commandant de batterie, auquel j'apporte la nouvelle que mon équipage est sain et sauf, mais prisonnier de l'engin. Ce n'est que maintenant que je remarque l'un des gars de mon équipage qui, lui aussi, a réussi à s'extraire de là mais, de ce fait, était la cible des Russes. Je grimpe aussitôt dans le second canon d'assaut qui me suivait et qui, s'étant trouvé derrière moi, a eu la chance, au moment de l'explosion, d'être sur les dix premiers mètres du pont qui n'ont pas sauté. Il a alors reculé jusqu'à la rive, rejoignant un autre de nos* StuG. *qui tenait sous son feu les Russes (qui tiraient dans notre direction depuis l'autre rive). Six hommes se portent volontaires pour se joindre à moi, afin d'aller secourir nos camarades encore prisonniers du blindé. Après avoir tiré quelques obus fumigènes, l'action est couronnée de succès, avec uniquement un blessé léger à déplorer. Je me rends ensuite auprès de l'état-major du régiment* [manifestement, le "Deutschland"]*, afin qu'un médecin puisse me prendre en charge. Une heure plus tard, après avoir été soigné et en dépit de la douleur qui persiste, je repars aussitôt sur les lieux, afin d'essayer de récupérer mon engin, en le sortant de sa posture fâcheuse dans cette satanée Berezina ! Avec beaucoup d'efforts, notre "York" pourra être extrait du cours d'eau, et il s'avérera qu'il ne présente pratiquement aucun dommage substantiel !* »

Cela donne une idée de ce que peut accomplir un chef de peloton de canon d'assaut : se distinguer à la fois dans le combat antichar et contre l'infanterie. La valeur de l'*Ostuf.* Telkamp ne fera d'ailleurs que se démontrer tout au long de son parcours militaire. En ce début de « *Barbarossa* », en l'espace de trois jours et avec un autre *StuG.* de son peloton, il a détruit pas moins de vingt-quatre chars, douze canons antichars et cinq autres pièces d'artillerie soviétiques !

On l'a vu, blessé ce 2 juillet, il le sera également le 7 septembre, cette fois par des éclats d'obus au cours de combats contre des blindés russes. Une semaine plus tard, le **9 juillet 1941**, le commandant de batterie (*Batterie-Chef*) Josef Günster est blessé, aussitôt remplacé par Eberhard Telkamp – qui conservera le commandement provisoire de la petite unité (c'est-à-dire comme *Batterie-Führer*) jusqu'au 24 août, date du retour de Günster sur le front –.

Malgré une résistance accrue de l'Armée rouge, la progression de la « *Reich* » se poursuit vers Jelnja (sur le cours supérieur de la Desna), elle traverse le Dniepr entre Schklow et Mogilev, et la *StuG.-Bttr.* perd ses deux premiers canons d'assaut.

Le **15 juillet 1941**, le commandant du *Sturmgeschütz* baptisé « *Schill* », le *SS-Oberscharführer* Jakob Lobmeyer, se voit attribuer le prestigieux *EK.1* pour sa bravoure, alors qu'il a été blessé lors des combats pour les boucles du Dnjepr, près de Jelnja, lui aussi le 9

Très beau cliché, pris sur le vif, montrant les forces d'infanterie du *Regiment « Der Führer »* progressant avec l'appui d'un *StuG*. Précédant un groupe de Waffen-SS, on note plusieurs prisonniers soviétiques sur la gauche de la photo. Sur le flanc arrière droit du *StuG.* s'est mise en batterie une équipe de *3,7-cm-Pak-35/36*. En arrière-plan, on distingue plusieurs véhicules ou pièces d'artillerie détruits.

22 juillet 1941. Triste événement pour ces *Sturmartilleristen*, inhumant l'un des leurs : le *SS-Untersturmführer* Heinz Klocke. À droite, Eberhard Telkamp. Notons le marquage peint sur le garde-boue avant droit du *StuG.*

**juillet**. Notons qu'après sa guérison, Lobmeyer sera versé dans la *Sturmgeschütz-Abteilung* de la *SS-Division « Wiking »*, jusqu'à ce qu'il subisse une nouvelle blessure en avril 1942. Par la suite, après un nouveau séjour à l'hôpital jusqu'au 1er juin 1942, il rejoindra les *Sturmartilleristen* de la *Leibstandarte* qui, en ce milieu de l'année 1942, stationnent en France et, en fin de guerre, il conduira une unité de *Panzerjäger* équipée de « *Hetzer* ».

Le **17 juillet**, la *SS-Sturmgeschütz-Batterie « Reich »* progresse toujours avec Jelnja comme objectif, après s'être emparée d'Ustilav. La petite ville tombe, elle aussi, le **20 juillet**. La division « *Reich* » est confrontée à de très âpres combats pour la prise de cette ville, se trouvant en pointe de l'attaque avec la *268. Infanterie-Division*, placée sous les ordres du *Generalleutnant* Heinrich Greiner.

Le **22 juillet**, l'*Ustuf.* Klocke trouve la mort en pleine action, en ravitaillant en munitions les canons d'assaut de la « *Reich* ».

Le **24 juillet 1941**, remis de sa blessure, l'*Ostuf.* Telkamp dirige tous ses canons d'assaut disponibles lors d'une l'attaque pour la prise d'Uschakowa. Les combats se déroulent en un laps de temps relativement court, avec très peu de pertes du côté allemand.

Les forces soviétiques tentent de briser la ligne de front allemande à Uschakowa, mettant en péril les forces de la « *Reich* ». À la tête de son canon d'assaut, le *SS-Untersturmführer* Franz Kneissl contre-attaque aux côtés d'une compagnie de fantassins, bousculant une position russe, écrasant plusieurs nids de mitrailleuses, puis détruit deux canons antichars. Ayant épuisé toutes les munitions de son canon au « *Stummelrohr* » de 75 mm, il bondit de son engin et continue l'assaut à la tête des *Infanteristen*, se servant de sa MP.40 et de *Stielhandgranaten* – grenades à manche –. Sa témérité et sa détermination permettent aux fantassins de réduire les positions adverses sans essuyer trop de pertes.

Le lendemain **25 juillet**, deux *StuG.* flambant neufs viennent remplacer ceux détruits les journées précédentes, « *Lützow* » et « *Blücher* ». Ceux-ci ont été ramenés par une équipe de cinq hommes dirigée par le *SS-Obersturmführer* Alfred Mäder. Les deux engins prenant la succession sont logiquement nommés « *Lützow II* » et « *Blücher II* ». Ils sont passés par Varsovie, afin de rejoindre le front de l'Est. En fin de mois, un autre *StuG.* viendra aussi remplacer le « *Prinz Eugen* », ce qui portera l'effectif total à huit canons d'assaut.

Le **2 août**, le commandant de batterie le SS-*Hauptsturmführer* Günster est blessé et se trouve remplacé à titre provisoire par le *SS-Hauptsturmführer* Teddy Telkamp (jusqu'au 24 août).

Le même jour, le *SS-Untersturmführer* Fritz Kneissl et son peloton de *Sturmgeschütze III* soutiennent par leurs tirs la contre-attaque de la *10. Kompanie* du *SS-Infanterie-Regiment 11*, dans le secteur de Klemjatino. Au début de l'assaut, son *StuG.* reçoit un tir de l'artillerie adverse, qui endommage son train de roulement gauche, l'immobilisant. Malgré les tirs des fantassins russes et les explosions d'obus d'artillerie, cherchant à les éliminer, il se met à réparer la chenille avec l'aide de son chargeur. Ceci fait, il peut reprendre le combat.

Le lendemain, deux nouveaux *StuG.* viennent remplacer les engins inaptes au combat et, le **9 août**, un autre renforce également la petite unité, très éprouvée malgré ses succès. Le **14 août**, le *SS-Untersturmführer* Schön est tué. Ce jour-là, trois nouveaux *StuG.* flambant neufs redonnent un supplément de vigueur à la batterie.

## *Vollgas nach Süden!* Refermer la poche de Kiev par le nord

Dans les premiers jours de septembre, la « *Reich* » reçoit l'ordre de foncer plein sud, pour renforcer la partie nord de la tenaille refermant les troupes soviétiques dans la région à l'est de Kiev et du Dniepr. Lors des combats dans le secteur de Rudnya (à environ 25 kilomètres au nord-est de Sosnytza), Kneissl est chargé de l'appui du *II. Bataillon* du *Regiment « Der Führer »*. Il repère à deux kilomètres une pièce d'artillerie lourde de 210 mm, prenant position pour riposter à leur attaque. Très rapidement, et sans appui de fantassins, il demande à son chauffeur de mettre plein gaz vers ce danger potentiel. À toute vitesse et à l'issue d'un combat épique, il met hors d'état de nuire cette pièce de gros calibre, permettant la poursuite de l'avance allemande. Le **5 septembre 1941**, la division « *Reich* » combat dans la ville de Sosnitza (Sosnytsya), à 250 kilomètres au nord-est de Kiev, et s'en empare.

Le **6 septembre**, le pont de chemin de fer de Makoschin, à dix kilomètres au sud-ouest de Sosnytsya, sur la Desna – affluent du Dniepr –, un édifice d'une longueur de 200 mètres (!), est capturé grâce à une attaque-surprise à laquelle participe le canon d'assaut du *SS-Untersturmführer* Kneissl, aux côtés des motocyclistes commandés par le *Hstuf.* Tychsen. À ce moment-là, la *StuG.-Bttr.* est subordonnée à la *Kampfgruppe « Kumm »*. Suite à cela, les Russes, pris au piège, tentent de forcer le passage pour acheminer trois trains blindés. L'*Ustuf.* descend une fois de plus de son engin, pour détruire le premier train blindé, en neutralisant la locomotive à l'aide d'une *Sprengladung* (charge explosive). Ensuite à l'aide de tirs très précis de son canon de 75 mm, il fait dérailler un second train, dorénavant dans l'impossibilité de se servir de ses canons. Ce faisant, la possibilité pour les trains blindés de s'échapper part en fumée...

Vue montrant que, malgré sa faible hauteur, le *Sturmgeschütz III* peut aisément franchir des cours d'eau de faible profondeur.

Pour montrer à quel point la présence et l'action des *Sturmgeschütze* est déterminante dans la poussée des troupes allemandes, voici le récit que m'en a fait le *SS-Schütze* Ludwig Hümmer, qui appartient alors à la *3. Kompanie* du *Regiment « Deutschland »* durant les combats dans la région de Kiev :

« *Lundi* ***8 septembre 1941*** *: Nous roulons toute la journée. Il a plu très fort et la route est rapidement devenue boueuse. Malgré ce handicap, nous atteignons Makoschin. Ce même jour, notre* Kradschützen-Abteilung, *renforcée par deux* Sturmgeschütze *de notre division, un peloton de Flak, un peloton de* Pioniere, *un groupe de mortiers lourds* (s.GrW.) *et de l'artillerie, le tout conduit par le* SS-Sturmbannführer *Fritz Klingenberg, prend d'assaut la ville de Makoschin. Malheureusement, nos Stukas ne sachant pas que nous avions déjà la ville entre nos mains, nous ont largués leurs cargaisons mortelles*[1]*. Nous déplorons dix morts et trente blessés. Le pont franchissant la rivière Desna, de 60 mètres de large à cet endroit, a, lui aussi, subi des dégâts, alors qu'il était tombé intact entre nos mains. Une* Kampfgruppe, *sous la conduite de l'*Obersturmführer *Fritz Rentrop, a pris d'assaut un autre pont de chemin de fer sur la Desna. Les Russes tentent aussitôt de reprendre ce point de passage important. Très rapidement, les motocyclistes organisent une tête*

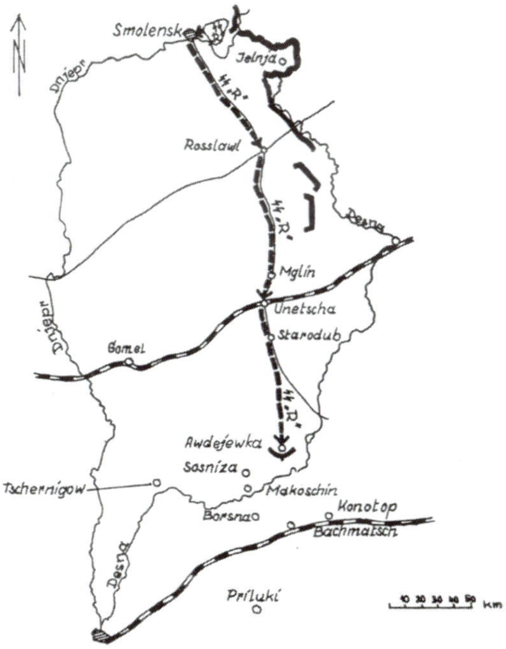


Carte montrant la progression de la *SS-Division « Reich »* depuis la région de Smolensk vers celle de Priluki, visant à encercler un maximum de forces de l'Armée Rouge dans la région à l'est de Kiev. (MUNIN)

Autre photo prise en 1941, montrant l'un des *StuG. III Ausf. C* ou *D* avec son canon de 75 mm L/24.

*de pont sur la rive méridionale du cours d'eau. Malgré le feu puissant de l'artillerie d'"Ivan", nos* Pioniere *renforcent le pont. Le* Sturmgeschütz *"*Prinz Eugen*" est envoyé dans la tête de pont, afin d'aider nos motocyclistes. D'autres forces des nôtres arrivent également dans la nuit.*

*Le soir de ce 8 septembre, la tête de pont est maintenue et renforcée. Dans la continuité de l'attaque, le* III. Bataillon *du* Regiment *"*Deutschland*" prend le village de Slobotka* [Slobidka, à environ cinq kilomètres au nord de Makoschin] *par surprise, faisant de nombreux prisonniers, s'emparant également d'un groupe complet d'artillerie. Ce 3e bataillon peut ainsi passer sur le pont ferroviaire, permettant d'étoffer la tête de pont. Le long de la voie ferrée, nous constatons la présence de plusieurs trains blindés russes, détruits auparavant par nos* Stukas*. La nuit tombe rapidement, elle est très noire, l'obscurité nous empêche même de voir nos mains devant les yeux ! Dans de pareilles conditions, c'est difficile de faire la différence entre amis et ennemis. Nous sommes installés en hérisson. Dormir est impensable, car à tout moment peut surgir une vague d'"Ivan". Le stress est bien ancré, et nos nerfs sont mis à rude épreuve. Un grand silence envahit notre secteur. Nous percevons soudain les bruits de chevaux. Clairement, cela ne peut être que des Russes ! Ils sont à vingt mètres à peine et atteignent le trou individuel d'un jeune gars nous ayant été envoyé en remplacement hier. Il fait des sommations, qui ont pour effet de faire fuir à toute vitesse ces cavaliers ! Nous, nous aurions aussitôt ouvert le feu mais, n'ayant pas encore l'expérience du front, il n'a pas pu réagir comme nous l'aurions fait. Nos rafales de MG. ne leur servent que d'escorte. Le lendemain, nous poursuivons notre avance et, lors de la prise d'un village, l'un de mes camarades reçoit une balle dans le cou.*

*Le* **9 septembre***, nous sommes installés dans de bonnes positions avec, en face de nous, les troupes russes, elles aussi judicieusement établies. Nous recevons des tirs nourris de mitrailleuses, de mortiers et d'artillerie qui nous occasionnent trois blessés, dont deux graves. Vers midi, nous commençons notre attaque : la* 3. Kompanie *– la mienne – est à nouveau en pointe. Heureusement, nous sommes soutenus dans notre attaque par les deux* Sturmgeschütze *"*Lützow*" et "*York*". À 16 heures 30, nous atteignons et investissons Bratschi. Si notre progression s'accomplit, je perds hélas ! l'un de mes meilleurs camarades, Lange ; je n'arrive pas à y croire. Malgré le feu nourri de l'ennemi, nous avançons au travers des tourbières et des marais de cette région. Dans ce type de sol, les obus soviétiques s'enfoncent dedans sans éclater. L'un de nos* Sturmgeschütze *réussit à détruire une batterie de quatre pièces d'artillerie. Nous nous établissons pour la nuit, en attendant le lendemain et la continuation de notre poussée, refoulant un peu plus, à chaque fois, "Ivan" sur ses arrières* [c'est à dire vers le noyau de la poche d'encerclement].

*Notre avance se poursuit en dépit de déluges de pluie, qui nous rendent la vie impossible. Nos* Marschstiefel *– bottes – sont gorgées d'eau, certains parmi nous montent même à l'assaut* *pieds nus, car elles sont restées bloquées dans cette gangue de boue incroyablement épaisse et collante... Nous devons rejoindre la* 4. Panzer-Division du Heer *[qui progresse sur le flanc gauche de la "Reich"], qui termine l'encerclement des troupes soviétiques dans cette région. Nous espérons que cette course effrénée va bientôt se terminer et nous permettre de souffler un peu. Au soir, les premiers éléments de la* 4ᵉ Panzer *sont atteints, et l'encerclement enfin réalisé. Nous sommes recroquevillés dans nos trous remplis d'eau et, malgré tout, rongés par la soif! Doit maintenant s'opérer la destruction des forces adverses encerclées dans ce* Kessel*...*

*Le **11 septembre**, nous pouvons enfin monter nos tentes et nous occuper de nos pieds bien mal en point. Nos* Sanitäter *– infirmiers – ont fort à faire. Le lendemain, nous reprenons notre marche mais, cette fois, grimpés dans nos camions, ce qui les soulage quelque peu... Mais pour une courte durée : L'ennemi s'est organisé pour résister à notre avance et tenir dans sa poche. De nouveau, notre* 3. Kompanie *se trouve à la tête de l'attaque. Les* Sturmgeschütze "Blücher" *et* "Schill" *sont sur place, pour nous appuyer. Ils nous permettent de "respirer un peu", leur présence est d'un énorme réconfort, d'autant que nous savons que nous pouvons compter sur eux. Le canon d'assaut "Schill" détruit un canon antichar russe. Près d'un petit pont à une certaine distance sur ma droite survient une très grosse détonation. S'y trouvait le* StuG. "Blücher" *où, maintenant, ne virevoltent plus que fumée et poussière. Le* "Blücher" *est passé sur une mine, qui a détruit son train de roulement avec une chenille du même côté : Il doit être remorqué, or son absence nous contrarie fortement. Si nous n'avions pas eu nos* Sturmgeschütze *pour nous soutenir, rien ne se serait passé avec l'aisance dont nous avons joui. Peu avant que nous ne prenions le village de Lendlin, un pont saute, que nos* Pioniere *doivent remplacer. Les réparations durent jusqu'au petit matin. Tout près, des snipers soviétiques nous mènent la vie dure, mais nous ne déplorons par chance aucune perte.*

*Le **13 septembre** :* "wieder vorwärts", *nous reprenons notre avance, village après village, en dressant une comptabilité de tout le matériel abandonné par l'ennemi durant sa fuite.* [C'est aussi ce 13 septembre que le *Kessel* est définitivement refermé]. *Le **16 septembre**, notre chef de section Fritz Aichert est grièvement blessé lors d'une patrouille. Nous poursuivons vers notre objectif, la région de Priluki-Bogdanovka-Machnovka* [localités à une centaine de kilomètres à l'est de Kiev]*... atteinte le **19 septembre** dans la nuit. »*

De son côté, le **16 septembre**, la progression de la *15.Kp./SS-Rgt. « DF »* s'essouffle, cette compagnie peine à avancer. Le peloton du *SS-Obersturmführer* Eberhard Telkamp combat autour de la localité de Priluki. N'attendant pas l'arrivée de l'infanterie d'accompagnement, le Frison Telkamp attaque avec un autre *StuG.*, mettant hors de combat un char, deux canons de D.C.A. et quatre canons antichars adverses. Dix-neuf canons d'artillerie et de nombreux véhicules subissent le même sort. Roulant sur une mine, son propre *StuG.* est atteint et l'*Ostuf.* est blessé.

Les troupes encerclées de l'Armée rouge tentent de rompre l'encerclement, plus à l'est, ce qui fait que, le **18 septembre**, la « *Reich* » se rend vers Romny, notamment pour venir en aide à la *10. Inf.-Div. (mot.)*. Notons que, plus à l'ouest, la ville de Kiev tombe aux mains des Allemands (le **19 septembre**). F. Hümmer poursuit :

*« Deux jours plus tard, le dimanche **21 septembre**, c'est Romny qui est atteint* [à une centaine de kilomètres à l'est de Prilouky qui, comme cette dernière, est un nœud routier important]. *Là, depuis très longtemps, nous pouvons enfin apprécier une bonne bière. À la lisière de la ville et sur les hauteurs limitrophes, "Ivan" a organisé sa défense. Cela nous coûtera*

Portrait très net du *SS-Hauptsturmführer* Telkamp, portant une tenue taillée dans de la toile bariolée et suivant la coupe de la *Feldjacke*. Des motifs de camouflage qui s'avèrent être parfaitement adaptés au combat en milieu végétal.

On aperçoit ici des hommes des blindés et des fantassins en tenue camouflée. Apparemment, l'engin vient de franchir un obstacle, à la vue de la mine réjouie du *Panzermann*, au premier plan. Le train de roulement droit de l'engin est bien visible. Tenues noires et camouflées se conjuguent pour, semble-t-il, se reposer ou procéder à un examen de la situation.

**Josef Günster** rejoint la *Leibstandarte SS « Adolf Hitler »* en mai 1935. Lors de la mise sur pied de la *SS-Standarte « Der Führer »*, il rejoint la ***3. Kompanie*** de ce régiment, jusqu'à sa prise de fonction à la tête de la première unité de ***Sturmgeschütze*** de la ***« Reich »***, au début de 1941, jusqu'à sa mort au combat le **8 octobre 1941**, avec le grade de *SS-Hauptsturmführer*. Il a reçu le *Panzer-Kampfabzeichen*, les *EK. 2* et *1*, ainsi que l'insigne des blessés en noir.

Photo prise depuis un véhicule - peut-être l'arrière d'un camion bâché -, montrant un *StuG. III* à pleine allure. Un officier dépasse par la trappe du chef de pièce… peut-être s'agit-il de Günster. L'on appréciera la faible hauteur de l'engin.

*des vies supplémentaires, mais celle-ci sera également prise. Les croix de bouleau jalonnent notre chemin. Par ailleurs, nous faisons énormément de prisonniers !*

*Au midi du* **23 septembre**, *nous sommes relevés par le bataillon motocycliste. Cela marquera la fin pour nous de l'encerclement des troupes russes autour de Kiev. La division "Reich" aura fait 665 000 prisonniers, nous aurons totalement détruit cinq armées soviétiques, et deux partiellement*[2]. *Un butin matériel incroyablement élevé, au bénéfice duquel notre* 3. Kompanie *aura modestement contribué.*

*Notre division aura eu sa part dans le bon déroulement des opérations dans le secteur central du front de l'Est, avant d'être mise un peu au repos et de repartir dans une autre zone avec, cette fois, l'objectif d'atteindre Moscou. Nous n'oublierons jamais nos valeureux camarades des* Sturmgeschütze *et l'appui infaillible qu'ils nous ont procuré. »*

Fond de page : Lorsque la neige de l'Est commence à tomber, et à se fixer dès novembre, le canon d'assaut fait au mieux pour se fondre dans le nouveau paysage, peu propice aux blindés, quoique celui-ci n'ait reçu aucune peinture de camouflage… Photographie prise à l'hiver 1941/42.

En effet, dès le 23 septembre 1941 – c'est-à-dire trois jours avant l'achèvement de la bataille d'encerclement de Kiev –, la *« Reich »* est regroupée en vue de rejoindre la région de Roslavl. Cette victoire ouvre au IIIe Reich et ses alliés les contrées immenses – largement russophones – de l'Ukraine Orientale… De son côté ce jour-là, deux *Unterführer* et 23 hommes du rang rejoignent la batterie pour la renforcer.

## Automne 1941
## *Der Drang nach Moskau!*

Pour la division de Paul Hausser, les pertes ont été lourdes, et les quelques journées de remise en condition dans la région à l'ouest de Roslavl lui procurent le plus grand bien. C'est aussi à cette période que se prépare l'opération *« Taifun »*… La *« Reich »*, alors rattachée au *XL. AK* (40e corps d'armée) du général Stumme, qui se prépare à reprendre la progression vers l'ouest dans le cadre de la *Panzergruppe 4*, qui attaque le **2 octobre 1941** sur l'axe Roslavl-Moscou, toujours confrontée à l'obstacle naturel, précédemment évoqué, que représente la Desna. La *« Reich »* reçoit d'abord des missions de couverture et de nettoyage, tandis que les *Panzergruppen 3* et *4* effectuent leur jonction en encerclant d'importantes formations soviétiques – quatre armées –.

Le **8 octobre**, avec son peloton de canons d'assaut, le *SS-Untersturmführer* Kneissel appuie les assauts du *II. Bataillon* du *SS-Regiment « Deutschland »*, sur l'axe Smolensk-Moscou, aux abords de la ville de Gshatsk dont il s'agit de s'emparer. Alors qu'il se trouve non loin d'une grande voie ferrée, il reçoit de nombreux obus d'un canon antiaérien de 85 mm russe [manifestement de type 52K, modèle 1939], bien embusqué. Son train de roulement est sévèrement endommagé. Malgré de graves blessures et le fait que son canon d'assaut soit immobilisé, Kneissel a l'audace et le courage de détruire, à l'aide de deux projectiles de 75 mm, cet adversaire gênant. Ce solide *Sturmartillerist* aura commandé les canons d'assaut *« Schill »* et *« Derfflinger »*[3]. – Une fois sa guérison terminée, il ne retournera pas dans la *Sturmgeschütz-Batterie* de la *« Reich »*, mais deviendra par la suite instructeur à l'école de Kienschlag[4], créée à l'intention des futurs *Sturmartilleristen*. Il terminera sa carrière à l'autre école de *Sturmgeschütze*, celle de Janowitz.

Par ailleurs, ce 8 octobre voit la perte du premier commandant de la *SS-StuG.-Bttr. « R »*, le *SS-Hauptsturmführer* Günster. Ce jour-là, alors que les *StuG.* se trouvent sur l'axe Smolensk-Moscou, près du village de Nishnaja-Petrjajke, il succombe avec deux membres de son canon d'assaut : c'est Eberhard « Teddy » Telkamp qui le remplace[5]. Quant à lui, le *SS-Oberscharführer* Fritz Glöcke remplace ce dernier dans sa fonction de chef de peloton. S'ensuivent plusieurs journées offensives très éprouvantes pour la *« Reich »*, mais marquées par la destruction de grandes quantités de matériel soviétique et une progression profonde. Cependant, ces journées voient aussi l'apparition de fortes pluies d'automne, et même des premières chutes de neige…

Sans doute sur l'*Ostfront*, deux *StuG. III* franchissent une profonde dénivellation, probablement le lit d'une rivière. Sur le deuxième engin sont bien visibles les bras dépliables de la lunette binoculaire du chef de pièce, ressortant de sa trappe. Le premier *StuG.* est le « *Seydlitz* » - encore une référence à un militaire prussien du XVIIIe siècle - du commandant de batterie, Günster.

Un peu plus tard, le **14 octobre**, c'est au tour de l'*Ustuf.* Kneissel d'être à nouveau blessé – le même jour que Paul Hausser –. Les conditions météorologiques et le terrain restent épouvantables, rendant la tâche difficile pour le matériel roulant; plusieurs engins sont immobilisés à cause de difficultés mécaniques... *alles verschlammt!* - tout est embourbé –. Malgré tout, la progression se poursuit en direction de la capitale de l'URSS, la ligne fortifiée de Jelnja (à ne pas confondre avec une autre ville du même nom), sensée protéger Moscou, est brisée. À la fin d'octobre, les pertes humaines de la « *Reich* » s'élèvent à près de 1600 tués et 5200 blessés!

À partir du **26 octobre**, la division reprend sa progression vers Istra, dans le sillage de la *10. Pz-Div.* Le mois de novembre est long et pénible, avec notamment le *StuG.* « *Ziethen* » qui est renvoyé en Allemagne afin d'être réparé. Pendant la première moitié de décembre 1941, « *Schill* », « *Lützow II* » et « *Derfflinger* » sont détruits et, le **3 décembre 1941**, alors que l'hiver glacial s'impose sur l'ensemble du théâtre d'opérations soviétique – atteignant plusieurs dizaines de degrés Celsius en dessous de zéro –, la « *Reich* » accomplit un ultime bond jusqu'à Lenino, à une vingtaine de kilomètres seulement du Kremlin![6] Deux jours plus tard, l'Armée rouge déclenche sa contre-offensive d'hiver! Parmi une foule d'autres formations allemandes, la division doit reculer derrière l'Istra, puis jusqu'au nord-ouest de Rusa, sur une *Hauptkampflinie* qui peut être tenue jusqu'au **16 janvier 1942**, avant de devoir décrocher une nouvelle fois vers l'ouest, au milieu d'un paysage glacé et couvert de neige. En date du **20 décembre**, seuls deux canons d'assaut, « *York* » et « *Blücher II* », sont encore en état de combattre. Depuis Sytschewka, la « *Reich* » riposte, avant d'être transférée dans une autre zone, elle aussi menacée : Rjev. Jusqu'à la mi-février, les affrontements y sont virulents. Ensuite, à la faveur d'une accalmie, la division est relevée pour regagner la *Heimat*. Toutefois, un groupement tactique de la « *Reich* » demeure sur l'*Ostfront*, qui se rend dans le secteur plus calme d'Olenino (à 35 km au nord-ouest de Styschewka). Il reste là-bas jusqu'au début de juin 1942. De son côté, « Seydlitz », le *Sturmgeschütz* du *Hstuf.* Josef Günster, est enfin réparé mais, le **28 janvier 1942** c'est de nouveau à son tour de succomber, alors qu'il appuie par son feu l'*Aufklärungs-Abteilung* de la division. De la mi-décembre jusqu'à la fin de janvier, il était le dernier canon d'assaut de la *StuG.-Bttr.* se trouvant toujours en état d'opérer en première ligne. Effectivement, le « *York* » et le « *Blücher II* » ont été repliés en arrière de la ligne de front.

1. D'après Trang C., *Barbarossa*, page 92, cette action aurait eu lieu le 6 septembre.
2. Attention, ce chiffre est largement surévalué, et représente le butin de plusieurs autres divisions allemandes, pas uniquement de la « *Reich* » de Hausser.
3. « *Derfflinger* » fait référence à un *Feldmarschall* allemand de la guerre de Trente Ans né en Autriche, qui est entré au service de Friedrich-Wilhelm de Brandebourg. « *Schill* » se rapporte à l'officier prussien né en Saxe Ferdinand von Schill (1779-1809).
4. Nom donné par les Allemands à Prosetschnitz, *SS-Truppenübungsplatz*.
5. Il semblerait que ce soit plutôt Walter Kniep, à moins que Telkamp n'ait assuré un bref intérim... (NDLR)
6. Voir Charles Trang, *Opération Barbarossa. La Waffen-SS au combat*, Heimdal, 2103, pages 104-105.

Avril 1942

# CONSTITUTION DE LA *STURMGESCHÜTZ-ABTEILUNG* DE LA "*DAS REICH*"

Depuis l'entrée en guerre contre l'Union soviétique, autrement dit durant tout le second semestre de l'année 1941, la *StuG.-Bttr.* a eu à son actif la destruction de 68 chars, plus quatre autres véhicules blindés, 117 canons et obusiers de campagne, treize pièces de D.C.A. et 78 canons antichars. Et ce, avec un nombre restreint de *Sturmgeschütze* armés du L/24.

Le **30 avril 1942**, la *SS-StuG.-Bttr.* de la division est officiellement dissoute en tant qu'unité, bien que ne possédant déjà plus de véhicules depuis la fin du mois de janvier 1942. Les *Sturmartilleristen* encore en état de combattre sont répartis dans les batteries du *SS-Art.-Rgt.* « *Reich* », d'autres rejoignent également la formation blindée de la division. Néanmoins, la majorité des survivants obtient trois semaines de permission bien méritées, avant une profonde refonte de la division. À la mi-avril 1942, ils rejoignent le camp d'entraînement de Fallingbostel, en Basse-Saxe. D'autres formations préparent leur reconstitution au *Truppen-Übungsplatz* de Memmingen, en Souabe bavaroise. Notons que, déjà le **3 février 1942**, quatorze sous-officiers et hommes de troupe ont été envoyés en formation à Vienne, qui vont bientôt constituer le noyau de la nouvelle formation de canons d'assaut de la division. En **mai 1942**, la division est renommée *SS-Division* « *Das Reich* », le nom « *Reich* » étant dorénavant précédé de son article défini. Quelques semaines plus tard, en **juin 1942**, les formations en cours de (re)constitution de la « *Das Reich* » partent

Comme pour le lancement d'un cuirassé, le *StuG.* est lui aussi baptisé au champagne... Sera-ce suffisant pour procurer bonheur et chance à son équipage ?

Eberhard Telkamp à gauche et l'*Ustuf.* Rolf Tammling (chef de peloton dans la 1re batterie), plus tard décoré de la croix allemande en or le 19 août 1944, comme membre de la 8e compagnie du *SS-Pz-Rgt. 9 « Hohenstaufen »*.

pour la France, et stationnent d'abord dans la région du Mans, tout l'été, avant de rejoindre, au début de l'automne, les confins bocagers de la Manche et du Calvados dans le secteur de Saint-Lô.

Le **14 octobre 1942**, enfin, après de longues semaines, la nouvelle unité de *Sturmgeschütze* de la « *Reich* » est officiellement mise sur pied qui, comme son homologue de la *Leibstandarte*, est un groupe de plusieurs batteries (*Abteilung*)[1]. Son personnel provient en partie de la *SS-Panzer-Ersatz-und-Ausbildungs-Abteilung*, installée à Weimar-Buchenwald.

Parmi les nouveaux arrivants qui marqueront l'*Abteilung* au cours de l'année suivante, citons le *SS-Obersturmführer* Ernst August Krag, qui prend la tête de la 2e batterie. Auparavant, il servait comme *Adjutant* du régiment d'artillerie de la division. Autre officier valeureux qui rejoint la nouvelle unité, le *SS-Untersturmführer* Roland Paul, qui provient du *SS-Regiment « Deutschland »* (où il servait comme commandant de section dans la *13. Kompanie*). Maintenant *Sturmartillerist*, Paul reçoit la fonction de chef du 2e peloton de la 1re batterie (*1./ SS-StuG.-Abt. 2 « DR »*). À titre provisoire, en

➲ Rare photo d'Ernst August Krag, alors qu'il n'est encore qu'aspirant officier à l'école d'officiers SS de Bad Tölz, comme l'indique sa patte de col portant le T de Tölz.

➲ Portrait de Krag, un *SS-Obersturmführer* alors bien décoré, avant que le *Deutsche Kreuz in Gold* lui soit conféré le 9 avril 1943. Il semble qu'il ait un bandage autour du cou.

➲ Sans doute au début de la guerre (*Blitzkrieg* à l'Ouest), alors qu'il sert dans l'artillerie de campagne, Ernst August Krag avec à ses pieds plusieurs serviettes et porte-documents, contenant des papiers servant lors d'exercices sur le terrain. Notez l'aiguillette qu'il porte autour de l'épaule droite.

➲ Le *Hstuf.* Krag en permission chez lui, avec son fils dans les bras. Il porte la tenue grise de la *Sturmartillerie*.

Au même endroit, rejoint cette fois par son épouse… Difficile d'affirmer si, à ce moment-là, il a déjà reçu le *Deutsche Kreuz in Gold*…

fonction des circonstances, il lui arrivera de recevoir le commandement de la totalité de la batterie. Malgré de nombreuses blessures, au mois d'août et en octobre 1943, il ne rentrera au pays qu'en décembre 1943 . L'on trouve également le *SS-Obersturmführer* Dr. Wolfgang Röhder, qui commandera par intérim la 3ᵉ batterie lorsque le chef de celle-ci, l'*Ostuf.* Siegfried Kepp, sera blessé. Mentionnons également le *SS-Unterscharführer* Alfons Stegmaier, *Sturmartillerist* de la 3ᵉ batterie en qualité de chef de pièce (*Geschützführer*) et d'un demi-peloton (*Halbzug-Führer*). Stegmaier sera promu au rang de *SS-Hauptscharführer* et chef du 3ᵉ peloton de la 3ᵉ batterie. Avec trente chars détruits à son actif, il s'avérera être l'un des plus talentueux *Sturmartilleristen* de la division pour l'année 1943. Mentionnons encore le *SS-Stabscharführer* Gerhard Hecker, promu *SS-Oberscharführer* le 1ᵉʳ décembre 1942, ou encore le *SS-Obersturmführer* Friedrich Wilhelm Graun qui prendra le commandement de la *Stabs-Batterie* (batterie de commandement) dans les premières semaines de novembre 1942 – Notons aussi que, lorsque « Teddy » Telkamp quittera la division au début de juin 1943, Graun prendra sa place à la tête de la 1ʳᵉ batterie. Quant à elle, la batterie de commandement sera brièvement commandée par le Dr. Karl Putz von Rolsberg, issu des officiers de réserve, qui dirigera plus tard l'unité d'intendance de la « *Götz von Berlichingen* ». Walter Reininghaus le remplace.

Juillet 1944. Au cours de la formation de nouvelles recrues, l'une d'elle a photographié ce *StuG. III* à l'école de Deutsch Eylau, en Prusse occidentale. Devenus obsolètes au combat, les canons d'assaut à canon court continuent de servir à l'instruction.

Le groupe de canons d'assaut de la « *Das Reich* » se compose comme suit : trois batteries de sept *StuG. III* chacune, une batterie de commandement (comprenant, entre autres, un *StuG.* réservé au chef de corps) et une section de réparation et d'entretien, soit un total de vingt-deux *Sturmgeschütze III* équipés du canon de 75 mm L/48, beaucoup plus efficace dans les affrontements antichars que son prédécesseur le L/24 (75 mm court), et pouvant atteindre des objectifs beaucoup plus éloignés.

La formation et l'entraînement de ce nouveau corps de troupe sont effectués aux camps de Jüterbog et, surtout par la suite, de Debica. Puis, le **9 novembre 1942**, la *SS-Division « Das Reich »* se transforme en *SS-Panzer-Grenadier-Division « Das Reich »*. Pour surseoir au remplacement des pertes, les futures nouvelles recrues sont instruites au *Truppen-Übungsplatz* de Debica-Heidelager, dans le Protectorat de Bohême-Moravie, où est installé la *SS-StuG.-Ausb.-u.-Ers.-Abt.*

Les entraînements se succèdent à vive allure pendant le mois de décembre 1942 – la « *Das Reich* » est alors transférée au sud de Rennes –, néanmoins quelque peu retardés par l'arrivée tardive des nouveaux *Sturmgeschütze III*, les *StuG. 40*. Les fêtes de fin d'année sont passées en France. Les officiers et le commandant du groupe n'arrivent que le **1ᵉʳ janvier 1943**. Le jour suivant, tous les conducteurs ont terminé leur dressage.

Autre portrait de « Teddy » Telkamp.

1. Voir Mark C. Yerger, *SS-Sturmbannführer Ernst August Krag*, page 56.

Février 1943

# RETOUR À L'EST DES *STURMARTILLERISTEN* DE LA « *DAS REICH* »

En ce tout début de l'année 1943, la *SS-StuG.-Abt. 2 « Das Reich »* est organisée comme suit :

Le nouveau chef de corps est le *Hstuf.* Walter Kniep. Son officier adjudant-major (*Abteilungs-Adjutant*) est l'*Ustuf. d.R.* Heinrich Köhler, qui provient de l'artillerie de la division (et servira, par la suite, dans la *Panzerjäger-Abteilung* de celle-ci, pour devenir au final commandant du IIe groupe du régiment d'artillerie de la *18. SS-Freiw.-Pz-Gren.-Div. « Horst Wessel »*). L'officier d'ordonnance de Kniep est l'*Ustuf.* Hartmut Braun, le médecin de l'*Abteilung* est l'*Ostuf.* le Dr. Fritz Sedlazek, le chef de l'atelier de réparation et de maintenance est l'*Ustuf.* Günter Streiceck.

- La ***Stabs-Batterie*** est sous les ordres de l'*Ostuf.* Friedrich-Wilhelm Graun,
- La **1re batterie** sous ceux de l'*Ostuf.* Eberhard Telkamp avec, pour le 1er peloton, l'*Ustuf.* Gerhard Wykypiel, pour le 2e l'*Ustuf.* Roland Paul et, pour le 3e peloton, le *SS-Standartenoberjunker* Rolf Tammling (ce dernier sera par la suite muté à la division « *Hohenstaufen* », et recevra le *Deutsche Kreuz in Gold* le 19 août 1944, en tant qu'*Ostuf.* et commandant de la *8. Kp./SS-Pz-Rgt. 9*).
- La **2e batterie** est commandée par l'*Ostuf.* Ernst August Krag. Son 1er peloton reçoit pour commandant l'*Ustuf.* Steffen Chemnitz (versé au cours de l'année 1944 dans la *Panzerjäger-Abteilung* de la division « *Wiking* »), le 2e l'*Ustuf.* Otto Enderle, et quant à lui l'*Ustuf.* August Hoffmann est placé à la tête du 3e (qui trouvera la mort le 25 juillet 1944, en tant que commandant de la 3e compagnie de

Accoudé au tube d'un *StuG. 40*, l'*Ostuf.* Dr. Fritz Sedlazeck et, en bordure gauche de l'image, peut-être Otto Enderle. Krag est de dos, au milieu.

la *SS-Panzerjäger-Abteilung 17 « Götz von Berlichingen »*).

- La 3e **batterie** est, de son côté, commandée par l'*Ostuf.* Wolfgang Röhder[1]. Le 1er peloton est dirigé par l'*Ustuf.* Günther Hildebrandt, le 2e par l'*Ustuf.* Heinz Klingenberg (qui finira la guerre comme *SS-Obersturmführer* et commandant de la 7e compagnie du *SS-Panzer-Regiment 9 « Hohenstaufen »*). Enfin, le 3e peloton se voit commandé par l'*Oscha.* Hermann Dietrich (qui sera versé dans le régiment de chars de la division au cours du printemps de 1943, et sera tué le 2 juillet 1944, détenant alors le commandement de la 4e compagnie du *Begleit-Bataillon « Reichführer SS »*).

Il y a bien entendu un échelon de réparation et d'entretien des véhicules.

En cet hiver 1942/43, tandis que la situation s'aggrave fortement dans la partie sud du front de l'Est, la « *Das Reich* » quitte l'ouest de la France pour regagner ce théâtre d'opérations. Elle se rassemble à l'ouest de Kharkov, alors que la *6. Armee* de Paulus achève de périr dans Stalingrad. Les *Sturmgeschütze* arrivent le **9 février 1943** en gare de Kochanowka, suivis, quelques semaines plus tard, par les véhicules de soutien provenant des dépôts de Prague, d'Oranienburg et de Schröttersburg. De son côté, le personnel des transmissions finit son instruction et rejoint peu après le reste de l'*Abteilung*.

## Les combats d'hiver pour Kharkov

À la **mi-février 1943**, la « *Das Reich* » reçoit l'ordre de se regrouper dans la zone de Krasnodar, pour repasser à l'offensive et reprendre Kharkov. Les canons d'assaut y participent. Le **15 février**, la 2e batterie soutient le *II. Bataillon* du *SS-Pz-Gren.-Rgt. « Deutschland »*, la *5. Kompanie* du régiment « *Der Führer* », ainsi que la *3. Kompanie* du *SS-Pionier-Bataillon* de la division. Ils progressent sur la route Kulnitschi-Terehoff, en bordure orientale de Kharkov. Entre 14 h et 15 h 30, le *SS-Obersturmführer* Krag s'illustre en bousculant l'infanterie soviétique, lui causant des pertes sensibles en hommes et en matériels. De son côté, le canon d'assaut de l'*Uscha.* Alfred Idel prend une grande part dans cette action, en détruisant un canon antichar, deux fusils antichars et deux mortiers russes. Puis, bravant les très denses rideaux de tirs adverses, il parvient à ramener vers l'arrière un *StuG. 40* qui, pour

En pleine discussion, le successeur de Josef Günster (tué au début d'octobre 1941) à la tête de la *SS-StuG.-Bttr. « R »* : le *Hstuf.* Walter Kniep.

Trois officiers de la *SS-StuG.-Abt. 2 « DR »* devant leurs canons d'assaut. De gauche à droite : Kemnitz, A. Hoffmann et O. Enderle.

La robuste Skoda d'Ernst August Krag.

Le *SS-Untersturmführer* Dr. Röhder, appartenant alors à la « *Totenkopf* », prendra le commandement de la 3e batterie.

Superbe vue d'un *StuG. 40*, avec les renforts de plaques de blindage boulonnées de caisse, et une application de peinture blanche pour les conditions hivernales du front de l'Est. Ici, un passage en revue, le chef pièce effectuant un salut romain devant une autorité supérieure hélas non visible ici.

une quelconque raison, accusait des problèmes mécaniques.

Une semaine plus tard environ, grâce à l'appui de cette 2e batterie, le **21 février** une tête de pont est formée, et s'installe à Nowomoskowsk, en bordure de Dniepropetrovsk. L'action énergique de l'*Uscha*. Idel permet de réduire au silence un canon antichar et de nombreux nids de mitrailleuses et, ainsi, au IIe bataillon du « *Der Führer* » de progresser.

Le **23 février**, le *II./« DF »* défend la ville de Pawlograd vers le nord. Des unités soviétiques ont pu progresser en profondeur vers l'ouest jusque dans cette zone. Pendant la nuit, dix chars soviétiques font irruption dans les premières lignes allemandes, mais sont finalement repoussés par les *Panzer-Grenadiere* du « *DF* », aidés en cela par les *Sturmgeschütze* de la 2e batterie de l'*Ostuf.* Krag. Les fantassins ayant eux aussi été repoussés, au petit matin une contre-attaque allemande est organisée, prenant violemment les Russes à partie, leur infligeant un cuisant revers : Ils laissent plus de 250 cadavres sur le terrain, qu'ils ont dû abandonner à la hâte. Ce faisant, la 7e compagnie du « *Der Führer* » peut accomplir sa mission sans perte, et occuper de nouvelles lignes[2].

Le lendemain, la batterie d'Ernst August Krag appuie l'attaque du IIe bataillon du *SS-Panzer-Grenadier-Regiment « Deutschland »* sur Werbki [Vrebki], sur la route entre Pawlograd et Lozowa. Krag rapporte :

« *La première cible étant la prise d'un pont situé au sud-ouest de l'entrée de la localité, l'idée était de prendre l'édifice par surprise. Épaulés par les* Pioniere *et les* Panzer-Grenadiere *de la 6e compagnie du* Regiment "Deutschland", *nous nous précipitons vers le pont à vive allure. Toutefois, les sapeurs russes avaient déjà miné celui-ci, et l'avaient fait exploser. Arrivant sur place, si je ne peux que déplorer la perte de l'objectif, je m'en prends du moins aux véhicules lourds soviétiques, situés de l'autre côté. Équipages et passagers quittent précipitamment leurs engins, les abandonnant sur place. Grâce à l'appui de mes* Sturmgeschütze, *nos troupes peuvent prendre possession de l'entrée sud-ouest de la bourgade, et déboucher par le sud de celle-ci sans grosses difficultés. Ces lieux étaient truffés de fortifications équipées de canons antichars et de chars, qu'"Ivan" a abandonnées sans daigner demander son reste. Les troupes de notre* "Das Reich" *en prennent possession. Quant à moi, je m'enfonce jusque vers les abords nord-ouest de Werbki, et ce de ma propre initiative, sans attendre d'ordre et sans le soutien de fantassins non plus, uniquement avec les* Sturmgeschütze *de ma [2e] batterie. C'est de ce côté que j'établis un premier contact avec un élément de reconnaissance de la division* "Totenkopf". »

1943 à l'Est, sans doute en Ukraine à la veille de la bataille de Kharkov, d'où la livrée blanche des canons d'assaut. Ici, la 2e batterie au complet.

Page de droite : Le même endroit. À droite, le *SS-Obersturmführer* Wolfgang Otto. Le *StuG.* visible au premier plan est celui de Krag, le « *Götz von Berlichingen* ».

Le **26 février**, le IIe bataillon du « *Der Führer* » attaque Losowaja [ou Lozowa]. Au cours de la préparation de cette attaque, les Russes organisent et mènent une contre-attaque avec l'aide de trois chars moyens T-34. Cette entreprise soumet le *II./ « DF »* à de grandes difficultés. L'*Ostuf.* Krag se trouve alors avec deux *Sturmgeschütze* non loin de là, en soutien du bataillon de motocyclistes de la division [qui, précisons-le, sera dissous quelques semaines plus tard]. Cernant les difficultés engendrées par l'attaque russe, Krag intervient et pulvérise deux des trois T-34, sauvant *in extremis* la situation. L'attaque prévue contre Losowaja

Né le 8 mai 1914 en Frise orientale, **Eberhard Telkamp** rejoint dans un premier temps la ***Hitlerjugend*** (de septembre 1932 à décembre 1933), puis l'***Allgemeine-SS*** (le 20 décembre 1933), après avoir passé avec succès ses examens. Il sert dans la ***10.Kp./24. Standarte*** à Oldenburg, en Basse-Saxe. Il rejoint la SS-VT le 4 mai 1936, et est incorporé à la SS-***Standarte « Germania »***; plus particulièrement, à la ***12. Kp.*** à partir de septembre 1937. Après un séjour à Radolfzell (d'abord caserne du ***III.Btl./ « Germania »***, et plus tard école de sous-officiers des Waffen-SS), il rejoint l'école de junker de Bad Tölz de la mi-novembre 1938 à août 1939. Le 1er juin 1939, Telkamp est déjà nommé ***SS-Standartenjunker*** (équivalent à ***SS-Oscha.***) et, le 1er septembre 1939, ***SS-Standartenoberjunker.*** Après une formation d'artilleur dans une école de la Wehrmacht, il rejoint le régiment d'artillerie de la ***SS-VT*** (future « ***Reich*** »). En 1940, il y reçoit la fonction de commandant de la 1re batterie du régiment, et lui sont conférés cette année-là les ***EK.2*** et ***1.*** En janvier 1941, il suit une formation aux canons d'assaut dans une école du ***Heer***, et devient l'un des premiers chefs de peloton de la ***StuG.-Bttr.*** de la ***« Reich »***. Engagé contre l'URSS dans le cadre du ***Fall « Barbarossa »***, il est blessé une première fois le 2 juillet et, par la suite, le 7 septembre 1941 par des éclats d'obus d'artillerie, alors qu'il engage des chars soviétiques. Le commandant de batterie, le ***SS-Hauptsturmführer*** Josef Günster, est blessé et doit provisoirement quitter l'unité : c'est Telkamp qui en reprend la tête, du 9 juillet au 24 août 1941, date du retour de Günster... qui est tué au combat le 8 octobre 1941, c'est alors de nouveau Telkamp qui le remplace à la tête des ***Sturmartilleristen*** de la « ***Reich*** ». À la fin de janvier 1942, tandis que la batterie est dissoute faute de canons d'assaut de rechange et suite à de lourdes pertes, Eberhard Telkamp est transféré à la 10e batterie du ***SS-Artillerie-Regiment « Reich »***. Il reçoit, comme des centaines de soldats de la division, la médaille des combats de l'hiver 1941/42 à l'Est (5 août 1942). Quelques mois plus tard, lorsqu'un groupe de batteries de canons d'assaut est mis sur pied pour la division « Reich », le solide ***Hstuf.*** Telkamp assure le commandement de la 1re batterie, au mois d'octobre 1942. Lui est attribué l'insigne des blessés en argent le 28 février 1943. En mai 1943, il dirige l'instruction de jeunes recrues à la ***SS-Sturmgeschütz-Ausbildung-und-Ersatz-Abteilung*** — groupe de canons d'assaut d'instruction et de dépôt —. Peu après, le 15 juin 1943, ce Frison est promu commandant de la nouvelle ***SS-Sturmgeschütz-Abteilung 9 « Hohenstaufen »***. Au sein de la même division, il connaît une nouvelle mutation, à la tête de la ***I. Abteilung*** du ***SS-Panzer-Regiment 9*** (le 15 novembre 1943). Devenu ***SS-Sturmbannführer*** le 21 juin 1944, durant la bataille de Normandie, il est décoré de la croix de chevalier — le 23 août — pour la destruction de cent chars alliés en vingt jours de combats, en juin et juillet 1944. À la mi-septembre 1944, il prend le commandement du régiment blindé de la ***Hohenstaufen***, suite au décès de son ancien commandant, Otto Meyer, tombé le 29 août 1944 au passage de la Seine dans la région de Duclair (il repose au cimetière militaire allemand de Bourdon). Eberhard Telkamp a été un brillant commandant de la ***Sturmartillerie*** — puis des chars — des Waffen-SS, qui plus est hautement décoré. Devenu aubergiste après la guerre, il est décédé le 20 avril 1992 à Pfronten, dans l'Allgäu.

Dédicace à l'auteur par Krag. Il dépasse ici par le tourelleau de son *StuG.40* dénommé « *Götz von Berlichingen* ». Photos sans doute prises à la fin de l'automne 1943.

peut enfin débuter. Après s'être concerté avec le commandant des *Kradschützen*, Ernst August Krag décide de venir en soutien des *Panzer-Grenadiere* du *II./« DF »* dans leur attaque. De manière énergique, et avec un indéniable talent, le commandant de la 2ᵉ batterie de canons d'assaut détruit neuf chars T-34 supplémentaires, ainsi que de nombreuses positions de fusils-mitrailleurs et mitrailleuses[3].

Le même jour, dans la foulée, d'autres durs combats se déroulent pour la prise de Losowaja. À la tête de son canon d'assaut, l'*Uscha.* Alfred Idel fait montre, par sa rapidité et son courage, d'aptitudes élevées. Ce *Sturmartillerist* de qualité détruit un T-34 qui, avec deux autres chars, se lançait dans une contre-attaque. Cela permet au *II./« DF »* de poursuivre son attaque. Idel soutient par ses tirs la 3ᵉ compagnie du *SS-Kradschützen-Bataillon « Das Reich »*, en

Une colonne de *StuG. 40* de la « *Das Reich* » dans un environnement hivernal en 1943, dans la région de Kharkov. Remarquons qu'ils sont dépourvus d'« *Ostketten* ».

détruisant plusieurs positions de mitrailleuses qui ralentissaient leur avance. Alfred Idel se verra décerner le *Deutsche Kreuz in Gold* le 14 avril 1943.

Le lendemain **27 février 1943**, le commandant de la 3e batterie, le *SS-Obersturmführer* Kepp, est grièvement blessé lors des combats pour Losowaja. Son *StuG.* ayant été atteint par le tir d'un canon antichar russe judicieusement positionné, il prend feu... Or, c'est grâce au secours du *SS-Hauptscharführer* Stegmaier qu'il doit sa survie, qui le dégage de son épave en feu. Stegmaier ramènera Kepp jusque vers l'arrière, pour qu'il soit pris médicalement en charge au plus vite. Ce même jour, percevant la précarité de la situation, il décide d'attaquer les positions tenues par d'importantes forces d'infanterie et d'artillerie russes. Bilan : douze canons antichars ou de campagne, et plusieurs positions de mitrailleuses lourdes neutralisées. Cela procure, comme si souvent, un soulagement sensible aux *Grenadiere* et *Panzergrenadiere* dans le cadre de leur progression.

Ce jour-là, la 2e batterie aux ordres de l'*Ostuf.* Krag est de nouveau aux côtés du bataillon de motocyclistes organique de la division : Les *Kradschützen* doivent attaquer le secteur nord-ouest de la gare de Losowaja. Il fera de cette attaque, grâce à sa vision impeccable du déroulement des combats et à ses initiatives, un succès.

Le **28 février**, par un temps épouvantable, ne procurant qu'une très faible visibilité, les Russes attaquent Rasdolje. C'est à nouveau la *2./SS-StuG.-Abt. « DR »* qui est appelée à la rescousse, en appui de la *5. Kp./« DF »*. En détruisant un T-34, de nombreux mortiers et mitrailleuses, et en dépit d'un terrain presque impraticable et d'une visibilité quasi nulle, Krag contribue grandement à la capture de la localité. Les canons antichars et les quelques blindés soviétiques qui tiennent la ville ne suffisent pas à endiguer l'assaut mené par le *SS-Obersturmführer* hessois et ses *Sturmgeschütze*. Lors de son assaut, il détruit quatre chars T-34 à courte distance, ainsi que trois positions de canons antichars. Plusieurs nids de mitrailleuses lourdes sont également à mettre à l'actif de sa petite unité.

Le **1er mars 1943**, retrouvons le *SS-Unterscharführer* Idel qui, à nouveau, démontrera sa pugnacité et son courage en appuyant une attaque du IIe bataillon du *SS-Pz-Gren.-Rgt. « DF »*, partant de Rasdolje et se dirigeant sur Jefremowka. Malgré une écrasante supériorité numérique de l'Armée rouge, il détruit trois canons antichars dès les premiers engagements, et met en flammes quatre chars et un véhicule blindé de reconnaissance soviétiques. L'action de l'intrépide Idel empêche

Né à Lorenzen en Prusse-Orientale le 13 décembre 1909, **Walter Kniep** commence sa carrière dans la police, et sert dans celle de Berlin du 1er avril 1929 à février 1934. Puis, il rejoint le lendemain la caserne SS d'Ellwangen, dans le Württemberg. Là, il est élève officier d'octobre 1934 à mars 1935. Ensuite, Kniep devient ***SS-Standarten-Oberjunker*** à la ***SS-Junkerschule*** de Braunschweig, et devient officier en avril 1936. En octobre 1936, il est transféré à la ***SS-Nachrichten-Abteilung « N »*** à Nuremberg, en tant que chef de section de la 1re compagnie. En juin 1939, il passe ensuite chef de peloton dans l'unité antiaérienne fraîchement mise sur pieds de la ***SS-VT***. Puis, il dirige la 1re compagnie de la ***SS-VT***. Lors de la campagne de Pologne, en septembre-octobre 1939, il se retrouve dans l'état-major de la ***SS-VT***, combinée avec le Heer pour former le groupement composite Kempf, de la taille d'une division (parfois retrouvé sous l'appellation de ***Panzer-Division « Kempf »***). En 1940, il tient la même fonction et combat durant le ***Blitzkrieg*** à l'Ouest, et reçoit les ***EK.2*** et ***1*** (respectivement, les 3 juin et 22 juillet 1940). L'année suivante, il rejoint la 3e compagnie du ***Regiment « Der Führer »***, puis il est versé dans le ***III./ « D »***. Lui sont décernés l'***Infanterie-Sturmabzeichen in Bronze*** (le 20 avril 1941), le ***Deutsches Kreuz in Gold***, il est même le premier soldat de la ***SS-Division « Reich »*** à le recevoir. En octobre 1942, suite à la création du groupe de canons d'assaut de la division « ***Das Reich*** », Kniep est nommé à sa tête : c'est le premier commandant de cette formation, et ce jusqu'au mois d'août 1943. Il est promu ***SS-Sturmbannführer*** le 20 avril 1943 — son dernier grade —, et devient titulaire de la Croix de chevalier le 14 août 1943. En novembre 1943, il est versé dans le bataillon de chars de la nouvelle ***SS-Panzer-Grenadier-Division « Götz von Berlichingen »*** (bataillon qui, en fait, ne comporte que des canons d'assaut et non des blindés à tourelle). Ce solide officier meurt tragiquement au cours d'un exercice à munitions réelles le 22 avril 1944 à Thouars, dans la Vienne (d'un coup de pistolet ?). Les circonstances du drame ne seront pas éclaircies. Son successeur est Ludwig Kepplinger, lui aussi ancien de la « ***Das Reich*** ». Ses restes ont été transférés à l'ossuaire d'Huisnes.

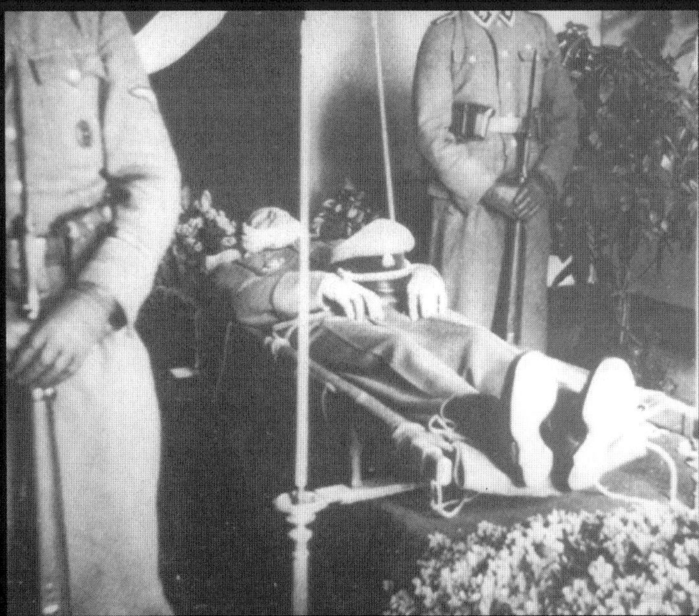

Ce *StuG. 40* de la « *Das Reich* » lors des combats pour Kharkov comporte les fameuses « *Ostketten* », chenilles aux patins élargis par soudure d'une pièce d'acier supplémentaire sur l'extérieur de celui d'origine, permettant une adhérence plus grande face à l'importance de la neige ou de la boue du front russe.

l'établissement d'une ligne de défense soviétique sur les arrières de Jefremowka.

Le lendemain, malgré un important battage de l'artillerie lourde adverse, nourri d'un puissant feu antichar et de mortiers, le IIe bataillon du « *Der Führer* » progresse... sur une distance limitée, tant l'averse d'obus est importante. De son côté, l'*Ostuf.* E. A. Krag a choisi une position superbement placée pour ses *Sturmgeschütze*. Ainsi disposée, sa 2e batterie détruit huit chars, dont trois T-34, neuf canons antichars et de nombreuses positions de F.-M. et mitrailleuses. Un peu plus tard, ce sont dix-neuf canons antichars qui sont capturés grâce à la batterie de Krag, qui aura détruit, lors de ces engagements, les ¾ des engins mis hors de combat. Une fois encore, la présence des *Sturmartilleristen* aux côtés des *Infanteristen* a permis d'obtenir le succès.

En réponse, les Soviétiques lancent une puissante attaque le **3 mars 1943**, à 6 heures du matin, soutenus par des chars et 2 000 soldats, débouchant d'une dépression de terrain près de Losowaja et d'une hauteur au sud-ouest de la localité. Le *SS-Kradschützen-Bataillon*, soutenu par les *StuG.* de la 2e batterie, terrasse de ses feux les vagues d'assaillants. Les *StuG.* de Krag parviennent à écraser de leurs obus les positions de quatre canons antichars de 76,2 mm. Plus de 200 tués et blessés sont à déplorer chez l'adversaire, qui abandonne son attaque.

Quelques jours plus tard, les **7** et **8 mars**, l'*Ostuf.* Krag et les *Sturmartilleristen* de sa 2e batterie appuient de leurs feux l'attaque du IIIe bataillon du « *Der Führer* », qui doit avancer sur Stanaja Vodolaga, à une trentaine de kilomètres au sud-ouest de Kharkov. Au cours de ces combats, il détruit personnellement deux canons antichars de 76,2 mm, ainsi que des traîneaux hippomobiles chargés de munitions et divers ravitaillements. Les Russes laissent une quinzaine de cadavres et une vingtaine de blessés, qui sont constitués prisonniers.

Ensuite, la *SS-StuG.-Abt. 2* est engagée plus directement dans les combats pour Kharkov. À la fin de ces derniers, il ne lui reste que neuf *StuG. III* en état de combattre. La ville est reprise le **14 mars**.

Quatre jours plus tard, ayant poursuivi sa progression, la « *Reich* » arrive jusqu'aux abords de

Au cours d'une remise de décorations par Walter Krüger au printemps de 1943, E. A. Krag est décoré du *DKG* par son commandant de division, ainsi que l'*Uscha.* Alfred Idel (2e à droite).

Né le 20 Février 1915 à Wiesbaden-Erbenheim, dans le Hesse, au début de mai 1935 **Ernst August Krag** est volontaire pour un engagement dans la ***SS-Verfügungs-Truppe***, et assigné à la 5e compagnie de la ***SS-Standarte « Germania »***. Sept mois plus tard, il est promu ***SS-Sturmmann***. Début de mai 1937, ce SS de 22 ans est volontaire pour une formation au saut à l'école de parachutisme de la ***Luftwaffe*** de Stendal. En mai 1938, il est versé dans la 9e compagnie de la ***SS-Standarte « Der Führer »***, à Klagenfurt. Le 1er juillet 1938, il est promu ***SS-Unterscharführer***, et est sélectionné pour prendre part à ce qui sera la dernière promotion, du temps de paix, de l'école d'officiers de Bad Tölz, en Bavière. Celle-ci se déroule du 1er novembre 1938 au 22 août 1939. Le 1er septembre 1939, il est nommé ***SS-Standartenoberjunker*** (équivalent à ***SS-Hauptscharführer***). Il suit alors une formation à l'école d'artillerie de Jüterbog, suivie de son affectation au régiment d'artillerie de la ***SS-VT***. En octobre 1939, ce corps de troupe est envoyé à Pilsen (Protectorat de Bohême-Moravie), pour être intégré à la ***SS-Verfügungs-Division (mot.)***. Promu dans l'intervalle ***SS-Untersturmführer***, en janvier et févier 1940 Ernst August Krag poursuit des cours à l'école des transmissions du ***Heer*** à Halle. De retour dans son unité, il est employé comme officier de tir, puis d'observation, avant de devenir ***Adjutant*** de l'un des groupes de batteries du régiment d'artillerie de la « ***Reich*** », poste qu'il conserve jusqu'à la fin de 1940, combattant en France pour y recevoir l'***EK.2***. À l'automne de la même année, il sert également comme instructeur d'artillerie à Amersfoort, près d'Utrecht en Hollande. Au printemps de 1941, Ernst August Krag est nommé commandant de la 11e batterie lourde du ***SS-Art.-Rgt. « R »***. Il dirige sa petite unité lors de la courte campagne de Yougoslavie, et assure ensuite le commandement de la 5e batterie au début de l'opération « Barbarossa ». Le 27 juillet 1941, il reçoit l'***EK.1***.

La division « ***Reich*** » ayant subi de lourdes pertes, en décembre 1941 il est versé pour peu de temps dans l'***Aufklärungs-Abteilung*** de la division, en qualité de ***Kompanie-Führer*** de la 2e compagnie. Le 23 janvier 1942, Krag est grièvement blessé lors de combats rapprochés à Sytschevka, et se retrouve évacué sur l'hôpital de Lötzen, en Prusse-Orientale, puis vers celui de Mayence, pour une période de convalescence. En mai 1942, sa guérison achevée, il retourne dans l'artillerie de la « ***Reich*** », avant de rejoindre, en octobre 1942, la ***SS- Sturmgeschütz-Abteilung*** de la division fraîchement créée (devenue « ***Das Reich*** »), dans laquelle il prend la tête de la 2e batterie.

Ernst August Krag prend le commandement du groupe divisionnaire de canons d'assaut au mois d'août 1943 à titre provisoire, tandis que Walter Kniep est muté à la ***SS-Sturmgeschütz-Abteilung 17 « Götz von Berlichingen »***. À nouveau blessé le 3 août 1943 — son véhicule de commandement a heurté une mine, le blessant légèrement —, il reçoit l'insigne des blessés en argent deux jours plus tard. Krag est blessé pour la quatrième fois le 14 octobre 1943! Fin décembre, avec le gros des restes de la division, l'essentiel de la ***SS-StuG.-Abt. 2*** est rapatrié vers l'Allemagne. Il est promu ***SS-Sturmbannführer*** le 20 avril 1944, son dernier grade. Il dirige le groupe de canons d'assaut de la « ***DR*** » jusque durant les premiers combats de Normandie. Il est blessé une fois de plus — une cinquième fois — le 5 juillet 1944, lors des combats près de La-Haye-du-Puits. Le 8 juillet 1944, il est placé à la tête de la ***SS-Aufklärungs-Abteilung 2 « Das Reich »***, suite à la blessure par éclats d'obus du ***SS-Stubaf.*** Heinrich Wulf. L'insigne d'assaut des blindés en argent lui est décerné le 2 août 1944, puis la ***Nahkampfspange*** en argent le 12 août (ayant reçu celle en bronze en avril).

Il commandera ce corps de troupe de reconnaissance jusqu'au « ***bitteres Ende*** » du printemps 1945.

Précisons que, durant les combats pour Coutances, il est de nouveau blessé le 26 juillet (qui lui donne droit à l'insigne des blessés en or) ! Il sera décoré un peu plus tard du ***Ritterkreuz***, le 23 octobre 1944. L'éminente décoration lui est remise solennellement par leur commandant de division Heinz Lammerding (entré en fonction le jour même), devant les membres du bataillon de reconnaissance rassemblés au complet.

Avant la fin de la guerre, Krag sera décoré des feuilles de chêne du ***Ritterkreuz*** pour ses faits d'armes, notamment ceux des combats de Baraque-de-Fraiture, dans les Ardennes belges (opération « ***Wacht am Rhein*** »). Il est le 755e récipiendaire de cette très haute distinction, reçue le 28 février 1945 des mains du commandant de division, Werner Ostendorff (l'événement se produit à l'état-major de la division, qui combat en Hongrie à cette époque). Krag est capturé et interné jusqu'en janvier 1948. Il est décédé le 24 mai 1994.

Photo dédicacée à l'auteur par Ernst August Krag.

Visiblement, Krag n'excelle pas uniquement dans la chasse aux blindés... là non plus, il ne revient pas les mains vides, avec son fusil de chasse dans le creux du bras. Il semblerait qu'il porte des bandes molletières. Photo peut-être prise à l'arrière, en Russie.

Le *Stubaf.* Krag dans sa tenue croisée.

Toujours en compagnie de son chien, Ernst August Krag et deux de ses officiers : Walter Reininghaus à gauche et Hartmut Braun à droite.

Superbe portrait de studio de Ernst August Krag, sa vareuse présentant déjà de nombreuses décorations.

Alors qu'il fait encore partie de la *SS*, Siegfried Kepp porte une patte col droite avec l'insigne des transmissions.

Bielgorod, y nettoyant la région située à l'ouest du Donetz. Du 30 janvier au 20 mars 1943, la division a perdu 4500 hommes ! Kharkov a été reprise, mais au prix fort.

## Un printemps 1943 relativement calme

En **avril 1943**, la « *Das Reich* » est transférée dans la région de Peresetschnaïa, à l'ouest de Kharkov, pour être remise en condition. Au cours de cette période d'*Auffrischung*, notons la dissolution du bataillon motocycliste de la division. Quant à lui, regonflé par l'arrivée de troupes de recomplètement et de plusieurs nouveaux *Sturmgeschütze III* à canon long, le groupe de canons d'assaut de la division retrouve sa force de combat optimale. De nouveau, les équipages et leurs canons d'assaut vont s'illustrer dans d'âpres combats. Parmi les nouveaux arrivants,

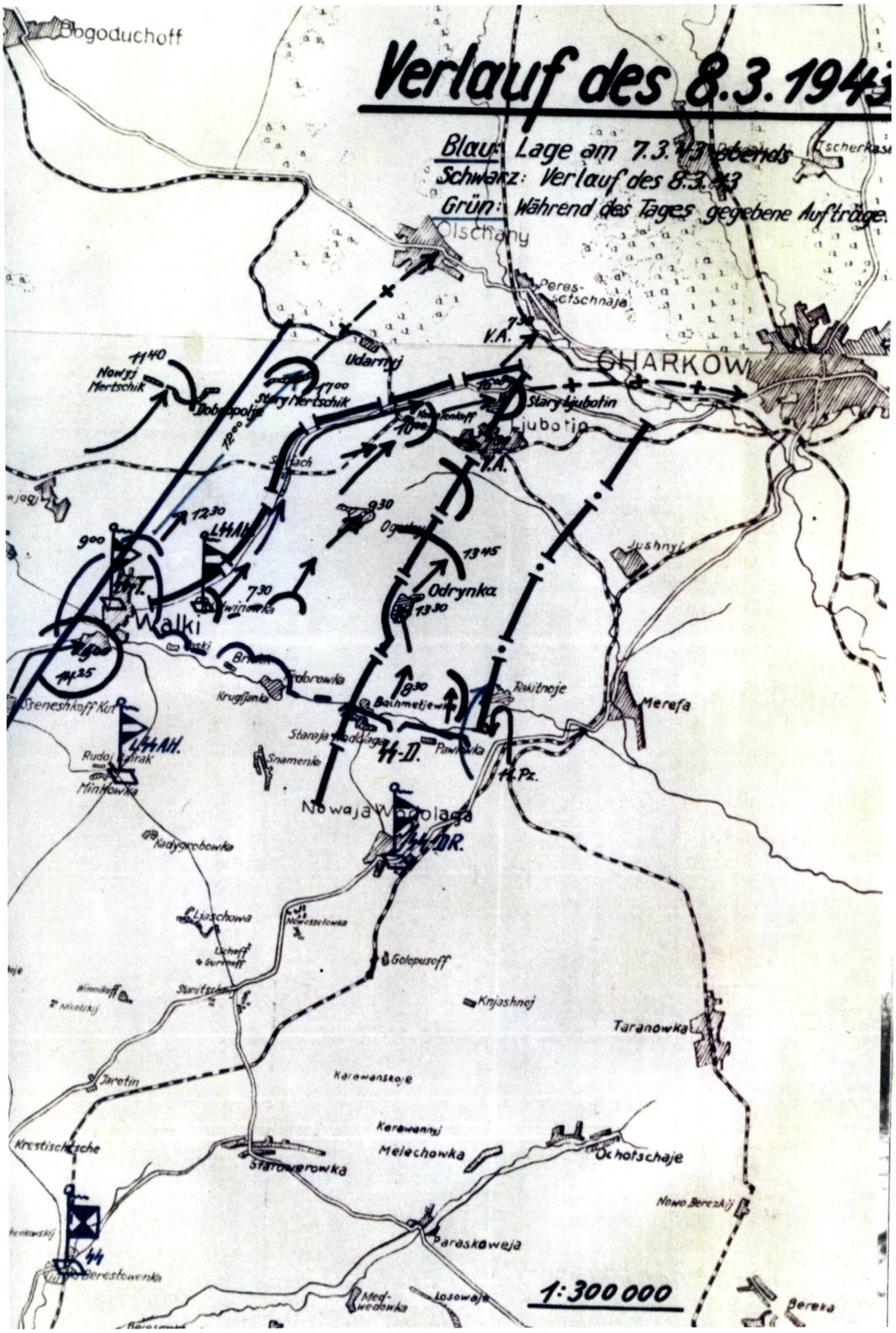


Carte des combats auxquels ont pris part la « *Das Reich* » et la « *LSSAH* » en mars 1943, dans le cadre de la reprise de Kharkov. (MUNIN)

Les canons d'assaut de la « DR » sont envoyés d'un « point brûlant » du front vers un autre, transportés, ici, par ferroutage. Notons les différents signes dessinés sur la gauche de la plaque de caisse intermédiaire. Photographie peut-être prise à l'Est en 1943.

le *SS-Stabsscharführer* Karl Gerlach, affecté à la 2e batterie (qui, en décembre 1943, deviendra chef de peloton).

Quelques semaines après, à la mi-mai 1943, le *SS-Obersturmführer* Heinz-Hermann Bolte, provenant du groupe de *Panzerjäger* divisionnaire, est muté à la *SS-StuG.-Abt. 2*, dans laquelle il dirige un peloton de canons d'assaut groupé tactiquement avec des chars du *SS-Panzer-Regiment 2*, afin de former une *Kampfgruppe* portant le nom « *Das Reich* » (c'est Wilhelm Endemann qui commande les Panzers). Bolte devra regagner l'Allemagne suite à une blessure, et c'est l'*Ustuf.* Wolfgang Otto qui prendra sa succession. Hermann Bolte et Wolfgang Otto, ou encore Willi Stefan, proviennent tous de la *SS-Panzerjäger-Abteilung* « *Das Reich* », et sont incorporés à la 1re batterie de canons d'assaut. Plus tard, Wolfgang Otto sera de nouveau versé dans les *Panzerjäger* de la « *DR* », qui combattront sur *Marder III*.

Au début du mois de juin 1943, « Teddy » Telkamp quitte la « *Das Reich* » pour la division « *Hohenstaufen* », qui parfait alors sa mise sur pied en France. Il est remplacé par le *SS-Hauptsturmführer* Friedrich Wilhelm Graun (qui avait suivi une formation aux canons d'assaut en novembre et décembre 1942, et dirigeait alors, on l'a vu, la batterie de commandement) à la tête de la 1re batterie.

## Le choc de l'opération *Zitadelle*

Dans la perspective de l'opération « *Zitadelle* », visant à l'investissement du saillant de Koursk, la *SS-Sturmgeschütz-Abteilung 2* perçoit de nouveaux engins, ce qui porte de nouveau l'effectif global du groupe à 33 *Sturmgeschütze*. En effet, la *2. SS-Pz-Gren.-Div.* « *DR* », conduite depuis la fin mars 1943 par le *SS-Obergruppenführer* Walter Krüger, est rattachée au *II. SS-Panzer-Korps* commandé par l'ancien *Divisions-Kommandeur*, l'*Ogruf.* Paul Hausser, Avec les divisions *Leibstandarte* et *Totenkopf*, la « *Das Reich* » essuiera le gros de l'effort au cours de l'opération « *Zitadelle* »...

Le **5 juillet 1943** commence la gigantesque opération et bataille de chars visant à reprendre Koursk. Couvrant le flanc droit de la *LSSAH*, à une trentaine de kilomètres au nord de Bielgorod, la « *Das Reich* » suit cette division dans son sillage en direction de Luchki, puis de Teterevino (localités distantes de cinq kilomètres environ).

Le **8 juillet**, de nombreux affrontements se déroulent près de la ville de Storoshewoje. En effet, après avoir enfoncé les lignes ennemies au nord de Bielgorod, la mission pour la division « *Das Reich* » consiste à couvrir le flanc devenu presque béant du *II. SS-Pz-Kps* vers l'est. Un groupe avait dû être envoyé plus à l'ouest, afin de renforcer la *LAH* dans son attaque butant sur une

L'impeccable diplôme d'attribution provisoire du *Deutsche Kreuz in Gold* de Krag, signé par le commandant de l'*OKH*, Wilhelm Keitel, avec le tampon de la direction du personnel de cette autorité. Krag est, à ce moment-là, *Batterie-Führer* et non *Batterie-Chef*.

Vorläufiges Besitzzeugnis

Im Namen des Führers
und Obersten Befehlshabers
der Wehrmacht
verleihe ich
dem

SS-Obersturmführer Krag
Bttr.Fhr.2./SS-Stu.Gesch.
Abt. 2

das

Deutsche Kreuz in Gold

HQu OKH, den 9. April 1943

Oberkommando des Heeres

Generalfeldmarschall

Au cours des engagements de la *SS-StuG.-Abt. 2 « DR »* pour Kharkov, au début de 1943. De gauche à droite : l'*Uscha.* Bubschek, l'*Ostuf.* Wolfgang Otto (portant deux insignes de destruction de blindés sur le haut de sa manche droite), l'*Ustuf.* Hermann Bolte et l'*Uscha.* le Dr. Artl. Hélas, le nom donné à l'engin n'est qu'en partie visible.

forte résistance. Aux premières heures du 8, l'ennemi engage de puissantes forces, avec des masses de chars et de fantassins sur les positions des *Regimenter « Deutschland »* et *« Der Führer »*. Les ordres étaient de reprendre le contrôle des positions, près de Kalinin (à environ 80 kilomètres au nord-est de Bielgorod). Une reconnaissance aérienne avait signalé une forte concentration de l'Armée rouge... de plus de 120 chars. Dans le cadre de cet engagement, une batterie de *StuG.* était attribuée à deux des régiments de *Panzer-Grenadiere* de la division, alors que la troisième restait à disposition de cette dernière. Une fois l'infanterie russe stoppée, les chars adverses n'en parviennent pas moins à poursuivre leur progression à travers la zone tenue par les Allemands, sur au moins neuf kilomètres de profondeur.

À ce moment précis, les lignes téléphoniques ont presque toutes été coupées par les tirs de l'artillerie russe. De son propre chef et devant cette situation prenant un tour assez grave, le commandant du groupe de canons d'assaut, le *SS-Hauptsturmführer* Walter Kniep, décide d'engager ses batteries, bien qu'une partie des *StuG.* était déjà au contact de l'adversaire, soumise à de violents combats défensifs. À la tête de ses canons d'assaut, Kniep engage les chars soviétiques et, au cours d'affrontements féroces, son unité réussit à détruire 51 T-34 pour la perte d'un seul *StuG.*[4]. Pour sa part, rien qu'avec son propre canon d'assaut, il en détruit huit ! Son action décisive et volontaire génère un esprit de corps extrêmement vif, ce qui contribue pour beaucoup aux succès remportés et au surpassement des nombreuses peines subies. De leur côté, les canons antichars de la division ont réussi à détruire le char de commandement de l'unité russe assaillante. Les *Panzer-Grenadiere* ne sont pas en reste, combattant férocement avec, pour résultat, la destruction totale de 92 véhicules blindés russes au cours de cette journée. L'action de Kniep permet au *« Deutschland »* (*SS-Pz-Gren.-Rgt. 3 « D »*) de renforcer ses positions, et même de progresser, et au voisin le *1. SS-Pz-Gren.-Rgt. 2 « LSSAH »* de démarrer son offensive le **9 juillet**. Cette action soulage également les éléments du train (munitions, carburant, etc.) dont a grandement besoin la division. De plus, le *Gef.-Std.* de la division était lui-même la cible de l'attaque russe, se trouvant, comme très souvent dans les *Waffen-SS*, au plus près de la ligne de front. Pour ces « exploits », le chef de corps Walter

Printemps 1943, de gauche à droite : le *Hstuf.* E. A. Krag, le *Hstuf.* Eberhard Telkamp (qui quittera peu après la *« Das Reich »*) et, à droite, l'*Ustuf.* Rolf Tammling. Remarquons que Telkamp a glissé sur son ceinturon un porte-cartes de prise, d'origine soviétique.

Kniep sera décoré un mois plus tard, le 14 août 1943, du prestigieux *Ritterkreuz*. Le **11 juillet**, la *SS-StuG.-Abt. 2* aligne encore 27 canons d'assaut, et 25 six jours plus tard[5].

Le **12 juillet**, la 2e batterie de la *SS-StuG.-Abt. 2 « DR »* se trouve en position au sud de Kalinin, localisée à la charnière de la division « *Das Reich* » et de la *167. Infanterie-Division* du *Heer*, sous les ordres du *Gen.-Lt.* Trierenberg. C'est à ce moment, vers 11 heures, que treize chars T-34 surgissent et attaquent le quartier du IIe bataillon du *Gren.-Rgt. 339*, dans lequel se trouve le *SS-Obersturmführer* Karl Gerlach, rude *Sturmartillerist*. Celui-ci, malgré les tirs, met tout d'abord à l'abri les véhicules radio et de ravitaillement en munitions et carburant. Puis, réunissant autour de lui les personnels de ces services, il contre-attaque et repousse les assaillants soviétiques présentant un grand danger. Pour l'aider, des éléments blindés de la division sont appelés à l'aide et, finalement, réussissent à mettre les Russes en déroute.

Ce même jour, la 3e batterie, qui se trouve en appui du IIe bataillon de *Panzer-Grenadiere* du *Regiment « Deutschland »* près de Storoshewoje, doit affronter les T-34 prenant part à une puissante contre-attaque de l'Armée rouge. Neuf chars de ce type sont détruits, dont cinq sont uniquement victimes du *StuG.* du *Hscha.* Stegmaier. Il les détruit en menant, adroitement, une contre-attaque sur une route près d'une gare ferroviaire, en forçant ceux qui n'ont pas été détruits à la retraite.

Le **14 juillet**, le *SS-Obersturmführer* Krag est de nouveau blessé (et se verra remettre, quelques semaines plus tard, l'insigne des blessés en argent).

Magnifique cliché d'un *StuG. 40 Ausf. G* revêtu d'une superbe peinture de camouflage, comportant les *Schürzen* ainsi que la pâte antimagnétique « *Zimmerit* ». À noter le « *Saukopf-Mantel* », bouclier du canon « en forme de groin ».

Du 5 au **17 juillet 1943**, la *SS-StuG.-Abt. 2 « DR »*, avec à sa tête le *SS-Hauptsturmführer* Walter Kniep, aura détruit 129 chars ennemis en ne perdant définitivement que deux de ses canons d'assaut seulement. La bataille de Koursk est alors terminée.

## Combats défensifs et retraite à travers le nord-est de l'Ukraine

À la fin de juillet 1943, tandis que la *LAH* doit rejoindre en toute hâte l'Italie septentrionale, la « *Das Reich* » reste aux côtés du *II. SS-Panzer-Korps*. Plusieurs tentatives de contre-attaque n'aboutissent hélas qu'à des succès mitigés et discontinus, sur les rives du fleuve Mious, se

Au cours de l'opération « Zitadelle » en juillet 1943, un *StuG. 40* se trouve dans le creux d'un fossé antichar en partie comblé. À ses côtés, des *SS-Panzer-Grenadiere* et deux prisonniers soviétiques.

À l'été de 1943 à l'Est, Ernst August Krag dans sa tenue de camouflage, le regard perçant, toujours à l'écoute de ses subordonnés pour, le plus vite possible, prendre les bonnes décisions.

Ernst August Krag avec son chauffeur dans son magnifique véhicule de commandement de marque Skoda Kfz. 15 bariolé, qu'il appréciait beaucoup, m'a-t-il écrit dans l'un de nos courriers.

Ernst August Krag, cartes sous le bras, discute avec d'autres *Sturmartilleristen*, dont Hartmut Braun à gauche.

Une photographie connue de l'été 1943, montrant Krag et deux officiers (August Hoffmann et Otto Enderle) observant le ciel - des avions IL-2 soviétiques y rôdent-ils ? -, dans leurs combinaisons bariolées très seyantes.

⊂ Sans doute prise le même jour, très belle photo connue de de Krag, revêtu de sa combinaison bariolée, dans son véhicule de commandement. À gauche, l'on devine son chauffeur, qui trouvera la mort par la suite. Notons la blessure de Krag à la main.

∩ Toujours en tenue camouflée, pensif, le *Hstuf.* Krag à l'Est en 1943.

En fond de page : Là, nous sommes en plein été russe, sans doute dans le cadre de l'opération *« Zitadelle »*, et ce cliché nous permet de constater que le *StuG. III*, avec sa silhouette particulièrement basse, peut aisément se masquer dans les ondulations du terrain. Notons également des positions de campagne creusées dans la terre, elles aussi adroitement camouflées, certainement celles de *Panzer-Grenadiere*.

Rare photographie d'Alfons Stegmaier, futur chef de peloton de la 3e batterie, en tant que *SS-Hauptscharführer*, avant qu'il intègre les formations combattantes des *Waffen-SS*. En 1943, il a plus de trente victoires à son actif, et sera considéré comme l'un des as de la *Sturmartillerie* de la division. Lui sera également décernée la croix allemande en or.

jetant dans la mer Noire, afin d'en liquider les têtes de pont soviétiques. En ces derniers jours de juillet, les *Sturmartilleristen* de la « *DR* » peuvent encore aligner une vingtaine de canons d'assaut.

Le **1er août 1943**, pour la prise de Stepanowka, sur la tête de pont du Mious, la 3e batterie de *Sturmartilleristen* de la « *DR* » affronte plusieurs T-34, deux d'entre eux étant mis en feu, et cinq canons antichars réduits à l'état d'épaves fumantes par cette batterie, avec le *Hscha.* Stegmaier à sa tête. La progression des troupes russes est ainsi stoppée net. De plus, Stegmaier sera le premier à prendre contact avec la division « *Totenkopf* », à l'ouest de la vallée du Mious, sur la cote 213.9 (*Höhe 213.9*). Ceci ouvre la voie à la progression du *II. SS-Pz-Kps* au-delà de ce fleuve.

Deux jours plus tard, le **3 août**, le *Sturmgeschütz* du commandant de l'*Abteilung* est endommagé par une mine : Ernst August Krag est de nouveau blessé, ainsi que l'*Adjutant* de l'unité le *Hstuf.* Heinrich Köhler. Peu après, Krag succède à Walter Kniep à la tête des canons d'assaut de la « *Das Reich* » (comme *Abteilungs-Führer* et, plus tard, *Kommandeur*). En ce début d'août, la *SS-StuG.-Abt. 2* « *DR* » compte encore une vingtaine de *Sturmgeschütze 40* opérationnels. La moitié des engins soviétiques détruits par le *SS-Panzer-Regiment 2* et la *SS-StuG.-Abt. 2* « *DR* » l'a été par cette dernière ! Le **4 août**, la division reçoit l'ordre de regagner la région de Kharkov, plus au sud. Dans cette zone, de virulents, coûteux affrontements défensifs se déchaînent, mais les *SS-Panzer-Grenadiere* tiennent bon, de même que les *Landser* de la Wehrmacht pour lesquels ils servent, comme si fréquemment, de « pompiers du front ».

Une semaine plus tard, le **12 août**, le Ier bataillon du « *Deutschland* » passe à l'attaque sur Kryssino, en venant de Maximowka. À la tête de son peloton de *StuG.*, Hermann Bolte (né en mai 1922 à Schaapsen, sur la Weser) appuie

Deux redoutables chars moyens T-34 victimes des *Sturmartilleristen* de la « *Das Reich* ».

*Ostfront* 1943. Un *StuG. 40* de la *SS-StuG.-Abt. 2 « DR »*, recouvert d'une superbe peinture de camouflage. Il s'agit du véhicule de l'*Oscha.* Hans Kreuzer, chef de peloton.

quant à lui de ses feux la 2e compagnie de ce bataillon. Là, un canon antichar de 76,2 mm très bien camouflé, appuyé par deux mitrailleuses elles aussi adroitement fondues dans le terrain, empêche un *StuG.* d'avancer. Hermann Bolte avance au travers d'un champ de maïs, malgré le déluge d'obus antichars, de balles de mitrailleuses et d'obus de mortiers qui s'abat dans sa direction, pour s'approcher au plus près de ce « ratch-boum ». Descendant de son *StuG.*, Bolte le détruira même par un assaut au corps à corps, à l'aide de grenades et de sa MP.40. S'ensuit une attaque sur une position de mortiers et de fantassins : il parvient là aussi à les neutraliser. Au passage, c'est une journée « fructueuse » pour la « *Das Reich* », qui est parvenue à détruire 70 chars soviétiques ![6] Au cours des journées suivantes, les lignes sont solidement tenues, et parfois de nouveaux scores impressionnants de destructions de blindés de l'Armée rouge sont enregistrés... Mais ces derniers, comme si souvent, semblent inépuisables et aucune opportunité ne se présente pour se lancer dans une contre-offensive...

Bref aparté sur un officier des *Sturmartilleristen* : Friedrich Wilhelm Graun, qui a dirigé avec succès sa 1re batterie, petite unité qui a enregistré, du **5 juillet** au **15 août**, la destruction de 75 chars ennemis. Il a sans cesse conduit sa batterie avec témérité, jusqu'à ce qu'une grave blessure ne l'en éloigne jusqu'au mois de février 1944, le contraignant à un long séjour d'hospitalisation. Graun finira sa carrière en tant qu'officier instructeur à l'école de *Panzerjäger* de Janowitz[7].

À titre d'exemple et pour l'anecdote, dans la nuit du **15** au **16 août**, Bolte détruit un T-34 à un kilomètre au nord de Nikitowka. Pour y parvenir, il a placé sur le char russe une mine magnétique... qui tombe ! Entendant le bruit de la chute de l'engin antichar sur le sol et n'écoutant que son courage, il grimpe sur le blindé soviétique et jette des grenades par la trappe de tourelle, le neutralisant en authentique combat rapproché. Durant le même engagement, il détruit deux autres T-34, et capture même un T-70 (char armé d'un canon de 45 mm).

En cette **mi-août 1943**, parmi d'autres modifications, il est prévu de créer une 4e batterie... Mais il n'en sera rien, car finalement les nouvelles recrues qui montent en ligne sont réparties dans les trois batteries existantes de *StuG.*, afin de les rendre à nouveau pleinement opérationnelles. Le **22 août**, von Manstein admet l'abandon de Kharkov, cette fois définitivement...

Du **23** au **26 août**, le *SS-Hauptscharführer* Alfons Stegmeier démontre encore une fois sa réactivité, en détruisant cinq T-34, portant son score personnel à 23 chars détruits. Chaque attaque soviétique est systématiquement repoussée, avec de nombreuses pertes pour l'ennemi, et parfois même un recul de celui-ci.

Le **24 août**, la batterie de l'*Ostuf.* Bolte est envoyée à deux kilomètres à l'ouest de Nikitowka, afin d'assurer la couverture et l'appui du IIIe bataillon du *Grenadier-Regiment 344*

↑ 3 août 1943, son véhicule ayant sauté sur une mine, E. A. Krag est de nouveau blessé. Il est ici au milieu, le bras en écharpe, avec à sa gauche Hartmut Braun et, à sa droite, le Dr. Georg Christian (futur *Abteilungsarzt*, dont on perçoit le bâton d'Esculape sur sa patte d'épaule).

↑ Même événement. Malgré ses blessures, Krag reste *einsatzbereit*, et au plus près de sa troupe. Il se peut que l'officier lui aussi blessé soit l'adjudant-major de l'*Abteilung*, Heinrich Köhler. Sur le bord gauche de l'image, probablement Hartmut Braun.

↑ De gauche à droite : Krag, sans doute en compagnie de Köhler et Braun.

↓ Le même jour, Ernst August Krag, le bras en écharpe, devant son véhicule Skoda.

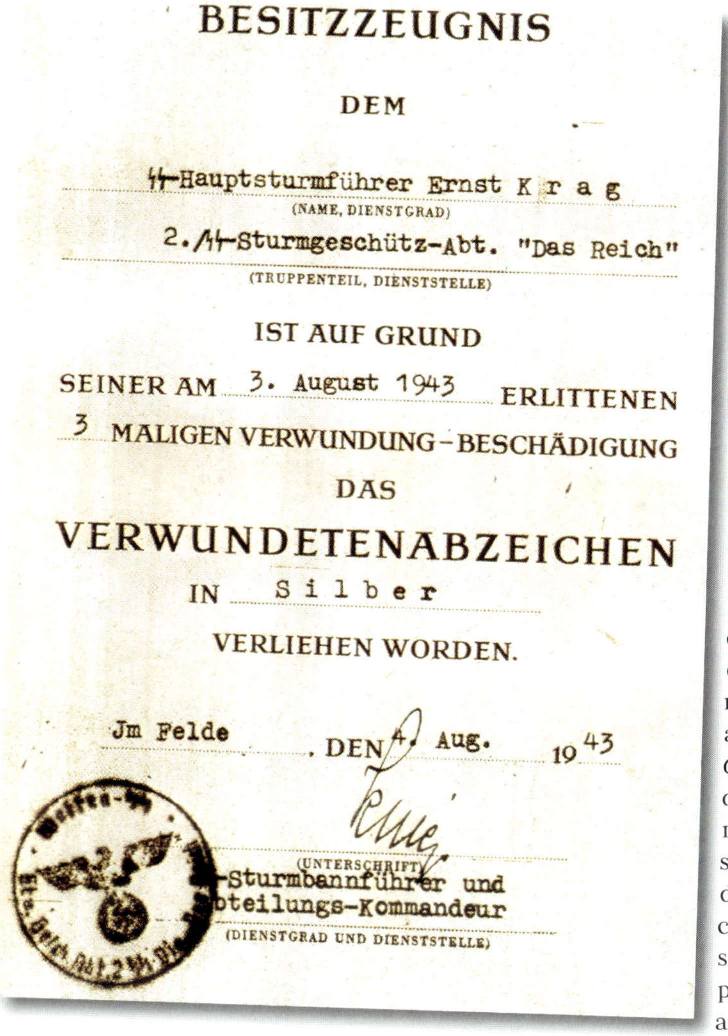

BESITZZEUGNIS

DEM

SS-Hauptsturmführer Ernst K r a g
(NAME, DIENSTGRAD)

2./SS-Sturmgeschütz-Abt. "Das Reich"
(TRUPPENTEIL, DIENSTSTELLE)

IST AUF GRUND

SEINER AM 3. August 1943 ERLITTENEN

3 MALIGEN VERWUNDUNG – BESCHÄDIGUNG

DAS

VERWUNDETENABZEICHEN

IN Silber

VERLIEHEN WORDEN.

Jm Felde, DEN 4. Aug. 1943

(UNTERSCHRIFT)

-Sturmbannführer und
bteilungs-Kommandeur
(DIENSTGRAD UND DIENSTSTELLE)

Certificat d'attribution de l'insigne des blessés en argent, attribué dès le lendemain de sa blessure du 4 août 1943 à Krag, paraphé par le *Stubaf.* Walter Kniep.

(de la *223. Inf.-Div.*)[8]. Le peloton de Hermann Bolte sécurise ce secteur jusqu'à la cote 199.8, localisée au sud d'une forêt. La très forte pression de l'infanterie russe, assistée par des armes lourdes ainsi que par une brigade de canons antichars disposée en face des lignes allemandes, ne permet même pas aux *StuG.* de progresser et de tenir sur place sans appui de l'infanterie. De sa propre initiative, Hermann Bolte progresse avec la moitié de son peloton, alors que l'autre moitié lui assure un soutien par ses tirs. À la tête de sa troupe, il éclaircit les abords des zones boisées par un combat d'une demi-heure, au plus près d'« Ivan ». Cet engagement, couronné de succès, permet aux Allemands de reprendre l'ancienne position tenue auparavant par le P.-C. de la *9.Kp.* du *Gren.-Rgt. 344.* Ainsi récupèrent-ils des armes lourdes, légères et des munitions allemandes, que les fantassins du 344e avaient dû abandonner durant leur repli. Bolte comptera 34 cadavres soviétiques. Non seulement son action aura permis de réoccuper les anciennes premières lignes amies, mais également aux *Pioniere* du

Milieu de l'année 1943 sur l'*Ostfront*. Au dos de la photo originale, E.A. Krag a indiqué : « *en tant que chef de la 2e batterie de la SS-StuG.-Abt. "DR" avec deux chefs de peloton* ». À gauche, l'*Ustuf.* August Hoffmann (tombé le 25 juillet 1944 en Normandie) et à droite l'*Ustuf.* Enderle. Le nom de l'engin pourrait être Schinderhannes, un célèbre brigand et criminel allemand de la fin du XVIIIe siècle, ce qui viendrait nettement trancher avec les illustres généraux allemands, majoritairement représentés dans les noms de baptême de véhicules.

Krag de dos, portant sa combinaison en toile bariolée, contemplant les restes fumants d'un avion [Il semblerait plutôt qu'il s'agisse d'un dépôt de carburant en flammes NDLR].

bataillon du génie de la *223. Infanterie-Division* de préparer le terrain pour la contre-offensive, planifiée par l'état-major de cette division.

Durant plusieurs jours, les Soviétiques maintiennent une pression considérable vers le secteur tenu par la « *Das Reich* », dans la zone de Ljubiotin, Kaserowka et Korotitsch. Le **29 août**, le *SS-Hauptscharführer* Stegmaier avance avec ses canons d'assaut vers Korotitsch, bousculant plusieurs attaques russes et détruisant deux T-34 supplémentaires. Ce faisant, il renforce les positions du « *Der Führer* ». Grâce à sa présence, la situation reste sous contrôle. Néanmoins, les pertes sont globalement sanglantes ; en ces derniers jours d'août 1943, la *SS-StuG.-Abt. 2* aligne seize canons d'assaut opérationnels.

Dans les premières semaines de septembre, il s'agit maintenant d'abandonner la zone au sud et à l'ouest de Kharkov pour se replier vers le fleuve Dniepr, la « *Das Reich* » menant alors des actions de retardement et d'arrière-garde, notamment au bénéfice du *III. Panzer-Korps*.

Du 5 au **8 septembre**, les *Sturmgeschütze* de l'*Ostuf.* Roland Paul sont au cœur de ces affrontements ; il est alors installé sur la cote 205. Dirigeant les canons d'assaut de son peloton de la 1re batterie depuis son *StuG. 40*, mêlé à des combats qui semblent interminables, il parvient régulièrement à mettre hors de combat de nombreux véhicules et canons antichars ennemis. Avec succès, il met en place des contre-attaques avec, à chaque fois, quelques *Infanteristen* pour l'appuyer. Si l'on en croit un commandant d'une unité voisine, ce n'est que grâce au courage et à la valeur de Roland Paul, seul, qu'une portion du front pourra se maintenir sur les mêmes positions. En quatre jours, Paul et ses cinq *StuG.* détruisent 42 chars soviétiques. Lui-même peut s'enorgueillir d'avoir obtenu 37 victoires avec son propre canon d'assaut (en un semestre d'affrontements à l'Est). Certains parmi ses collègues *Sturmartilleristen*, et y compris à l'échelon divisionnaire, le tiennent pour le meilleur chef de *StuG.* de toute la division, et cet été finissant de 1943.

Le **13 septembre**, de nouveau l'*Ostuf.* Bolte, à la tête de son peloton, sécurise le terrain vallonné à quatre kilomètres au nord-est de Kolomak, plus particulièrement le sovkhoze baptisé « Rüben ». Il neutralise une attaque russe qui débute à 8 h 30, conduite par huit T-34 et une masse de fantassins. Son action énergique et un esprit tactique aiguisé permettent à son peloton de détruire rapidement quatre T-34 et, un peu plus tard, trois engins supplémentaires au cours de combats antichars rapprochés. Même si son

1943 sur l'*Ostfront*. Ce *StuG. 40*, comme tant d'autres de la « *Das Reich* », celui-ci appartenant à la 2e batterie, a subi de très graves dommages. Sur le train de roulement visible ici, deux des trois rouleaux porteurs ont cédé.

Très intéressante photographie d'un *StuG. 40* de la « *Das Reich* » sur le front russe, pendant l'opération « *Zitadelle* » en juillet 1943. Les *Schürzen* et la binoculaire *Sf.14* du chef de pièce sont bien visibles. Le fantassin debout à ses côtés donne une idée de la faible hauteur de l'engin, qui en constitue un véritable atout, comparé aux blindés à tourelle.

canon d'assaut n'a plus de munitions, il stoppe l'attaque russe. Puis, il réunit dix hommes du *II. Btl./Inf.-Rgt. 344* qui s'étaient repliés sur la deuxième ligne, et repousse les assauts adverses par des tirs d'armes lourdes et légères, décimant froidement les rangs de fantassins. Au cours de ces combats, il est touché par des éclats d'obus à la poitrine... Avec les deux autres *StuG.* de son peloton, il organise, malgré sa blessure, une contre-attaque fructueuse qui permet de clarifier la ligne de front. L'ennemi laisse une cinquantaine de morts et de blessés sur le terrain.

Le **14 septembre**, il s'agit de se replier sur la ligne Dorofejewka-Nowo Iwanowka et, quatre jours plus tard, von Manstein ordonne à son groupe d'armées de lâcher les espaces encore tenus à l'est du Dniepr... Les canons d'assaut de la division participent toujours aussi intensément aux opérations, envoyés par exemple vers Tschermuschnaja pour stopper « le raz de marée soviétique » vers cet important point stratégique sur la route de Ljubotin. Tschermuschnaja est un point névralgique sur lequel s'accroche quelque temps la 1re batterie, qui parvient à rejeter plusieurs assauts russes. Elle se trouve idéalement placée sur la cote 205. C'est, une fois encore, le *SS-Obersturmführer* Paul qui se distingue à sa tête, pouvant revendiquer la destruction de 42 chars soviétiques. Remarquons que la « *Das Reich* » compte désormais dans son régiment de chars des *Tiger* et des *Panther*, aux côtés desquels toutefois les « maigres StuG. » font toujours preuve de bonnes performances et n'ont « rien à envier » à ces géants de la lutte antichar.

Le **18 septembre**, il est nécessaire pour la *Heeresgruppe Süd* de repasser sur la rive occidentale du Dniepr. De son côté, la « *DR* » reçoit l'ordre de tenir la tête de pont de Poltava, à environ 120 kilomètres au nord-est de Krementchouk.

La *SS-StuG.-Abt. 2* « *DR* » mène dans ce cadre une série de combats retardateurs dans la région de Poltava.

Le **20 septembre**, la 3e batterie protège un pont sur le cours d'eau Worskla, affluent du Dniepr (qui est devenue, pour quelques jours seulement, la nouvelle ligne de front de la division), non loin de Poltava. L'*Ostuf.* Röhder,

Friedrich Wilhelm Graun, ici encore dans le grade de *SS-Rottenführer* appartenant à la *SS-Standarte* « *Germania* ». Son insigne de la NSDAP est agrafé à sa cravate. Il sera l'un des officiers les plus brillants des *Sturmartilleristen* de la « *Das Reich* ».

*StuG. 40* de l'*Abteilung* à l'Est, présentant une superbe livrée de peinture de camouflage, avec ses *Schürzen* de protection contre les tirs de fusils, de lance-roquettes antichars et d'obus, afin de provoquer leur éclatement prématuré... Remarquons également le couvre-bouche.

Ich erkläre durch meine Unterschrift ausdrücklich, daß ich deutschen bzw. artverwandten Blutes bin.

Unterschrift des Bewerbers

Das Lichtbild und die eigenhändige Unterschrift des Bewerbers sowie die nebenstehenden Personalangaben werden hiermit beglaubigt.

Der Bewerber hat sich durch Vorlage des (Name, Nr. und Datum) amtlichen Ausweises genügend ausgewiesen.

(Nichtzutreffendes ist zu streichen)

Rare document de Roland Paul, du temps où il était élève sous-officier à la *SS-Junkerschule* de Bad Tölz (voir le tampon), lui décernant le *Reichssport-Abzeichen*. Notons la première phrase : « *Par ma signature, je reconnais être expressément de sang allemand ou assimilé allemand.* ».

Paul, officier fraichement émoulu, dans sa *Feldjacke* de *Sturmartillerist* encore vierge de décorations.

qui en est à la tête, installe un peloton composé de trois *Sturmgeschütze* à 800 mètres au sud-est de ce point de passage, ainsi qu'un autre peloton, quant à lui, à 1 000 mètres plus au nord-est de ce dernier. Les ordres sont de le détruire avec des charges explosives, qu'auront installées les *Pioniere* de la division, et qui devront être mises à feu dès que les derniers éléments allemands auront franchi la rivière...

L'*Untersturmführer* Roland Paul avec sa bien-aimée. Photo prise alors qu'il est depuis peu officier, dont il porte l'épée au côté.

soit vers 18 heures au plus tard. Vers 17 heures, l'arrière-garde de la division, commandée par le *SS-Obersturmbannführer* Sylvester Stadler – chef de corps du « *Der Führer* » – arrive sur place. C'est alors que les canons d'assaut assurant la couverture sortent un à un de leur position camouflée. Mais là, les canons antichars soviétiques se dévoilent et ouvrent le feu. Le premier *StuG.* est touché par un obus, tandis que le deuxième cherche à éviter les tirs ennemis. L'*Ostuf.* Röhder apprenant cela, il enfourche aussitôt une moto et, accompagné d'un autre motocycliste, il se presse en direction de l'épave du canon d'assaut détruit. Les fantassins adverses ne sont plus très loin, et Röhder riposte avec son arme de poing, décidant ainsi de tenir le pont le plus longtemps possible. Une *3,7-cm-Flak* est mise en batterie à une trentaine de mètres de là, et ouvre le feu, en tir direct, sur les fantassins russes qui cherchent à s'emparer du pont... C'est un point de franchissement stratégique. Avec leurs mortiers, les Russes pilonnent les rives où sont positionnés les Waffen-SS. Cherchant à s'abriter dans quelques bâtiments d'habitation limitrophes, « Ivan » avance jusqu'à n'être plus qu'à 70 mètres environ des *Pioniere* qui, malgré le déluge de balles dans leur direction, installent les charges explosives sur le pont. Pour les protéger, les *StuG.* parviennent à progresser jusqu'à l'entrée du pont, couvrant les solides soldats du

Sans doute un exercice en campagne. Impossible de dire si l'officier à gauche est Krag.

génie. Ces derniers se replient à l'écart du pont, qui peu après saute sous les pieds des Russes qui les talonnent alors de très près... Ce faisant, Röhder a stoppé l'avance russe, qui menaçait bien d'enfoncer la tête de pont de Poltava, qui sera évacuée de toute façon deux jours plus tard.

Néanmoins, aucun répit pour la division, car l'Armée rouge parvient à traverser le Dniepr, en plusieurs points de part et d'autre de Kanew (sur le Dniepr, à une centaine de kilomètres au sud-est de Kiev)... des têtes de pont soviétiques extrêmement dangereuses, d'autant que ce sont plusieurs corps d'armées soviétiques qui s'y engouffrent, et qui ont préalablement été appuyés par des largages de parachutistes.

Au cours des dernières journées de septembre, la « *Das Reich* » repasse le Dniepr, engagée dans la zone vallonnée de Grebeni, Juschki et Kadomka[9]. Le **1er octobre 1943**, c'est le *SS-Hauptscharführer* Alfons Stegmaier, à nouveau, qui se distingue au cours de violents affrontements défensifs près de Grebeni. Il détruit notamment deux canons antiaériens

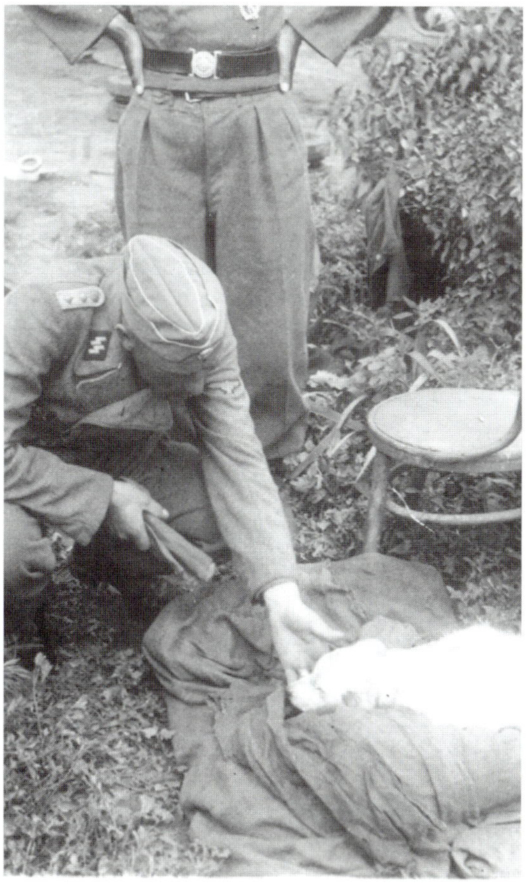

Le *Hstuf.* E. A. Krag caressant un jeune chiot qui sera, on peut le deviner, la mascotte d'un équipage.

L'*Ostuf.* Röhder en charmante compagnie, faisant alors partie de la « *Totenkopf* ». Il ne porte encore que des décorations sportives.

Sans doute en permission, magnifique portrait d'Ernst August Krag, montrant très visiblement son *Deutsche Kreuz in Gold* sur sa *Feldjacke*.

de 85 mm, trois canons antichars de 45 mm, et plusieurs fusils antichars. Comme si souvent, un grand nombre de soldats russes a été terrassé. Cette localité constituait un objectif fixé la veille, située dans la tête de pont soviétique à l'ouest du Dniepr, qui est quasiment entièrement résorbée en date du **5 octobre**, avec un solide appui blindé. Néanmoins, celle de Wessellaja ne peut pas être liquidée par la « *DR* »... Durant ces affrontements, le **12 octobre**, la division se trouve en soutien du *XXXXVIII. Panzer-Korps* (48e CA blindé), et huit *StuG.* sont envoyés en renfort auprès de la *72. Inf.-Div.* (Sous les ordres du *Gen.-Lt.* Müller-Gebhard) et les autres – qui ne sont pas très nombreux non plus – sont affectés au soutien provisoire de la *112. Inf.-Div* (commandée par le *Gen.-Lt.* Lieb).

Le **13 octobre**, outre la *schwere Panzer-Abteilung 503*[10], c'est le groupe de canons d'assaut de la division en entier qui doit appuyer la *72. Inf.-Div.*, positionnée à l'est de Rheschewo. Cette division est attaquée ce jour-là par deux bataillons d'infanterie soviétiques, accompagnés de cinquante chars ! Le point d'effort principal de l'attaque se trouve sur la cote 160,9, près de Chodoroff [Chodorov]. La puissance de l'attaque fait reculer les troupes allemandes. L'*Ostuf.* Roland Paul, qui s'y trouve avec sa 1re batterie comprenant quatre *StuG. 40*, se défend au mieux, détruisant douze blindés dès le début de l'attaque, et trois supplémentaires sur les sept appuyant la deuxième tentative adverse. Malgré un intense soutien de leur artillerie, les attaques soviétiques ne progressent pas, et laissent beaucoup de morts et de blessés sur le terrain. Le **15 octobre**, de nouvelles attaques augmentent le score de 19 des blindés détruits supplémentaires. En cette mi-octobre, la *SS-StuG.-Abt. 2* possède encore onze canons d'assaut prêts au combat.

Durant ces journées, par ordre daté du **14 octobre**, la 3e compagnie de la *SS-Panzerjäger-Abteilung 2 « Das Reich »* est dissoute, initialement pour être intégrée à la *Sturmgeschütz-Abteilung* de la division en tant que sa 4e batterie. De fait, cette situation existe déjà depuis plus de six semaines, dès le 1er septembre. Précisons bien que les *Marder III* et *Pak40* tractés de cette ancienne compagnie de chasseurs de chars, et leurs hommes, sont en fait répartis dans les trois batteries existantes de canons d'assaut, et aucune 4e batterie ne sera créée.

Par ailleurs, Ernst August Krag a été blessé pour la quatrième fois ce même 14 octobre.

Jusqu'au **20 octobre**, les forces soviétiques poursuivent sans cesse leurs attaques pour étoffer leurs têtes de pont, attaques qui ne leur coûtent pas moins de vingt T-34. Néanmoins, la « *Das Reich* » – qui, le **22 octobre**, devient la *2. SS-Panzer-Grenadier-Division « Das Reich »* – doit se mettre à disposition du *XXIV. Panzer-Korps*, à compter du 22 octobre. Pour sa part, la 1re batterie de *Sturmgeschütze* de la division demeure auprès de la *72. Inf.-Div.*, ainsi que dix *Panzerhaubitzen « Wespen »*. Ces éléments sont stationnés aux alentours de Kanada, appuyant toujours la *112. Inf.-Div.* du *Heer*, avant de rejoindre le reste de la division.

En effet, le **30 octobre**, c'est l'intégralité de la division qui passe sous les ordres du corps d'armée blindé précité. La division tente de réduire la tête de pont de Chodorow, sans succès.

Le **1er novembre 1943**, il n'y a plus que cinq *Sturmgeschütze 40* disponibles, qui sont engagés pour soutenir de leurs feux la *72. Inf.-Div.*

La « *Das Reich* » ne dispose à cette date que d'une poignée de chars, dont deux Panzer III à canon de 50 mm long et onze Panzer IV à canon long de 75 mm.

Le 7 **novembre**, la « *Das Reich* » se trouve positionnée aux alentours de Biela Zerkow et de Kowalewka, dans la région de Fastov. Elle envoie immédiatement cinq *StuG. 40* en direction de Skwira, à une centaine de kilomètres

Russie 1943. Krag devant l'isba servant de poste de commandement de sa petite unité.

Après de violents combats, certains hommes reçoivent l'*EK.2* lors d'une remise de décorations par Krag. Les visages sont émaciés, la fatigue palpable. On notera que l'un d'eux porte un bandage à la tête.

Superbe cliché connu de *Sturmartilleristen*, prise à l'automne de 1943, ayant un impressionnant tableau de chasse. De gauche à droite : l'*Ustuf.* Hermann Bolte (portant deux insignes de destruction de blindés sur le haut de sa manche droite) l'*Ostuf.* Hartmut Braun - qui tombera à la tête de la *SS-Pz-Jg.-Abt. 2 « DR »*, en mars 1945 -, l'*Ostuf.* Wolfgang Otto et, enfin, Friedrich Wilhelm Graun. Ils posent devant le *StuG. 40* d'E. A. Krag, portant le surnom de « *Götz von Berlichingen* ».

au sud-ouest de Kiev, afin de couvrir cet axe important pour la tenue de la ligne de front. Deux jours plus tard, quatre *StuG. 40* sont à nouveau disponibles, ce qui porte l'effectif à huit canons d'assaut en état de combattre. L'*Ostuf.* Braun, commandant un peloton de quatre canons, est détaché auprès de la *82. Infanterie-Division* (*Gen.-Lt.* Walter Heyne), qui est à court de munitions pour ses canons lourds, qui sont en fait des « butins de guerre » français pris lors du *Westfeldzug* (durant lequel cette division a combattu). Le grand nombre de pièces d'artillerie, de véhicules et autres matériels provient des diverses campagnes antérieures. Incorporés dans l'armée allemande, ils posent le problème du ravitaillement en munitions ou en pièces détachées (la Wehrmacht emploie ainsi de grandes quantités de matériel pris aux Soviétiques). Rappelons ici que, contrairement aux idées reçues, les forces armées du IIIe Reich ne sont pas préparées pour une guerre de cette ampleur et de cette durée.

Très belle vue du *StuG III*, dit *StuG. 40* depuis l'introduction du canon au long tube (ici, *Ausf. F/8* ou *G*), équipé sur ses flancs de « *Schürzen* » pour le protéger des tirs de fusils antichars et d'éclats d'obus, ou même provoquer l'éclatement prématuré d'obus perforants.

La *75. Infanterie-Division* (*Gen.-Lt.* Beukemann), positionnée à Trostinka (situé à environ 25 kilomètres au sud de Kiev), aux côtés de la *82. Inf.-Div.*, se félicite de la présence du peloton de Braun, procurant un appui non négligeable. Le lendemain, la liaison est établie avec la *7. Pz-Div.*, à l'est de Jitomir.

Le **10 novembre**, l'*Ostuf.* Braun se distingue en détruisant cinq chars T-70 et quatre canons « ratch-boum » de 76,2 mm, ainsi qu'avec ses tirs d'obus explosifs, annihilant une très importante force d'infanterie adverse. Ce faisant, la « *Das Reich* » combat à ce moment-là non loin de la *Leibstandarte*, comme cela arrive régulièrement. Le **13 novembre**, la « *Das Reich* » est en ligne aux alentours de la ville de Bolschaja.

Précisons qu'entre le 5 juillet et le 13 novembre 1943, la 3e batterie de la *SS-StuG.-Abt. 2* a détruit pas moins de 154 blindés de l'Armée rouge, dont 23 sont à l'actif du *SS-Obersturmführer* Röhder (il arrive au Dr. Röhder de commander le groupe de canons de la « *Das Reich* » à titre provisoire). L'effectif réel de la « *DR* » en blindés reste relativement peu élevé, puisque sont uniquement en état de combattre un Panzer III, sept Panzer IV, deux Tiger, deux *Befehlspanzer* (blindés de commandement) et huit *Sturmgeschütze 40*.

À compter du **16 novembre**, la division est déplacée sur le front, toujours en vue de contenir l'énorme rentrant soviétique se formant avec Kiev comme base, et est rattachée au *VII. Armee-Korps*, quittant ainsi le *XXIV. Pz-Kps.* Quelques jours plus tard, c'est sous le *XXXXVIII.*

*Pz-Kps* qu'elle est placée, lançant plusieurs attaques, notamment contre la tête de pont de Negrebowka, localité qui sera prise, le 25 novembre, par le régiment « *Der Führer* » et le *II.Btl./« D »*.

Le **23 novembre**, la « *Das Reich* » est au combat sur l'axe Rakowischi-Radomyschl, parmi les forces de von Manteuffel, et forme avec la 7. *Pz-Div.* du *Heer* un important groupement tactique, ladite *Gruppe « Manteuffel »*.

Le lendemain voit les troupes allemandes contraintes de reculer à cause de pluies automnales incessantes, rendant le terrain impraticable, d'autant qu'au nord de Zarkowa [Zarkow, à une soixantaine de kilomètres au nord-ouest de Tarnopol] s'étendent d'importantes et denses forêts, d'où « *Ivan* » envoie ses vagues d'assaillants... Déjà, l'hiver glacial de l'Est se fait peu à peu sentir, même si cette fois le *Landser* est bien mieux équipé contre le froid que deux ans auparavant. Les quelques engins de la 1re batterie de canons d'assaut se distinguent en stoppant de multiples attaques, infligeant d'énormes pertes à l'adversaire, stoppant ainsi sa tentative pour enfoncer le front allemand et exploiter leur tête de pont à l'ouest du Dniepr. Pour regagner le terrain perdu, ordre est donné d'organiser une modeste contre-attaque, placée sous les ordres du *SS-Obersturmführer* Paul. Ce dernier doit, avec ses canons d'assaut, tenir le nord de Zarkowa. Il organise, ensuite, une attaque-surprise qui met les « Soviets » en déroute, les soumettant à des tirs d'artillerie extrêmement dévastateurs. Remarquons que, durant six mois de combats, Roland Paul aura détruit avec son *StuG. 40* 37 véhicules blindés soviétiques (confirmés) et fait ainsi figure, pour cette période, de meilleur commandant de blindé, en termes de victoires obtenues, de la division !

Le **26 novembre**, la *SS-StuG.-Abt. 2* s'accroche toujours férocement dans la région de Negrebowka. Le lendemain, elle ne dispose plus que de quatre ou cinq *StuG. 40* en état de combattre...[11]

Le **1er décembre 1943**, il s'avère que la « *Das Reich* » a perdu plus de 7400 hommes en quatre mois ; c'est une véritable saignée. Le

Pratique courante lors de stationnements, l'équipage d'un *StuG. III* de la « *DR* » s'est abrité sous son engin, en creusant une fosse. Il porte le signe propre à la division pour l'offensive sur Koursk, que l'on distingue sur l'arrière du véhicule, à droite de la croix bordée de blanc.

**7 décembre**, elle ne dispose plus que de deux *StuG. 40* en état de combattre, ainsi que de trois Panzer IV, deux Panther et deux Tiger. Le **8 décembre**, malgré tout, elle neutralise trois batteries d'artillerie russes près de Nebyliza et deux autres à Budischtsche. Le **9 décembre**, plus aucun *StuG.* n'est apte au combat !

Une semaine plus tard, le **16 décembre**, en dépit des difficultés, la « *Das Reich* » tient ses positions aux alentours de Rokawitschi. Sur ses arrières, des bandes de partisans, plus ou moins importantes, la harcèlent sans cesse, occasionnant des pertes substantielles et un fort climat d'insécurité.

Il est alors grand temps de réorganiser la *SS-Sturmgeschütz-Abteilung 2*, qui est renvoyée en Allemagne, tout comme le gros de la division, afin d'être totalement remise à niveau, tant en matériels qu'en personnels. Ces maigres restes de la division quittent l'Ukraine pour, dans un premier temps, rejoindre le *Truppenübungsplatz* de Stablak, en Prusse-Orientale. Une exception toutefois : un groupement tactique de la taille d'une brigade, rassemblant à peu près 6300 soldats, reste en ligne et va connaître de très coûteux engagements... Ainsi, le **20 décembre**, l'*Abteilung* – sauf la 3e batterie de Hermann Bolte, la seule à peu près encore en état de combattre[12] – quitte le front russe.

Peut-être prise à la fin de l'année 1943, très intéressante photographie de *Sturmgeschütze* de la « *Das Reich* » présentant une superbe peinture de camouflage.

Au dos de la photo, E.A. Krag avait inscrit « *Shitomir Dezember 1943* ». Il est à droite, dans sa tenue croisée *feldgrau* des équipages de canons d'assaut.

Notons également qu'en ce mois de décembre, l'*Ostuf.* Graun, commandant la 1re batterie, est grièvement blessé lors d'un engagement.

## La *Kampfgruppe Das Reich* et les combats de l'hiver 1943/44

Mais pour les fractions de la division n'ayant pas le loisir de rejoindre le *Reich*, le répit est de courte durée, comme si souvent, car l'Armée rouge ne perd pas de temps et déclenche une importante offensive autour de l'axe Jitomir-Kiev, poussant de toutes ses forces vers l'ouest et la Galicie orientale...

Du **25 décembre 1943** au 18 janvier 1944, les *Sturmartilleristen* de la « *Das Reich* », malgré leur situation des plus précaires, seront encore crédités de la destruction de vingt-deux blindés russes. Ce « dernier carré » de canons d'assaut encore en ligne passe les fêtes de l'hiver 1943/44 dans des conditions précaires. Peu après, ils formeront une fraction de la *Kampfgruppe* « *Lammerding* », du nom de son nouveau commandant de la *Kampfgruppe* demeurant à l'Est. Ce groupement tactique est alors principalement positionné près de Kotscherowo et de Radomyschl, contrôlant la route de Nebylisa, sur une ligne de front très mince.

Ce jour-là, aux points où sont engagés les *StuG.*, les combats intenses se soldent pour l'armée soviétique par la perte de 150 soldats, de 36 prisonniers et la destruction de neuf canons antichars de 76,2 mm. Certains assauts russes ne sont stoppés qu'à une soixantaine de mètres des positions de la *Kgr.* « *DR* ». Le **24 décembre**, pas moins de soixante chars russes sont détruits, ce qui indique l'immense intensité des combats. Le lendemain jour de Noël, de très violents combats antichars ont lieu dans le secteur de Lénino et au sud de Teterow ; la division se replie dans le secteur de Gorodze.

Le **1er janvier 1944**, la « *DR* » doit se replier vers Nowo Rudnia et, le lendemain, l'*Ostuf.* Bolte se distingue une fois de plus par sa témérité et son sens tactique. Avec ses trois *Sturmgeschütze 40*, il fait partie de l'arrière-garde du *Bataillon* « *Lex* » (*I.Btl./* « *DF* »). De sa propre initiative et sans couverture d'infanterie, il décide d'attaquer à partir de la lisière nord d'une zone boisée vers la route, à un kilomètre du sud de Nowo-Rudnia. « Ivan », complètement surpris par cette attaque, est bousculé et anéanti. Bolte écrase une compagnie de fantassins russes, qui laisse plus de 90 cadavres sur le terrain. Les armes lourdes et légères les accompagnant sont également détruites. Trois mitrailleuses, cinq fusils-mitrailleurs et un fusil antichar tombent entre les mains des Allemands ! Bolte fera également cinq prisonniers. Son action décisive et spontanée permettra, ainsi, à l'arrière-garde du bataillon d'Alfred Lex de s'établir sur ses nouvelles lignes de repli, sans aucune perte, près de Drygloff [Drygliv, à une dizaine de kilomètres au sud-est de Tchoudniv], au nord de Schudnoff [Tchoudniv]. Toujours sans appui d'infanterie, dans l'après-midi du **2 janvier** l'*Ostuf.* Bolte ramène ses *Sturmgeschütze* au travers d'une forêt, jusqu'aux nouvelles lignes tenues par le

Hiver 1943/44. Deux *StuG. 40*, avec leur canon au long tube de 75 mm. À noter que le premier ne porte pas de couvre-bouche. Symbole d'une guerre à deux vitesses, ces géants d'acier côtoient quelques camarades montés.

Le *Sturmgeschütz 40* de l'*Uscha.* Josef Starik, membre de la 2e batterie de la *SS-StuG.-Abt. 2 « DR »*.

*Bataillon « Lex »*. Néanmoins, pointons bien le fait que ces succès, paraissant parfois impressionnants, ne doivent pas masquer l'urgence générale de la situation : la pression soviétique reste immense, forçant la *KGr. « DR »* au repli inéluctable...

Trois jours plus tard, le **5 janvier**, la division est en position non loin du village de Schudnoff. Elle doit mener une attaque-surprise sur Michailenki[13], le long de la route principale Schudnoff-Berditschew, puissamment défendue par des barrages de canons antichars. Grâce à sa fougue, tombant sur le flanc des positions soviétiques, le *SS-Hauptscharführer* Gerhard Hecker détruit six canons antichars de 76,2 mm « ratch-boum » et deux canons antichars de 45 mm. Hecker prend également possession du village. Cela permet de refermer une brèche dans le front allemand. Avec ses engins, Hecker gagne l'extérieur de la bourgade, mais se trouve alors confronté aux feux croisés du très grand nombre de canons antichars. Tout de suite, il discerne le grand danger menaçant ses canons d'assauts. Aussi contourne-t-il l'obstacle et prend de flanc les pièces adverses. Il écrase deux positions de canons antichars de 45 et 76,2 mm. Toutefois, son *StuG. 40* reçoit un coup au but, endommageant sérieusement sa boîte de vitesse. Il poursuit malgré tout le combat, détruisant encore trois autres canons antichars de 76,2 mm. Son style impétueux de combat lui attire les feux d'autres canons antichars, véritables verrous installés très en profondeur, quoique cette action de Hecker permette aux autres *Sturmgeschütze* de son unité d'attaquer, de front, le barrage antichar russe qui est totalement détruit. S'il est blessé lors de ces virulents engagements par deux fois, il restera auprès de la *Kampfgruppe* jusqu'au retrait de cette dernière de l'*Ostfront*, et ce malgré une sixième blessure reçue plusieurs semaines plus tard, lors des combats du 2 mars 1944 !

Quant à lui, le **10 janvier** l'*Ostuf.* Bolte reçoit l'insigne des blessés en or, et il n'est pas le seul parmi les *Sturmartilleristen* de la « *Das Reich* », ce qui montre que les officiers des canons d'assaut ont subi les affres des combats au plus près du danger. Pour ceux qui ont eu « la chance » de ne pas tomber « pour la patrie et le Führer », le nombre de blessures reçues est assez impressionnant, et les blessures ne sont pas forcément masquées par la propagande et l'objectif des appareils-photo amateurs (l'on a pu le voir, par exemple, au travers des photographies représentant Ernst August Krag, dans un état parfois « bien amoché »). Le **13**, une contre-attaque ne donne rien en direction de Krasnopol, Molotschki et Stetkowky, et la *KGr. « DR »* doit encore se replier davantage.

Dès le lendemain, le **14 janvier**, la *Kampfgruppe « Das Reich »* attaque vers Krasnopol, et le

Progression pendant l'hiver russe d'un *StuG. 40* de la « *Das Reich* », épaulant les *Panzer-Grenadiere* de l'un des régiments de la division.

Peut-être dans la même série, toujours en zone faiblement boisée, les *StuG.* de l'unité appuient les fantassins dans leur progression. Ils pourront, par exemple, aider à réduire un barrage de telle ou telle nature, contre lequel les armes d'infanterie ne suffisent pas.

*SS-Untersturmführer* Karl Gerlach se distingue à la tête de son peloton, grâce à d'énergiques et véloces actions. Si l'avance débute dans de bonnes conditions, elle ralentit rapidement à cause d'un barrage de canons antichars. L'un des canons d'assaut de son peloton est détruit. Suite à cela et au vu de l'impossibilité de prendre de front ce verrou, il décide de le contourner avec ses quelques *Sturmgeschütze 40*. Il n'en écrase pas moins de trois canons antichars, et en détruit quatre autres par ses tirs précis pour, *in fine*, annihiler les servants d'une cinquième pièce d'artillerie.

En cette **mi-janvier 1944**, enfin, la *Kampfgruppe* peut s'accorder une pause (depuis plusieurs mois, les répits dépassent très rarement quelques heures...), son secteur restant momentanément épargné des coups de boutoir soviétiques contre le *Kessel* de Tcherkassy. Effectivement, en quelques mois, l'Armée rouge a repoussé la Wehrmacht et les divisions de ses alliés sur des centaines de kilomètres au-delà du Dniepr....

Après plusieurs semaines de calme relatif, à la **mi-février 1944**, la *KGr. « DR »* doit remonter en ligne, cette fois dans la zone de Belew, Isjaslaw et Starokonstantinov. Quelques jours plus tard, la *SS-Sturmbrigade « Langemarck »* est rattachée tactiquement à la *KGr. « DR »*. Remarquons que le **6 février**, Karl Gerlach assure le commandement provisoire, pour la deuxième fois, de sa batterie depuis le 30 janvier 1944.

Le **28 février**, il se trouve en position près de la gare de Bilogorodka, marqué par un terrain plat, très dégagé et peu boisé, alors que les Soviétiques organisent un assaut pour s'emparer de la gare (en effet, cette localité inclut un nœud routier important, au nord de cette dernière, et est située à peu près à mi-chemin entre Kiev et Jitomir). Il détruit ainsi trois canons, deux équipes de fusil antichar soviétiques et trois positions de mitrailleuses « Maxim » Mle 1910.

Ce même jour, l'*Oscha.* Gerhard Hecker est positionné sur la route conduisant de Bilogorodka à Jampol, avec deux canons d'assaut. À la pointe nord de Bilogorodka, un sous-officier du *Heer* lui signale que sa troupe a reçu pour ordre de sécuriser la gare de la ville. Cependant, les Russes s'y trouvent déjà,

Très belle photo de studio du *SS-Oberscharführer* Johann Kreuzer, né en 1918, affichant déjà quelques prestigieuses décorations sur sa *Feldjacke*. Il rejoindra ensuite les rangs de la « *Wiking* ».

franchissant la voie ferrée. Cette information permet néanmoins à Hecker de préparer une attaque, avec l'infanterie disponible du *Heer* en appui. Sous ses ordres, l'attaque, bien organisée, permet de repousser « Ivan » à l'écart de la gare de Bilogorodka. Puis, il installe la troupe et ses canons d'assaut de façon à pouvoir attendre les renforts dont l'arrivée est prévue sous peu. Une fois ceux-ci sur place, il reprend son déplacement vers l'adversaire, toujours accompagné des *Infanteristen* du *Heer*. Au cours de ces engagements, le *Sturmgeschütz 40* de Gerhard Hecker détruit trois canons antichars de 45 mm, deux fusils antichars et trois mitrailleuses.

Le **29 février**, la 3e batterie de canons d'assaut de la *KGr.* « *DR* » (toujours sous les ordres de Bolte) prouve encore une fois sa valeur au cours des durs combats dans Jampol [ou Yampil, à une vingtaine de kilomètres à l'ouest de Bilogorodka], bordé à l'ouest par une voie ferrée, dans la zone marécageuse de la rivière Horyn. Y pénétrant par le nord, l'ouest et le sud-ouest, d'importantes forces soviétiques tentent d'investir et de tenir la localité. Appuyé par les canons d'assaut des Flamands de la *6. SS-Freiwilligen-Sturmbrigade « Langemark »*, l'*Ostuf.* Bolte repousse les « Soviets » venant du nord qui reculent jusqu'à une colline localisée à deux kilomètres au nord du village. Puis, obliquant, il attaque de flanc des éléments russes venant de l'ouest, et les annihile. Il regroupe ce jour-là un butin de canons antichars de 45 mm intacts assez fabuleux, avec d'énormes quantités de munitions, que l'ennemi a, dans sa fuite, abandonnées tout en laissant 150 cadavres et une vingtaine de prisonniers. Au surplus, une dizaine de fusils antichars, huit F.-M. et mitrailleuses sont pris par cette batterie. Ces victorieux combats permettent aux forces allemandes d'assurer la stabilité de la ligne de front sur Jampol.

Lors de ces combats pour ce village ukrainien de Jampol, le *SS-Obersturmführer* Gerlach se distingue lui aussi, en apportant son soutien aux troupes amies quasiment encerclées dans Jampol, en tenant la route partant vers l'est contre de récurrentes attaques soviétiques, alimentées par de l'armement lourd auquel les *Landser* de la Wehrmacht et des Waffen-SS sont habitués (« orgues de Staline », projectiles de 152 mm, etc.). Gerlach parvient à avancer jusqu'à un kilomètre au nord de la route, jusque sur une hauteur dominante et permettant l'accès à Jampol. Il repousse les Russes en leur infligeant de lourdes pertes (en hommes, en pièces antichars, en mitrailleuses)... Cependant, depuis un certain temps, leurs réserves paraissent

Deux *Sturmgeschütze 40* du groupe de canons d'assaut de la « *DR* », à une période de transition entre saison de la neige et la boue. Ils sont de presque tous les combats, prêtant main-forte aux fantassins dans les pires situations, rétablissant parfois des situations critiques, voire désespérées.

Hiver 1943/44 en Ukraine, deux canons d'assaut avancent dans l'immensité blanche.

Le *SS-Schütze* Rossbauer, chauffeur de canon d'assaut.

Magnifique photographie de studio prise à l'occasion du mariage, à Aschaffenburg, de ce *SS-Unterscharführer* de la *SS-StuG.-Abt. 2 « DR »*. Il a choisi de revêtir sa *Feldjacke*, y affichant fièrement ses décorations.

Un *Uscha.* du groupe de canons d'assaut de la « *Das Reich* » lors d'une permission à Erfurt, en agréable compagnie.

Portant un bonnet noir avec la *Feldjacke feldgrau*, l'une des jeunes recrues de l'unité accoudée à son canon d'assaut.

Autre portrait d'un jeune *SS-Schütze*, Fritz Scheuerpflug (né en septembre 1921), déjà vétéran de la *Sturmartillerie* de la « *Das Reich* ».

Le *SS-Rottenführer* Hans Rave (1919-1996), du groupe de canons d'assaut divisionnaire de la « *Das Reich* », portant le ruban de l'*EK.2*, également affiché, plus rarement, sous la forme d'une barrette de ruban.

Hans Mollenkopf avec le grade de *SS-Untersturmführer*, portant quelques décorations sur sa *Feldjacke* croisée, dont la barrette de ruban de la médaille des combats d'hiver à l'Est, témoignant qu'il était déjà engagé pendant l'hiver 1941/42.

Autre portrait, anonyme, d'un élégant *Sturmartillerist*.

inépuisables. Chaque attaque soviétique met alors en jeu des effectifs d'une compagnie. La tenue de cette voie d'accès à Jampol permet le ravitaillement en armes, en munitions et en nourriture aux troupes qui restent aux prises dans la localité. Une soixantaine au moins de cadavres de soldats soviétiques est dénombrée, et trois prisonniers sont constitués.

Quelques jours plus tard, le **2 mars**, le *SS-Hauptscharführer* Hecker avance sur l'axe routier Jampol-Bilogorodka avec son *StuG. 40* quand soudain, à 4 heures, il saute sur une mine, non détectée et neutralisée par les *Pioniere* qui, pourtant, ont nettoyé la route pendant la nuit, en préparation d'une attaque de la *SS-Sturmbrigade « Langemark »*. Cet incident n'a néanmoins pas pris de tour sanglant, juste le canon d'assaut endommagé au niveau de sa chenille gauche et des galets du train de roulement. Hecker effectue courageusement les réparations avec son équipage, et ce sous le feu ennemi. Une fois réparé, poursuivant son avance, il traverse ensuite un pont sur lequel, préalablement, il a enlevé les charges explosives qui s'y trouvaient, ceci toujours sous les tirs soviétiques. Ce jour-là, il cloue net plusieurs attaques adverses, laissant notamment hors d'état de nuire six canons antichars de 76,2 mm, sept positions de fusils-mitrailleurs ou mitrailleuses, ainsi que deux nids de tireurs d'élite qui, avec leurs fusils Moisin-Nagant ou Tokarev, peuvent aisément retarder et « paniquer » les *Landser*. Les ordres de Hecker sont clairs et précis, ce qui n'est pas rien dans la réussite de la défense contre d'incessantes attaques russes. Tous ces faits d'armes courageux lui vaudront, le 28 juin 1944, l'obtention du *Deutsche Kreuz in Gold*.

Le **3 mars**, la brigade « *Langemark* » se trouve positionnée près de Ssemelinzy, localité située à une douzaine de kilomètres à l'est de Jampol, auprès d'un croisement routier non négligeable. L'*Ostuf.* Gerlach se distingue à nouveau, au matin de cette journée, alors que son peloton avance sur la route reliant Antoniny (sur la rivière Ikopot, nœud routier important, à quelques kilomètres de Krementchoug) à Rydki[14] ; c'est ce dernier qui constitue l'objectif. Avec les Flamands de la « *Langemark* », il s'empare de Rydki sans trop de pertes. Son *StuG. 40* doit toutefois être saboté, car il n'a plus d'essence et n'est pas en mesure d'être ravitaillé. N'écoutant que son courage, Gerlach attaque les positions russes avec son équipage et les fantassins présents. Au cours de corps à corps opiniâtres, il capture deux canons antichars, plusieurs mitrailleuses et fait cinq prisonniers. Ces faits contribueront, dans son dossier, à l'obtention du *Deutsche Kreuz in Gold*, décerné quelques mois plus tard, le 2 juillet. Notons que le jour de cet affrontement sur Rydki, il reçoit l'insigne des blessés en or.

Deux jours plus tard, le *Hscha.* Hecker fait encore face à de rudes épreuves lors des assauts de la « *Langemark* », pour s'extirper de l'encerclement de Ssemenoff [ou Semenov, village

Automne 1943 ou fin de l'hiver 1943/44, ce *StuG. 40* de la division remorque un *Einheits-Pkw* en pleine *rasputitza*, comme les Russes appellent la saison de la boue. Les routes bien carrossables sont rares à l'Est.

Russie, 1943 : devant son *StuG. III*, le *SS-Oberscharführer* Karl Gerlach pose avec le *SS-Hauptscharführer* (*Spieß* de l'une des batteries) Hans Bauer. Photographie prise au même endroit que celle de la page **135**.

en bordure méridionale de Zhemelyntsi]. Lors d'une attaque vers le village de Jamimowsky, Hecker réunit des Waffen-SS flamands et, rameutant ce qu'il peut de fantassins, il monte à l'assaut de deux positions de mitrailleuses soviétiques et d'une autre comprenant un canon antichar de 76,2 mm, armes installées sur une élévation de terrain, dominant ainsi le village. L'action conduit au succès, permettant ainsi la prise de Jamimowsky sans trop de pertes, même si elles sont toujours ressenties douloureusement, au vu de la parcimonie de l'*Ersatz*.

Le **6 mars**, le *SS-Obersturmführer* Bolte est blessé pour la huitième fois ! À noter que, depuis le 10 janvier, il est titulaire de l'insigne des blessés en or... aucun échelon supérieur n'existe pour d'autres blessures !

En ce début de mars 1944, le commandement de la *Kampfgruppe « Das Reich »* passe de Lammerding au *SS-Sturmbannführer* Weidinger. Elle est alors envoyée vers Staro Konstantinov, puis Proskurov, dans un contexte de pression soviétique constante. Le *Hstuf.* Lex, commandant du *I.Btl./DF*, trouve la mort[15].

## L'enfer du *wandernder Kessel*

Début mars, la *Kgr. « DR »* est rattachée à la *19. Panzer-Division*, sous les ordres du *Gen.-Lt.* Hans Källner. Ensemble, ils combattent à Proskurov. Elle est également venue en aide à la *168. Infanterie-Division*, commandée par le *Gen.-Lt.* Werner Schmidt-Hammer, qui disparaîtra presque entièrement durant ces combats de la fin de l'hiver et du début du printemps 1944. Le **18 mars**, elle est rattachée au *XXIV. Pz-Kps*, comme cela s'est déjà produit antérieurement. Une petite semaine après, le **24 mars**, elle l'est à la *101. Jäger-Division*. Les restes de la *KGr. « DR »* sont, comme de nombreuses autres formations du Heer et des Waffen-SS, en très grande difficulté, repoussés jusque sur le Dniestr, aux portes de la Bessarabie, et totalement encerclés. Tous les débris de la 1re armée du *Generaloberst* Valentin Hube reculent simultanément vers l'ouest, pour essayer de briser l'encerclement extrêmement vaste opéré par l'Armée rouge. Grâce à l'intervention du *II. SS-Pz-Kps*, le *Kessel* est brisé le **6 avril**. Dans ces semaines de repli dans la partie sud de la *Heeresgruppe « Süd »*, des milliers d'hommes et de grandes quantités de matériels ont été perdus, y compris la quasi-totalité des *Sturmgeschütze*, si ce n'est peut-être même l'ensemble d'entre eux. Mais ce n'est qu'une semaine plus tard, le **14 avril**, que les restes bien étrillés et épuisés de la *KGr. « DR »* reçoivent un ordre de transport... à l'écart du front de l'Est ! Le **18**, c'est le départ et la perspective bien méritée de pouvoir « décrocher » un peu...

Du **20 février** au **3 mars 1944**, la *Kampfgruppe « Das Reich »* aura détruit cinquante-deux chars, un canon automoteur, trente-deux canons antichars et un très grand nombre d'armes automatiques. Cela vaudra au commandant de ce groupement à cette époque, le *SS-Oberführer* Heinz Lammerding, de recevoir le *Ritterkreuz* (le 11 avril 1944).

1. D'après Yerger, page 56, plutôt l'*Ostuf.* Siegfried Kepp à la tête de la 3e batterie, sans doute remplacé par Röhder après sa blessure.
2. Voir à la page 57 de Mark C. Yerger, *SS-Sturmbannführer Ernst August Krag*, Schiffer Publishing Ltd, 1996 (64 pages).
3. Informations recueillies dans le dossier de proposition de Krag pour le *Deutsche Kreuz in Gold*, cité par Yerger, page 57.
4. Voir Yerger, page 59.
5. Charles Trang, *Dictionnaire de la Waffen-SS*, volume 1, Heimdal, Bayeux, 2011, page 86.
6. Charles Trang, *Dictionnaire de la Waffen-SS*, volume 1, page 87.
7. Ecole de chasseurs de chars (*Sturmgeschütze*) de Janowitz, mise sur pied en novembre 1941 dans le cadre du *Truppen-Übungsplatz « Beneschau »*, en Bohême-Moravie.
8. Cette action s'est probablement déroulée vers le 14 ou le 15 août, si l'on en croit Charles Trang, *Dictionnaire de la Waffen-SS*, tome 1, page 87.
9. Charles Trang, *Dictionnaire de la Waffen-SS*, volume 1, page 88.
10. Voir, à ce titre, l'ouvrage *schwere Tiger-Abteilung 503*, du Dr. F.-W. Lochmann, R. Fhr. von Rosen et A. Bubbel, Heimdal, 2013, aux pages 222-245.
11. Charles Trang, *Dictionnaire de la Waffen-SS*, volume 1, page 89.
12. Sans doute a-t-elle été intégrée à la *Kampfgruppe « Sommer »* (du nom du SS-*Obersturmbannführer* Peter Sommer) ou *Kampfgruppe « Das Reich »*, appellation du groupement tactique de la *« DR »* qui reste engagée sur le front.
13. Mihailenki, à une vingtaine de kilomètres au sud-est de Tchoudnov.
14. Ou Ridka, à une quinzaine de kilomètres au sud-est de Zhemelyntsi, et au nord de la rivière Semenivka.
15. Pour plus de renseignements sur ces engagements, se reporter à l'ouvrage de Charles Trang (*Dictionnaire de la Waffen-SS*, volume 1), offrant un aperçu général sur les combats de la *Kampfgruppe « Das Reich »* dans cette zone, ou encore, pour les germanophones, à l'ouvrage détaillé d'Otto Weidinger, tome 5 (1943-1945).

Février 1944

# LA « *DAS REICH* » DANS LE SUD-OUEST DE LA FRANCE

Des 5 000 hommes formant cette *Kampfgruppe*, seul un millier environ de survivants est envoyé vers l'ouest, via l'Allemagne, pour rejoindre les autres formations – en cours de reconstitution et de remise en conditions – de la division.

Pendant ce temps, en janvier 1944, la division a pris la désignation de *2. SS-Panzer-Division « Das Reich »*, c'est-à-dire qu'elle est devenue division blindée... du moins théoriquement, car les semaines à venir vont nécessiter un fort investissement pour recompléter et reforger une puissante division des Waffen-SS...En février, les formations de la division ne servant pas en ligne quittent le camp de Stablak pour rejoindre la France, dans la région bordelaise. Elles connaissent, dans un premier temps, le camp militaire de Souges (auprès de Martignas-sur-Jalle, à l'ouest de Bordeaux), où elles se regroupent à partir du **26 février 1944**. Le **9 avril 1944**, déjà bien étoffées (comptant jusqu'à 12 000 soldats), ces formations de la « *DR* » se déplacent à l'est de Bordeaux, dans la région de Montauban, Moissac, Caussade et Toulouse. De son côté, la *SS-StuG.-Abt. 2* cantonne à Villefranche-de-Lauragais, à une vingtaine de kilomètres au sud-est de la cité toulousaine, sur la route de Castelnaudary, et le *SS-Hauptsturmführer* Krag surveille la drastique remise en condition de ses canons d'assaut, qu'il dirige officiellement – en titre – depuis le 20 février.

Au **15 avril**, les reliquats de la troisième batterie étant alors sur le départ de l'*Ostfront*, l'effectif théorique pour les deux batteries présentes à Villefranche se monte à vingt et un canons

Au cours d'une cérémonie, sans doute effectuée sur un terrain de sport au début de 1944 en France, dans la région de Bordeaux le *Stubaf.* et *Abteilungs-Kommandeur* Ernst August Krag avec ses commandants de batterie. À gauche de Krag, Wolfgang Röhder et, 2e à droite, Roland Paul.

Au cours du même événement on distingue Röhder, devant le drapeau du IIIe Reich.

d'assaut, quoique, dans les faits, trois d'entre eux seulement soient disponibles, et un autre se trouve en réparations.

Au **1[er] mai 1944**, la « *Das Reich* » a perçu vingt-cinq *StuG. 40 L/48* supplémentaires, ce qui vient considérablement renforcer les effectifs et fait, probablement, la joie des équipages, qui peuvent enfin s'exercer avec leurs *StuG.* – précisons également qu'à cette date, pas uniquement le groupe de canons d'assaut divisionnaire est pourvu de *StuG.*, le régiment de chars de la « *Das Reich* », lui aussi, en perçoit un certain nombre[1]. Si l'instruction et le « *Schleifen* » sont poussés à fond, notamment pour les recrues très jeunes, nées en 1925 voire 1926, dont de nombreux *Volksdeutschen* et Alsaciens-Lorrains, le personnel est globalement moins instruit que durant les années précédentes (largement par manque de temps).

En mai et juin 1944, les unités de la « *Das Reich* » sont occupées à combattre les « *Banditen* » de différents mouvements de résistance, qui reçoivent des consignes du CNR afin de perturber les arrières des forces allemandes dans l'optique du futur débarquement en Normandie. Ceci se traduira par des représailles désastreuses pour la population...

Le **3 juin 1944**, l'effectif est de 29 *Sturmgeschütze 40*, mais seuls 18 sont opérationnels, car les archives dénombrent neuf *StuG.* chacune pour les 1re et 2e batteries. Quant à elles, la 3e et celle de commandement ne sont pas répertoriées, l'on pourrait par conséquent en déduire qu'elles ne possèdent aucun véhicule.

Marche en colonne par trois des *Sturmartilleristen* de la « *DR* », manifestement un peloton, peut-être au camp de Souges en France, à la fin de février ou en mars 1944.

1. Voir Didier Laugier, *Sturmartillerie tome II*, page 25. Précisons tout de même que, dans les différentes publications consultées, des données très différentes, voire incohérentes, sont retrouvées quant au nombre de *StuG.* disponibles et leur répartition entre le groupe de canons d'assaut et le régiment blindé... (NDLR)

Rassemblement d'un peloton de la *SS-StuG.-Abt. 2 « DR »* avec l'un de ses *StuG. 40*.

➲ Hartmut Braun, à gauche, avec un officier *Ritterkreuz-Träger* de la division, dans le sud-ouest de la France en 1944.

➲ Au même endroit, un exercice sous la surveillance d'officiers et sous-officiers. Certains hommes visibles au premier plan portent des effets en *Drillich*, permettant de limiter l'usure de leur tenue en drap, et apprennent les rudiments de l'instruction d'infanterie.

⮉ Printemps de 1944, Sud-ouest de la France (région toulousaine), avant l'*Invasion*. À droite, W. Röhder avec son *Ritterkreuz*, à côté du *Hstuf.* Krag, Walter Reininghaus et, à gauche, Hermann Bolte.

➲ Au cours du même événement, de gauche à droite : Wolfgang Röhder, Ernst August Krag et Walter Reininghaus.

Ernst August Krag utilise cette fois la lunette binoculaire (*Scherenfernrohr*).

Le *SS-Sturmbannführer* Krag avec sa mascotte, trouvée en Russie.

Même jour, au même endroit. De gauche à droite, durant une analyse de carte, *Scherenfernrohr* auprès d'eux : E. A. Krag et son fidèle chien, le commandant de la batterie de commandement Walter Reininghaus, Hermann Bolte, Hartmut Braun et Wolfgang Röhder. Notons que Braun, au côté gauche de son ceinturon, porte un étui de revolver soviétique Nagant.

➲ Le *Stubaf.* Ernst August Krag dans son très chic cabriolet Peugeot 402, avec son fidèle camarade Wolfgang Röhder (un grand merci à Hervé Bernard et Patrick Lesueur pour l'identification de ce véhicule NDLR).

➲ Toujours au même moment, autre vue de la Peugeot de Krag, avec W. Röhder portant son *Ritterkreuz* au cou, à gauche (photo manifestement prise au printemps 1944, Röhder ayant reçu cette croix à la toute fin de l'année 1943). À côté de W. Röhder, l'on distingue l'*Ostuf.* Hartmut Braun.

➲ Permission à Nimes, au printemps de 1944. Le *Ritterkreuz-Träger* Helmut Schreiber (du *SS-Pz-Gren.-Rgt. 3 « D »*, dont on note la bande de manche) et le Dr. Georg Christian (le médecin-chef de la *SS-StuG.-Abt. 2*) visitent les arènes en compagnie de Krag (qui les a sans doute photographiés).

De gauche à droite : le *Stabschef* Gerlach, l'*Ostuf.* Fritz Sedlazeck, le *Stubaf.* W. Kniep, le *Hstuf.* E.A. Krag et l'*Ostuf.* Köhler (*Abt.-Adju.* en 1943 et, l'année suivante, commandant de la 3e batterie).

Quelques sous-officiers de la *SS-StuG.-Abt. « DR »* s'accordent une collation en plein air. Le *SS-Oberscharführer* au milieu est un dénommé Kreuzer. Notez qu'ils portent l'uniforme croisé gris, sur lequel les décorations attestent qu'ils ont tous connu l'épreuve du feu, deux d'entre eux ont été décorés du *Panzerkampf-Abzeichen*.

De gauche à droite : le *Stubaf.* Krag avec son chien, W. Röhder, H. Braun et W. Reininghaus. Debout derrière, F.W. Graun.

Image peu habituelle d'un officier SS ! Facétieux le *Stubaf.* Krag tire la langue au photographe.

De gauche à droite : l'*Ostuf.* August Hoffmann (*Zugführer*), le Dr. Wolfgang Röhder, l'*Ostuf.* Hartmut Braun (*Ordonnanz-Offizier*), le *Hstuf.* F. W. Graun, et le *Verwaltungsführer* l'*Ostuf.* Fritz Dietrich.

Durant le stationnement dans le Sud de la France du printemps de 1944, l'*Ustuf.* Roland Paul. Dans les Waffen-SS comme dans la Wehrmacht, beaucoup d'animaux sont retrouvés comme mascotte d'un équipage ou d'une unité.

L'*Ustuf.* Paul et un *SS-Oberscharführer*, au même endroit.

Durant la drastique remise en conditions de la *SS-StuG.-Abt. 2 « Das Reich »*, en France au début de 1944, le même château est retrouvé, servant sans doute de cantonnement pour l'une des batteries.

# DU SUD-OUEST DE LA FRANCE À LA NORMANDIE

Au printemps de 1944, la *SS-Sturmgeschütz-Abteilung 2* est organisée de la façon suivante :

Le chef de corps reste le *Hstuf.* Ernst-August Krag, son *Adjutant* est l'*Ostuf.* Günter Hildebrandt et son *Ordonnanz-Offizier* est l'*Ustuf.* Karl Gerlach. Le commandant des services de réparation et de maintenance est l'*Ostuf.* Günter Streicek.

Le médecin de l'*Abteilung* est l'*Ostuf. Dr.* Georg Christian (médecin lieutenant), le commandant de la *Stabsbatterie* l'*Ostuf.* Walter Reininghaus. Krag a toujours trois batteries sous ses ordres : la 1re sous le commandement du *SS-Hauptsturmführer* Röhder, la 2e commandée par le *SS-Obersturmführer* Braun, et la 3e sous les ordres du *SS-Obersturmführer* Köhler.

Le **6 juin 1944**, les Alliés occidentaux débarquent sur le littoral oriental de la Manche et dans la partie occidentale du Calvados : « *Invasion ist da!* ». La « *DR* » ne reçoit pas l'ordre de monter au plus vite vers la Normandie, mais de se déployer un peu plus au nord de sa zone de stationnement, entre Tulle et Limoges[1]... elle n'est débloquée au profit de la *Heeresgruppe B* (Rommel) que cinq jours après le Jour-J ! La progression en direction du nord est émaillée par la destruction des ponts et ouvrages d'art, et par des harcèlements incessants de la Résistance, l'attaque de véhicules isolés, tel que le sera celui du *SS-Sturmbannführer* Helmut Kämpfe, commandant le *III.Btl./« DF »*, qui occasionne le massacre d'Oradour-sur-Glane en représailles, mais qui aura aussi pour conséquence

Peut-être un engin de la *SS-StuG.-Abt. 2 « DR »* pris durant la « *Schlacht um die Normandie* » de l'été 1944. En tous cas, la crainte des *Jabos* n'est pas perceptible ici. *(Idem page suivante)*

d'amoindrir les attaques de ralentissement des résistants français.

Les *Sturmartilleristen* de la « *DR* » progressent vers la Basse-Normandie avec le premier morceau de la division. Néanmoins, à la fin de juin 1944, la *Stabs-Batterie* se trouve toujours dans le sud de la France, car elle n'a reçu aucun véhicule et, par conséquent, elle ne peut pratiquement pas se déplacer. Pendant ce temps, en l'espace de cinq jours, le gros de la division a pu atteindre la Normandie occidentale, et se regroupe au sud de Saint-Lô (vers la mi-juin). Dans les derniers jours de juin, la « *DR* » (plus exactement, la *KGr.* « *Weidinger* ») se bat au sud-ouest de Caen contre les forces britanniques, et ce jusqu'au **2 juillet**. Les pertes, déjà importantes à cause des « *Jabos* », ne font que s'accentuer dans cette confrontation maintenant directe aux forces d'invasion.

Aux premiers jours de juillet, la « *DR* » gagne le Cotentin. Le **2 juillet**, la *SS-Sturmgeschütz Abteilung 2* et le *SS-Panzer-Regiment 2* se trouvent tous les deux dans la région au sud de Saint-Lô, puis remontent vers le nord. La *KGr.* « *Weidinger* » est envoyée au secours de la *353. Infanterie-Division*, et s'établit dans un secteur allant de La Haye-du-Puits à La Bigoterie, etc. C'est dans ce cadre que les *StuG.* de la « *DR* » sont engagés. Les engagements douloureux de la Bataille des Haies, mais surtout les bombardements aériens et ceux de l'artillerie, causent beaucoup de pertes parmi les véhicules et les hommes de l'*Abteilung*. Au cours de l'été, cette dernière connaît donc divers redéploiements, fusions de petites unités, recomposition des pelotons et batteries au fur et à mesure des pertes en hommes et en véhicules, qui ne sont pas ou si peu compensées... clairement, l'*Ersatz* se fait rare.. Le groupe de canons d'assaut reste inclus dans la *Kampfgruppe* « *Weidinger* ». Le 7 **juillet**, il se trouve en déplacement à l'ouest de la ville de Périers. C'est dans cette zone que les canons d'assaut de « *Das Reich* » sont confrontés pour la première fois aux G.I.s, et face à l'absence de capacités offensives, ils participent avant tout à des combats défensifs. Parmi eux, du 7 au **17 juillet**, le *SS-Obersturmführer* Roland Paul et ses engins combattent avec un rapport de force largement défavorable, sous la pression croissante des « *Jabos* » et de l'artillerie de campagne américaine... – globalement, le rapport de forces penche de plus en plus en faveur du côté allié. Contre ces nouveaux adversaires, lors d'un assaut américain, les canons d'assaut de Paul détruisent trois chars *Sherman*. Il recevra le *Deutsche Kreuz in Gold* dans la foulée, le 21 juillet, dont le diplôme sera signé par Ernst August Krag, présentant le tampon de la *SS-Sturmgeschütz-Abteilung* « *Das Reich* », à une période où ce corps de troupe est censé

être déjà dissous et intégré à la *SS-Panzerjäger-Abteilung 2*. Dans cette zone, la « *DR* » se trouve particulièrement morcelée, sans réelle capacité offensive[2]. Le **22 juillet**, au nord de Villedieu-les-Poêles où se trouve la localité de La Colombe, le *SS-Obersturmführer* Herbert Lange, de la *1. Bttr./ SS-StuG.-Abt. 2*, trouve la mort (peut-être suite à une attaque aérienne, vu qu'à cette date le front est situé plus au nord). Le **23 juillet**, il y a encore 25 *StuG. 40* en état de combattre à la division « *Das Reich* ». Durant ces premières semaines d'affrontements dans le sud du Cotentin, au prix de très lourdes pertes la « *Das Reich* » a contribué à amortir sensiblement la pression américaine vers le sud, aux côtés de reliquats de *Fallschirmjäger*, d'unités morcelées et étrillées du Heer et de la « *Götz von Berlichingen* ». À plusieurs reprises, des combats défensifs ont été remportés mais, avec le déclenchement de l'opération « *Cobra* » le 24 juillet, il s'agit de reculer, le plus méthodiquement possible, face à cette rupture extrêmement brutale du front allemand à l'ouest de Saint-Lô. Dans le cadre de la bataille de Mortain au début du mois d'**août** (l'opération « *Lüttich* »), quelques canons d'assaut survivants s'illustrent, quatre d'entre eux appuyant, par exemple, le *II.Btl.*/« *DF* ».

Portrait de Rudolf Bösel (1922-1987), ayant rejoint l'unité en France en 1944, qui porte la fameuse tenue croisée grise des *Sturmartilleristen*, et coiffe l'*Einheitsfeldmütze*.

⮉ Au cours d'une halte en campagne, le Dr. Wolfgang Röhder (à droite) dans sa combinaison camouflée (notons également ses brodequins peu communs dans les troupes blindées). Photographie peut-être prise au printemps de 1944, durant des manœuvres.

➲ Krag à gauche, et Röhder au milieu, montés sur un *StuG.* garni de branchages à des fins de camouflage, peut-être photographiés durant des exercices au printemps de 1944.

Page de droite : Dans la fleur de l'âge, le *SS-Unterscharführer* de la *SS-Sturmgeschütz-Abteilung 2 « Das Reich »* Erwin Burkartzmaier, sa *Feldjacke* vierge de toute décoration. L'âge des recrues diminue avec le temps et le poids croissant des pertes.

Né le 17 août 1911 à Elberfeld, au nord-est de Solingen, **Wolfgang Röhder** acquiert un doctorat en philosophie, et parle l'anglais et le français. Il rejoint les SS à l'âge de vint-cinq ans, et suit les cours de l'école d'officiers (*SS-Junkerschule*) de Bad Tölz, de mars à août 1940. Il sert tout d'abord dans la « *Totenkopf* » et, en février 1942, il rejoint les rangs de la 11e compagnie du *Regiment* « *Deutschland* » de la « *Reich* », en tant que chef de section. Il passe ensuite dans la 2e compagnie de ce régiment, avant d'être versé dans les *Sturmartilleristen* de la division, en tant qu'officier de la 3e batterie. Servant un laps de temps assez court comme chef de peloton, il passe rapidement commandant de cette même 3e batterie, à la fin février 1943, (remplaçant alors Siegfried Kepp, blessé). Il reçoit l'*EK.2* le 8 mars, et l'*EK.1* le 9 juillet 1943. Quelques mois plus tard, au tout début du mois d'août 1943, Röhder commande temporairement la *SS-StuG.-Abt. « DR »* (suite au retrait provisoire d'Ernst August Krag). Du 5 juillet au 13 novembre 1943, il est crédité de la destruction de 23 chars avec son propre canon d'assaut, alors que l'unité aura détruit 154 chars ennemis. Le *Ritterkreuz* lui est décerné le 1er décembre 1943. Dans le Cotentin, suite au départ d'Ernst August Krag vers l'*Aufklärungs-Abteilung* de la division, il le remplace et assure le commandement des canons d'assaut de la « *Reich* » jusqu'à la dissolution définitive de l'*Abteilung*. Il est grièvement blessé, perdant un œil, et subit des blessures supplémentaires en septembre 1944. Après sa guérison, il est affecté à l'*Inspektion-Infanterie* du *SS Führungshauptamt*, et ensuite envoyé à Prague, au *SS-Hauptamt*. Il est promu *SS-Sturmbannführer der Reserve* le 30 janvier 1945. En mai 1945, Röhder est exécuté sans autre forme de procès par les Tchèques, lors de leur soulèvement à l'approche des troupes soviétiques.
Notons qu'Ernst August Krag considérait le Dr. Röhder comme l'un des meilleurs commandants de *StuG.* qu'il ait eu sous ses ordres.

En haut : Le *Hstuf.* Röhder avec son Ritterkreuz au cou, reçu pour ses succès obtenus en 1943. Cette photo a pu être prise en 1944 en France, avant l'*Invasion*.
Ci-dessus : Autre photo de Röhder, elle aussi peut-être prise en 1944 dans le Sud-ouest.

Au cours du mois de **juillet 1944**, l'unité est officiellement dissoute mais, malheureusement, aucun document ne peut exactement donner la date de cette dissolution. Manifestement, celle-ci ne prendra effet que plus tard par rapport à la date prévue, car l'âpreté des combats et les changements de position récurrents ne le permettent pas immédiatement[3].

Les cruels et incessants bombardements empêchant la réparation et le ravitaillement, beaucoup d'engins seront abandonnés ou sabotés, faute de pièces de rechange ou de carburant. Après avoir pu s'extraire du « *Kessel* » de Falaise, les restes de la division et de très nombreuses autres unités allemandes refluent vers la Seine. Les *Sturmgeschütze* survivants aux longues semaines de combats sont versés dans le groupe de chasseurs de chars divisionnaire, et les hommes au régiment blindé. Encore une fois, les modalités de cette transformation et sa chronologie restent floues. D'ailleurs, à la même date, il est à noter que tous les Panzer IV du *SS-Panzer-Regiment 2* devaient être remplacés par des *Sturmgeschütze 40 L/48* qui, rappelons-le, sont des engins déjà familiers des tankistes de la « *Das Reich* ».

Entre-temps, Ernst August Krag a été muté à la tête de l'*Aufklärungs-Abteilung* de la « *Das Reich* » au cours du mois de **juillet**, suite à la blessure de son commandant, le *Hstuf.* Heinrich

Montée vers l'*Invasionsfront* à la mi-juin 1944. Un canon d'assaut *Ausf. G*, avec à son bord Ernst August Krag, dépasse par la gauche un Panzer IV du régiment blindé de la division... À la fin du mois, ils connaissent un premier engagement contre les Alliés occidentaux au sud-ouest de Caen.

Le *SS-Sturmmann* Heinrich Maul, *Sturmartillerist* de la « *DR* ». Il porte l'*Infanterie-Sturmabzeichen*, attestant qu'il a d'abord fait partie de l'infanterie avant d'être muté ou de rejoindre volontairement la *Sturmartillerie*. Il porte également le ruban du « *Gefrierfleisch-Orden* ». Les décorations et la plaque de ceinturon visibles à la page 97 ont été portés par lui durant la Seconde Guerre mondiale.

Magnifique portrait de Wolfgang Röhder dans sa tenue camouflée, *Ritterkreuz* au cou, dernier commandant de la *SS-StuG.-Abt. 2.*

Portrait du *SS-Untersturmführer* Roland Paul, qui combat en Normandie.

Sur le flanc de la caisse de ce *StuG. 40*, en dessous du tourelleau, l'on aperçoit le nom de baptême de l'engin, tranchant avec ceux, très fréquents, de généraux prussiens : le *Südtiroler* Andreas Hofer, l'artisan principal du soulèvement tyrolien contre les troupes bavaroises et napoléoniennes, en 1809-1810... Un nom peut-être choisi par des *Sturmartilleristen* tyroliens...

Deuxième moitié de l'année 1944. Le *Brifü.* Heinz Lammerding, commandant la division « Das Reich », vient de remettre le *Ritterkreuz* à E.A. Krag, qui commande alors le bataillon de reconnaissance divisionnaire... Quelques mois plus tard, il recevra les *Eichenlaub*. Photo dédicacée à l'auteur par Krag.

Wulf. Précisons que Krag a une nouvelle fois été blessé le **5 juillet**[4]. C'est alors le *Hstuf.* Dr. Wolfgang Röhder qui a repris, pour peu de temps, la tête du groupe de canons d'assaut divisionnaire, dont il est le dernier commandant. Remplaçant Hildebrandt, Bolte devient officier adjudant-major de l'*Abteilung* lors des opérations en Normandie. Il y sera à nouveau grièvement atteint et décédera des suites de ses blessures le 16 août 1944, dans un hôpital de la *Kriegsmarine* à Ermont, dans le Val d'Oise. Il repose au cimetière de Campigny-la-Futelaye/Saint-André, dans l'Eure.

Le *SS-Sturmbannführer* E. A. Krag, maintenant *Ritterkreuz-Träger*, montrant la bande de manche divisionnaire (*Ärmelstreifen*). Notons le tampon en relief du photographe, de la ville natale de Krag.

Concernant les *Ritterkreuz-* et *Deutsche Kreuz-Träger* de la « Das Reich » : Walter Kniep et le Dr. Wolfgang Röhder ont reçu le *Ritterkreuz* en tant que membres de la division. Le *Deutsche Kreuz in Gold* a, quant à lui, été remis à Hermann Bolte, Karl Gerlach, Friedrich-Wilhelm Graun, Gerhard Hecker, Alfred Idel, Siegfried Kepp, Franz Kneissl, Ernst August Krag, Wolfgang Otto, Roland Paul, Alfons Stegmaier et Eberhard Telkamp. Le *Deutsche Kreuz in Silber* a, de son coté, été décerné à Günter Streicek.

Notons que les *Sturmartilleristen* de la « *DR* » ont, proportionnellement à la quantité de véhicules employés, détruit plus de chars ennemis que les tankistes de la division ! Par ailleurs, jusqu'en 1944, les *Sturmgeschütz-Abteilungen* (de la Wehrmacht et des Waffen-SS) ont neutralisé plus de 20 000 chars ennemis. Ceci prouve nettement l'efficacité et la polyvalence de cette arme qui, à l'origine subdivision de l'artillerie et uniquement prévue pour la lutte contre les nids de mitrailleuses et les bunkers, s'est avérée très tôt redoutable contre les blindés.

---

1. Voir Charles Trang, *Dictionnaire de la Waffen-SS* (volume 1), aux pages 90-91.
2. Voir l'ouvrage de Georges Bernage *First US-Army*, Heimdal, 2004, page 143.
3. Didier Laugier, page 25.
4. Voir Yerger Mark, page 60.

## LES CANONS D'ASSAUT DE LA «*DAS REICH*» ET SES DERNIÈRES BATAILLES DE LA SECONDE GUERRE MONDIALE

À la mi-septembre de 1944, la « *Das Reich* » est placée derrière le *Westwall*, et doit tant bien que mal s'adapter à la mission défensive qui lui incombe (installation des armes de la division dans des fortifications bétonnées – quand c'est faisable !), après plusieurs semaines de repli. Alors, il s'agit de combattre contre les forces assaillantes américaines qui, en dépit de problèmes logistiques, ont talonné de près les forces allemandes en retraite vers les frontières du *Großdeutschen Reiches*. En ce début d'automne, les unités de la « *Das Reich* » (parmi elles, des *Sturmartilleristen*) stoppent avec succès les tentatives alliées de rupture du *Westwall* dans son secteur.

À la fin d'octobre 1944, la division blindée doit gagner une zone de remise en condition, à l'écart du front. Si de nouvelles recrues, instruites dans l'urgence, arrivent en grand nombre, les dotations en matériels accusent de sérieuses lacunes... Quant à eux, en ce mois de novembre 1944, les restes fortement étrillés de la *SS-StuG.-Abt. 2* sont versés dans la *SS-Panzerjäger-Abteilung 2*. Dans les faits, le groupe de canons d'assaut de la division a donc cessé d'exister, même si des *StuG. III* servent au sein de la division : vingt-huit le 10 décembre 1944[1]. Ils se trouvent à ce moment-là à l'ouest du Rhin, dans la région rhénane de Krefeld-Neuss.

La « *DR* » participe peu après à l'offensive des Ardennes, durant laquelle s'illustre E. A. Krag à la tête d'un groupement tactique portant son nom (certes, dorénavant plus en tant que *Sturmartillerist*). Des affrontements d'arrache-pied, très coûteux de part et d'autre... Le 19 janvier 1945, la « *Das Reich* » doit se retirer à l'est du *Westwall*, et n'aligne plus que treize *Sturmgeschütze* et huit *Jagd-Panzer IV*... Courant février 1945, la « *DR* » change de front, via Wurtzbourg, Munich et Vienne, pour retrouver son redoutable adversaire soviétique, et cette fois-ci bien plus près des frontières septentrionales du Reich... en Hongrie occidentale, dans le cadre de l'*Unternehmen « Frühlingserwachen »*. À la veille de son déclenchement, début mars, la division possède neuf *Jagd-Panzer IV* et *V*, et vingt-trois *StuG. III*. Mais outre quelques succès limités, l'offensive allemande piétine, de nombreux blindés sont en réparation...

Dès le 16 mars 1945, l'Armée rouge passe à la contre-offensive ! Il s'agit de se replier progresser progressivement jusque sur Vienne, où les restes de la division combat à la mi-avril, puis ils sont éparpillés en se repliant vers l'intérieur de l'Autriche, les Sudètes le sud de la Bohême... jusqu'à la capitulation et la reddition du début de mai 1945.

## BIBLIOGRAPHIE SÉLECTIVE


- Georges Bernage, *Leibstandarte SS – La garde personnelle d'Adolf Hitler au combat*, Heimdal, Bayeux, 1996.
- Thomas Fischer et Charles Trang, *Leibstandarte – Dictionnaire*, Heimdal, Bayeux, 2010.
- Thomas Fischer, *Sepp Dietrich et sa Leibstandarte*, Heimdal, Bayeux, 2015.
- Franz Kurowski, Gottfried Tornau, *Sturmartillerie – Die dramatische Geschichte einer Waffengattung 1939-1945*, Motorbuch Verlag, Stuttgart, 1978.
- Didier Laugier, *Sturmartillerie*, tomes 1 et 2, Heimdal, Bayeux, 2011.
- Rolf Lehmann, *Die Leibstandarte – Juli 1941 bis Januar 1943*, Nation Europa Verlag, Coburg, 1995.
- Rolf Lehmann, *Die Leibstandarte*, tome 3, Munin Verlag, Osnabrück, 1982.
- Philippe Naud, *Front de l'Est 1941 – Opération Taifun*, Militaria 1939-1945 (hors-série n° 105), Histoire et Collections, Paris, 2017.
- Walter J. Spielberger, *Sturmgeschütz – Entwicklung und Fertigung der sPak*, Motorbuch Verlag, Stuttgart, 1991.
- Charles Trang, *Leibstandarte 1933-1942*, Heimdal, Bayeux, 2007.
- Charles Trang, *Leibstandarte 1943-1945*, Heimdal, Bayeux, 2008.
- Charles Trang, *Operation Barbarossa – La Waffen-SS au combat*, Heimdal, Bayeux, 2013.
- Otto Weidinger, *Comrades to the End, The 4th SS Panzer Grenadier Regiment „Der Führer" 1938-1945*, Schiffer Military History, Atglen PA, 1998.
- Otto Weidinger, *Division Das Reich*, tome 2, Nation Europa Verlag, Coburg, 1995.
- Mark C. Yerger, *SS-Sturmbannführer Ernst August Krag*, Schiffer Military History, Atglen PA, 1996.

# RETOUR SUR LA *LEIBSTANDARTE*

## au travers de photographies récemment acquises par l'auteur

↑ Impeccables *StuG.* au canon de 75 mm long, flambant neufs, au cours d'une solennité à Évreux, avant le retour de la *Leibstandarte* à l'Est au début de 1943 (voir la photographie de la page 40, en haut).

↑ Au cours d'une remise de décorations par le *Divisions-Kommandeur* Sepp Dietrich à gauche et, à droite, Max Tisch décorant l'un de ses *SS-Rottenführer* (il est probable que ces photos aient été prises le même jour que celle de la page 32, en haut).

← Le *Volksdeutscher* de Lettonie Heinz von Westernhagen, passant au milieu d'une double-haie d'honneur de ses *Sturmartilleristen*. Photo certainement prise en France, pendant la 2e moitié de l'année 1942.

Un *Unterscharführer vom Dienst* (*UvD.*) dans une caserne du Reich.

Un équipage de *StuG. III Ausf. A* ou *B*, auquel appartient Paul Schucker.

Heinz von Westernhagen, commandant la *SS-StuG.-Abt. 1 « LAH »* au cours d'un match de football dans l'Eure (voir le cliché page 38 en haut, certainement pris dans le cadre du même événement).

Là encore, un peu de repos en France pour cet équipage - dont Paul Schucker, à gauche - d'un *StuG. III*, stationné à l'ombre d'un arbre. *Feldjacken* et *Feldblusen* ont été retirées. Le 2e *Sturmartillerist* à gauche porte, à son pantalon, un ceinturon qui pourrait être d'origine soviétique. Notons l'emblème de la division, dans sa deuxième mouture (le blason est entouré d'une couronne de feuilles de chêne).

➲ Ce *StuG.*, soigneusement camouflé devant une isba à la toiture glacée, n'est autre que celui de l'*Oscha.* Rolf von Westernhagen, frère de Hein, titulaire de l'*EK. 1.* Ses membres d'équipage, eux, viennent d'être décorés de l'*EK. 2.*

➲ « *Ohne Tabak kann man nichts anfangen !* » pourrait être l'une des maximes de ce *Sturmartillerist* vêtu d'une chaude tenue fourrée. Ces dernières ont nettement fait défaut durant l'hiver de 1941/42, qui a coûté tant de morts et de gelures.

➲ Photographié juste à côté de l'un de ses *StuG.* en 1943 à l'Est, le titulaire de la croix de chevalier le *Hstuf.* Heimann, commandant la *SS-StuG.-Abt. 1 « LSSAH »* depuis l'été de 1943. Ses traits sont tirés; il porte l'ample capote en drap et un bonnet fourré.

➲À l'Est, ces membres du groupe de canons d'assaut de la LSSAH réceptionnent avec plaisir quelques vivres : *Wurst, Brot, Bier...* Les mines sont réjouies.

Portrait de très haute qualité d'un *SS-Unterscharführer* des canons d'assaut de la LAH, dont on note les pattes d'épaule aux initiales gothiques entrelacées. Ce jeune vétéran porte une casquette taillée dans de la toile bariolée – sans doute confectionnée par un tailleur de l'unité –; sa *Feldjacke* est, elle aussi, en toile et non en drap.

Rares photographies du *Hstuf.* Heinrich Heimann, prises lors d'une permission, alors que les officiers ont la joie d'être accompagnés de leurs épouses. Hélas, pas de précisions sur le lieu et la date de ce reportage... qui est probablement à mettre en relation la photo de la page 43, en bas.

Paul Schucker et l'un de ses camarades s'adonnent au canoë. À côté d'eux, une pancarte présentant l'emblème de la division, et le signe tactique de la 1re batterie de canons d'assaut de la *SS-StuG.-Abt.* de la *Leibstandarte*.

Achevé d'imprimer en juillet 2019
sur les presses de l'Imprimerie de
Champagne (52200 Langres) pour
le compte des éditions Heimdal,
Georges Bernage, éditeur.